Roland Stein / Hans-Walter Kranert (Hg.)

Inklusion in der Berufsbildung im kritischen Diskurs

Pädagogik, Band 17

Roland Stein / Hans-Walter Kranert (Hg.)

Inklusion in der Berufsbildung im kritischen Diskurs

Frank & Timme

Verlag für wissenschaftliche Literatur

Umschlagabbildung © industrieblick – stock.adobe.com

Gedruckt mit freundlicher Unterstützung der Caritas

ISBN 978-3-7329-0636-9
ISBN E-Book 978-3-7329-9356-7
ISSN 1862-6122

© Frank & Timme GmbH Verlag für wissenschaftliche Literatur
Berlin 2020. Alle Rechte vorbehalten.

Herstellung durch Frank & Timme GmbH,
Wittelsbacherstraße 27a, 10707 Berlin.
Printed in Germany.
Gedruckt auf säurefreiem, alterungsbeständigem Papier.

www.frank-timme.de

Inhaltsverzeichnis

© Frank & Timme   Verlag für wissenschaftliche Literatur

Vorwort

Dieser Band entstand im Rahmen der 'Projektstelle Inklusion', welche sich über einen Zeitraum von vier Jahren die Aufgabe gesetzt hatte, die Weiterentwicklung von Inklusion im Bildungswesen der Region Unterfranken konstruktiv mitzugestalten (vgl. ECK/LINK/EBERT/STEIN 2016; LINK/STEIN/ECK/EBERT 2016; LINK/STEIN 2017; STEIN/LINK/HASCHER 2019). Ermöglicht wurde dies unter anderem durch die großzügige finanzielle Förderung von Seiten der Caritas Schulen gGmbH, dem größten privaten Schulträger in der Region Unterfranken. Die Projektstelle bestand aus zwei strukturell unterschiedlich verankerten, aber an einem gemeinsamen Ziel arbeitenden Teilprojekten: zum einen der 'Wissenschaftlichen Projektstelle Inklusion' (WPI) am Lehrstuhl Pädagogik bei Verhaltensstörungen der Universität Würzburg – und zum anderen der Projektstelle 'Inklusion und Berufliche Teilhabe' an der Don Bosco Berufsschule zur sonderpädagogischen Förderung in Würzburg. Die MitarbeiterInnen verstanden sich dabei in einer Verschränkung von Theorie und Praxis als kritische Zeitbeobachter und -gestalter und setzten sich folgende Ziele:

- den durch die VN-Behindertenrechtskonvention angestoßenen Prozess kritisch und konstruktiv voranzubringen;
- in diesem Rahmen auch besondere Einrichtungen mitzunehmen;
- pädagogische Inklusionspraxis und wissenschaftliche Expertise sowie Begleitung zusammenzuführen;
- pädagogische Praxis durch gezielte Beratung und Impulse zu unterstützen – sowie
- eine prozessorientierte wissenschaftliche Begleitung stärker inklusiver pädagogischer Arbeit zu leisten.

Die an der Don Bosco Berufsschule angesiedelte Stelle 'Inklusion und Berufliche Teilhabe' konzentrierte sich auf das Handlungsfeld inklusiver beruflicher Bildung. Durch die differenzierte Aufarbeitung von Bildungsmodellen zur Teilhabe am Arbeitsleben wurden verschiedene Zugangswege zu Arbeit und Beruf identifiziert, hinsichtlich ihrer inklusiven Wirkung analysiert und in die fachöffentliche Diskussion gebracht (vgl. etwa ECK/STEIN/EBERT 2016). Zudem wurde die weitere Umsetzung entsprechender Modelle in der Praxis begleitet. Beiträge zur inklusiven Lehrerbildung erfolgten hierbei über die regionale Schulentwicklungsplattform 'Netzwerk Berufliche Schulen Mainfranken' (vgl. KRANERT/ECK/ EBERT/TUTSCHKU 2017), welche von der Robert Bosch Stiftung gefördert wurde. Das Netzwerk entwickelt und erprobt auch nach Ende der spezifischen Förderung inklusive Unterrichts- und Handlungskonzepte.

Die 'Wissenschaftliche Projektstelle Inklusion' (WPI) begleitete aus einer unabhängigen wissenschaftlichen Außenperspektive heraus die Inklusionsprozesse der Schulen des Schulträgers Caritas-Schulen gGmbH. Hierzu arbeitete sie theoriebildend sowie empirisch-qualitativ. Prozessbegleitend erfolgte die Aufarbeitung und Bereitstellung des wissenschaftlichen Forschungsstandes zum Inklusionsdiskurs, unter Berücksichtigung von historisch-systematischen und empirischen Erkenntnissen. Durch eigene Erhebungen wurden Bedarfe und Schwerpunkte von ausgewählten regionalen Schulen ermittelt, um einen Prozess hin zu stärker inklusiven Strukturen und Arbeitsweisen konstruktiv zu begleiten. Einerseits sollten so Gelingensbedingungen und Unterstützungsmaßnahmen von Inklusionsprozessen ermittelt werden, andererseits aber auch Herausforderungen, Risiken und Probleme schulischer Inklusion vor Ort 'ehrlich' in den Blick genommen und artikuliert werden. Bezogen auf die Beteiligten wurden auch deren 'Stimmungen' und 'Haltungen' untersucht, was ebenso in die Begleitung des Inklusionsprozesses mit einfloss.

Gemeinsam wurden interdisziplinäre und multiprofessionelle Netzwerke aufgenommen und weiterentwickelt. Neben dem fachlichen Austausch stand hierzu eine eigens eingerichtete Arbeitsgruppe 'Index Inklusion' im Mittelpunkt, die sich vierteljährlich traf und auch weiter fortbesteht. So ist etwa aktuell eine umfassende empirische Untersuchung zum Stand der inklusiven Schulentwicklung an ausgewählten Schulen projektiert. Zusätzlich wurde durch die Bereitstellung eines 'Inklusions-Newsletters' vierteljährlich ein kontinuierlicher, sach- und fachgerechter Informationsfluss an die Schulen gewährleistet, der ebenso eine Fortführung über die Projektlaufzeit hinaus findet.

Auf Grundlage der eruierten Bedarfe wurde jährlich eine größere Fachtagung konzipiert und durchgeführt. Der erste Fachtag, 'Schulische Inklusion und Übergänge', fand am 7. April 2016 im Schulzentrum Nägelsee in Lohr am Main statt. Der zweite Fachtag wurde ein Jahr später am 27. April 2017, wiederum in Lohr, unter dem Thema 'Inklusion und Frühe Hilfen' veranstaltet. An der Don-Bosco-Berufsschule Würzburg fand schließlich am 12. März 2018 der dritte und letzte Fachtag statt: 'Inklusion & berufliche Bildung'. Aus dieser dritten Tagung heraus entstand die vorliegende Publikation, um – wie im ersten und zweiten Band (LINK/STEIN 2017; STEIN/LINK/HASCHER 2019) – einem interessierten Leserkreis neben ausgewählten Beiträgen der Tagung auch darüber hinaus weisende Gedanken zum Themenkomplex zur Verfügung zu stellen. Sie sollen einerseits einen konstruktiven Inklusionsdiskurs anregen, andererseits aber auch die Arbeit der Projektstelle Inklusion in die Öffentlichkeit transportieren.

Ein ganz herzlicher Dank gilt Manfred Steigerwald und Rudolf Hoffmann als ehemaligem und gegenwärtigem Geschäftsführer der Caritas-Schulen gGmbH Unterfranken, welche die Realisierung dieser Publikation ideell wie finanziell unterstützt haben und – gemeinsam mit dem Diözesancaritasverband und der Caritas-Stiftung Würzburg – die Arbeit der Projektstelle Inklusion ermöglichten.

In dieser Hinsicht danken die Herausgeber ebenso herzlich Herrn Domkapitular Clemens Bieber, der als erster Vorsitzender des Caritasverbandes für die Diözese Würzburg e.V. sowie als Leiter für die Hauptabteilung V "Soziale und caritative Dienste" im Bischöflichen Ordinariat Würzburg die Projektstelle Inklusion von Beginn an gefördert und mitgetragen hat. Ein entsprechender Dank geht auch an Frau Landtagspräsidentin a.D. Barbara Stamm, die als stellvertretende Vorsitzende des Caritas-Diözesanverbandes eine besonders unterstützende Rolle in der Initiierung des Projekts eingenommen hatte.

Ein spezieller weiterer Dank gilt auch Ramona Eck, welche für die Projektstelle 'Inklusion und Berufliche Teilhabe' verantwortlich war, Harald Ebert, dem die Verantwortung der Projektleitung zukam, sowie Pierre-Carl Link, der das Projekt als Mitarbeiter der 'Wissenschaftlichen Projektstelle Inklusion' über mehrere Jahre unterstützte. Des Weiteren sei der Arbeitsgruppe 'Index für Inklusion' und den an ihr beteiligten Schulleitungen und Lehrkräften ein herzlicher Dank ausgesprochen für die tatkräftige Unterstützung im Hinblick auf die Ideenfindung und praktische Umsetzung der Fachtagung.

Frau stud.päd. Marlena Merter hat die Zusammenstellung und Redaktion dieses Bandes in vorbildlicher Weise übernommen und durchgeführt, auch ihr gilt es an dieser Stelle ausdrücklich zu danken – und ein persönliches Dankeschön gilt schließlich den Autorinnen und Autoren dieses Sammelbandes für ihre Beiträge und die damit verbundene tatkräftige Unterstützung.

Roland Stein und Hans-Walter Kranert
Würzburg, im November 2019

Literaturverzeichnis

ECK, R./STEIN, R./EBERT, H. (2016): Ausbildungsregelungen nach §66 BBiG und §42m HwO für Menschen mit Behinderungen. In: *Zeitschrift für Heilpädagogik* 67 (7), 304–317.

ECK, R./LINK, P.-C./EBERT, H./STEIN, R. (2016): Pädagogische Perspektiven kritischer Zeitbeobachter und -gestalter: Begleitung der Inklusionsprozesse der Caritas-Schulen Unterfranken durch die Projektstelle Inklusion. In: *Zeitschrift für Heilpädagogik* 67 (8), 381–393.

KRANERT, H.-W./ECK, R./EBERT, H./TUTSCHKU, U. (2017): *Inklusive Schulentwicklung an berufsbildenden Schulen. Ergebnisse aus dem Netzwerk Berufliche Schulen Mainfranken.* Bielefeld: wbv.

LINK, P.-C./STEIN, R./ECK, R./EBERT, H. (2016): Schulische Inklusion kritisch unterstützt und begleitet. In: *spuren – Sonderpädagogik in* Bayern 2, 14–17.

LINK, P.-C./STEIN, R. (Hg.) (2017): *Schulische Inklusion und Übergange.* Berlin: Frank & Timme.

STEIN, R./LINK, P.-C./HASCHER, P. (Hg.) (2019): *Frühpädagogische Inklusion und Übergänge.* Berlin: Frank & Timme.

ROLAND STEIN UND HANS-WALTER KRANERT

Einleitung: Inklusion und Berufliche Bildung

Seitdem die VN-Behindertenrechtskonvention (VN-BRK) über die Rechte von Menschen mit Behinderungen verabschiedet wurde, hat das Thema Inklusion nicht nur neuen Auftrieb erhalten, sondern zu einem umfangreichen eigenen Diskurs geführt, der durchaus als die Diskussion eines Paradigmenwechsels und der Streit darum betrachtet werden kann (vgl. AHRBECK 2011: 25f.). Eine große Vielzahl von Verständnisebenen und Diskurslinien haben sich etabliert, welche zu erfassen mehr und mehr zu einer Herausforderung wird.

Aus einer wissenschaftlichen Perspektive wäre eine sachorientierte Betrachtung des Themas hilfreich. Dabei ist insbesondere die Trennung zwischen den normativen Ansprüchen, welche durch die VN-BRK benannt und eingefordert werden, zum einen sowie der tatsächlichen, mitunter alltäglichen, aber auch der systemischen Umsetzung zum anderen unverzichtbar. Dieses Desiderat trifft allerdings auf eine teilweise hoch emotionalisierte und oft auch rein ideologisch geführte Debatte.

Besondere inhaltliche Schwerpunkte sind dabei die Fragen inklusiver Bildung im Frühbereich und im Rahmen der frühen Hilfen, in schulischen Kontexten sowie im Bereich Beruf.

Ausschlaggebend für das Gelingen schulischer Inklusion scheint auf Basis des internationalen Forschungsstandes nicht unbedingt die – in der bisherigen Diskussion stark im Vordergrund stehende – systemische Ebene zu sein; stattdessen spricht viel dafür, dass die Ebene der konkreten Bildungs- und Erziehungsprozesse in der Frage ihrer Gestaltung und inklusiver Weiterentwicklung die tatsächlich Entscheidende ist – worauf mit grundsätzlicher Theorie- und Verständnisbildung, aber auch mit wirklich hilfreichen und weiterführenden Praxiskonzepten geantwortet werden müsste (vgl. ZIGMOND 2003; LINDSAY 2007; HILLENBRAND 2013: 265; WILLMANN/SEELINGER 2016).

Die Debatte darum, was Inklusion ist, was sie nicht ist und wie sie aussehen sollte, zeigt, worauf zahlreiche Autoren bereits hingewiesen haben, eine ausgesprochen starke Fokussierung auf schulische Kontexte (vgl. z.B. HERZ 2014; BÖT-TINGER 2017; WILLMANN 2017). Auf diesem Wege geht es um etwa neun bis zwölf Lebensjahre, welche Kinder und Jugendliche in der Schule verbringen – und damit wird der Diskurs entsprechend stark eingeschränkt geführt. Die Relevanz gerade dieser – schulischen – Lebensphase ist unbestritten; Inklusion im Sinne lebenslanger Teilhabe, wie es die VN-BRK fordert (vgl. BGBL 2008: 1420ff.), kann damit allein jedoch keineswegs erschöpfend ermöglicht oder abgebildet werden. Analog eines Paradigmenwechsels der Entwicklungspsychologie in der zweiten Hälfte des 20. Jahrhunderts wird eine 'life span developmental discussion of inclusion' notwendig. Daraus ergibt sich die Notwendigkeit einer verstärkten Diskussion von Inklusion für die Fragen berufs- und arbeitsbezogener Teilhabe, aber auch der vorschulischen Bildung und Erziehung.

Eine breite Betrachtung des Verständnisses von Inklusion, ihrer Forderungen und Annäherungsformen, erforderte es dann, Inklusion als prinzipiell offenen, aushandelbaren Diskurs und nicht als diametrale, wertnormative Entscheidung zwischen Inklusion und Exklusion aufzufassen. Darüber hinaus ist, hierauf weisen Erkenntnisse der Systemtheorie hin, vollständige Inklusion ebenso eine "Illusion" wie auch eine vollständige Exklusion (STICHWEH 2009; 2013): Menschen können aus einer Gesellschaft nicht vollständig 'herausfallen'. Sie sind immer in bestimmter Weise auch inkludiert – dies gilt gerade in komplexen Gesellschaften wie unserer auch für Arbeitslose, Mönche in einem abgeschiedenen Kloster oder auch Strafgefangene. Auch diese Gruppen und Menschen sind und bleiben Teil von Gesellschaft und existieren somit auch in bestimmten (möglicherweise separierten oder separierenden) institutionellen Kontexten immer mit inklusiven Anteilen. Inklusion und Exklusion sind daher wohl stets relativ – es handelt sich um graduelle Konzepte, indem es wahrscheinlich ist, dass es weder absolute Inklusion noch absolute Exklusion geben kann und es stets, abhängig von den Gegenständen und Prozessen, die man in den Blick nimmt, um ein (jeweiliges) Verhältnis von Inklusion und Exklusion gehen wird (vgl. bspw. ZEH 2015: 81).

Zugleich wird im Inklusionsdiskurs an einigen prominenten Stellen die Forderung nach Dekategorisierung formuliert, wobei die reine Zuschreibung einer Behinderung als problembehaftete Ursache von Einschränkungen und Behinderung gesehen wird – verzichte man auf Zuschreibung, so werde Stigmatisierung verhindert: "Es ist normal, anders zu sein" (SCHÖLER 2006: 1; zit. n. AHRBECK 2011: 29). Die Frage besteht darin, ob durch Nichtbenennung ein Problem zum

Verschwinden gebracht werden kann. Die Gefahr besteht bei dieser Debatte darin, dass durch den Wunsch, Stigmatisierungen vermeiden zu wollen, Probleme etwa durch dann fehlende (sonderpädagogische) Diagnostik nicht mehr erkannt werden können. Probleme können eben "nicht durch ihre Nicht-Bezeichnung aus der Welt geschafft werden" (MÜLLER/STEIN 2015: 231).

Es besteht "die Gefahr, dass die Ablehnung von Kategorisierungen dazu führt, nötige Hilfen und Unterstützungsmaßnahmen nicht mehr durchzuführen. Die stigmakritische oder sozialisationstheoretische Auflösung von Kategorisierungen gefährdet dann unter dem Spardiktat öffentlicher Haushalte [...] das mit Blick auf Behinderung und Krankheit gewonnene Fachwissen sowie die interdisziplinäre Zusammenarbeit. Wenn Differenzierung moderne Gesellschaften auszeichnet, irritiert die Preisgabe eines besonderen, durch Fachlichkeit und Professionalität ausgezeichneten Wissens" (Winkler 2018: 18).

Für die Sonderpädagogik zöge dieses Vorgehen letztlich nach sich, dass sie sich nicht länger spezifischen Personengruppen widmen sollte, da allein die kategorialen Beschreibungen von Personengruppen bereits diskriminierend bzw. etikettierend und stigmatisierend seien (kritisch vgl. AHRBECK 2011). Sonderpädagogische Konzepte von Behinderung berücksichtigen hingegen seit Jahrzehnten schon, dass sich Behinderung aus einem komplexen Interaktionsprozess zwischen Person und Umfeld ergibt (vgl. SPECK 2003; KOBI 2004). Damit verbleiben – wohl verstanden – immer auch personenbezogene Aspekte der Behinderung, über die auch unter intensiver Berücksichtigung der Umfeld- und Beobachterfaktoren nicht hinweggegangen werden kann. Insofern sind Inklusion und Exklusion immer auch relationale Konzepte – sie ergeben sich aus der Interaktion zwischen Individuen und Umständen.

Somit muss letztlich zwischen normativen, empirischen und konzeptionellen Fragen, Perspektiven und Diskursebenen auf Inklusion unterschieden werden. Anzustreben wäre ein nüchterner Blick auf die Ebenen, welche wirklich entscheidend für das Vorankommen auf dem Weg zu einer stärker inklusiven Gesellschaft sein dürften. Wünschenswert wäre die Fokussierung auf den zentralen Aspekt der lebenslangen Inklusion, eben eine "life span developmental inclusion". Es steht an, Inklusionen und Exklusionen als relative, interdependente

Konzepte zu betrachten – und den relationalen Charakter von Inklusion wirklich ernst zu nehmen, jenseits einer einseitigen Verortung der Probleme beispielsweise nur bei den Umständen, Barrieren und Zuschreibungen. "Inklusion" selbst ist mit SINGER (2015: 42) "zuallererst als intersubjektives und konflikthaftes Geschehen der Erfahrung zu thematisieren".

Im Rahmen des vorliegenden Bandes wird daher, im Sinne dieser lebenslangen Betrachtung, spezifisch das bedeutsame Handlungsfeld der beruflichen Bildung sowie das darauf folgende Erwerbsleben in den Blick genommen, welche nach Abschluss der allgemeinbildenden Schule zentrale Wirkmechanismen einer lebenslang wirkenden Inklusion beinhalten – im Sinne der Teilhabe am 'gesellschaftlichen Ganzen'. Hier handelt es sich jedoch um ein Feld, das bisher eher in einzelnen Ausschnitten bearbeitet wird und insbesondere in der sonderpädagogischen Diskussion deutlich unterrepräsentiert ist. Im Hinblick auf das grundlegende Verständnis von Inklusion zeigt sich in den vergangenen Jahren eine deutliche Verbreiterung des Ansatzes. Erste Erörterungen und Analysen fokussierten vornehmlich die Situation von Menschen mit Behinderung und die damit in Verbindung stehenden, über Jahrzehnte geschaffenen Stützsysteme (vgl. EULER/SEVERING 2014; BIERMANN 2015); in jüngerer Zeit findet sich jedoch eine starke Öffnung des Begriffsfeldes, so dass unter dem Schlagwort 'heterogene Gruppen' eine Vielfalt von Menschen mit Benachteiligungen und Beeinträchtigungen mit einbezogen wird, aber eben auch Menschen mit Behinderung (vgl. ALBRECHT/ERNST/WESTHOFF/ZAURITZ 2014; HEINRICHS/REINKE 2019; ZOYKE/ VOLLMER 2016). Die darin zumindest in Teilen zum Ausdruck kommende Dekategorisierung von Problemlagen ist dabei wiederum kritisch zu betrachten und nur bedingt hilfreich für die notwendige individualisierte Gestaltung von Bildungsprozessen.

Der Diskurs selbst wird zentral in der Berufs- und Wirtschaftspädagogik geführt, mit ihren Subdisziplinen der Benachteiligtenförderung (vgl. BOJANOWSKI 2013; NIEDERMAIR 2017) wie auch der Beruflichen Rehabilitation (vgl. BIEKER 2005; BIERMANN 2008). Die dabei erörterten Fragen thematisieren vor allem unterschiedliche Dimensionen der Heterogenität (vgl. HEINRICHS/REINKE 2019), die Gestaltung von Lehr- und Lernprozessen in Bildungsgängen (vgl. NIETHAMMER/FRIESE 2017; ZOYKE 2017), die Förderplanung (vgl. KREMER/BEUTNER 2015), die Hilfesysteme und ihre Rechtsgrundlagen (vgl. ENGGRUBER/FEHLAU 2018) wie auch die damit verbundene Frage nach der erforderlichen Profession von Berufsbildnern (vgl. Zɪɴɴ 2018). Dem Berufsprinzip (vgl. Sᴇɪғʀɪᴇᴅ/Bᴇᴄᴋ/Eʀᴛᴇʟᴛ/Fʀᴇʏ 2019) folgend konzentriert sich die Diskussion vor allem auf Bildungsgänge in der Berufsvorbereitung und Berufsausbildung. Konzepte jenseits dieser Beruflichkeit werden allenfalls in Ausschnitten mitdiskutiert oder hiervon separiert erörtert; ebenso werden spezifische Zielgruppen hier nicht systematisch adressiert wie beispielsweise Menschen mit komplexen Behinderungen oder psychischen Erkrankungen. Ein grundlegender und weit umspannender Diskurs zur Beruflichen Bildung unter dem Aspekt der Inklusion steht somit noch aus.

Die Sonderpädagogik als Wissenschaft bringt sich dabei allenfalls punktuell und fokussiert auf spezifische Ausschnitte ein (vgl. Gʀᴀᴍᴘᴘ/Hɪʀsᴄʜ/Kᴀsᴘᴇʀ/Sᴄʜɪᴇʙɴᴇʀ/Sᴄʜʟᴜᴍᴍᴇʀ 2010; Hɪʀsᴄʜ/Lɪɴᴅᴍᴇɪᴇʀ 2006; Lᴀᴍᴇʀs 2018), was angesichts des genuinen Schwerpunkts der Sonderpädagogik in der schulischen Förderung und des damit verbundenen Bildungs- und Erziehungsauftrages einer gesellschaftlichen Teilhabe mehr als erstaunlich ist – aber durchaus zugleich stärker notwendig wäre. Zudem findet der Diskurs weitgehend entkoppelt von dem oben skizzierten Handlungsfeld der Berufs- und Wirtschaftspädagogik statt. Dementsprechend wäre über einen Austausch und gemeinsame Forschungsvorhaben ein interdisziplinärer Diskurs anzuregen (vgl. Bᴜʀᴅᴀ-Zᴏʏᴋᴇ/Kʀᴀɴᴇʀᴛ/Sᴛᴇɪɴ 2018), um darauf aufbauend eine differenziertere Diskussion um Inklusion und Berufliche Bildung zu führen, welche das Feld voranbringt.

Im Sinne von Teilhabegerechtigkeit (vgl. Nᴜssʙᴀᴜᴍ 2010) müsste zukünftig unter dem Proprium Inklusion die Fragestellung zentral sein, wie Berufliche Bildungsprozesse für alle jungen Menschen nach Abschluss der allgemeinbildenden Schule sicherzustellen und auszugestalten wären; dabei wäre die Suche nach Antwortmöglichkeiten möglichst ideologiefrei und jenseits der Frage nach dem Existenzrecht von Sondersystemen zu gestalten. Auch die nach wie vor fortbestehenden sozialrechtlichen Kategoriensysteme (vgl. Rᴀᴜᴄʜ 2017) dürften hierbei keine 'Denkbarriere' darstellen. Damit könnte einem der zentralen Anliegen der VN-BRK entsprochen werden: die Fähigkeitsentwicklung sowie die gleichwertige Teilhabe als zentrale Aufgabenstellung von Rehabilitation und Habilitation zu charakterisieren (Art. 26). Der Aspekt der Befähigung wäre dabei in doppelter Ausprägung zu befördern: einerseits beim jungen Menschen mit seinen je individuellen Ressourcen selbst, andererseits aber auch bei der Erwerbs-wirtschaft (vgl. RIEKEN/JÖNS-SCHNIEDER/EIKÖTTER 2017). Orientierungsmarken müssten hierbei das Berufskonzept in Verbindung mit einer individuellen Be-schäftigungsfähigkeit auf der einen Seite (vgl. SEIFRIED et al. 2019) und eine dies-bezügliche Veränderungsbereitschaft und -fähigkeit auf Seite der Unternehmen und Betriebe sein. Erst diese Verbindung von 'professionalism & employabilty' mit einer grundlegenden 'change readiness & capability' lässt langfristig eine in-klusiver ausgestaltete Berufs- und Arbeitswelt in greifbarere Nähe rücken.

Zum Inhalt des Bandes

Der vorliegende Band ist thematisch in drei Teilbereiche gegliedert. Unter der Prämisse eines kritischen Diskurses stellt sich der erste Teil einer reflexiven Aus-einandersetzung mit der Situation von Menschen mit Behinderungen mit ihrer jeweiligen Lebenssituation im Feld der Beruflichen Bildung wie auch der Er-werbsarbeit. Im zweiten Themenkomplex wenden sich die Autorinnen und Au-toren einer ausgewählten Zielgruppe in der Diskussion um Inklusion und Be-ruflicher Bildung zu: Menschen mit psychischen Belastungen. Abgerundet wird der Band mit Beispielen aus der pädagogischen Praxis sowie der universitären Lehre, welche eine Entwicklung hin zu inklusiveren Strukturen potentiell un-terstützen können.

Kirsten VOLLMER wirft mit ihrem Beitrag 'Schlaglichter' auf den aktuell vor-zufindenden Diskurs um Inklusion in der Beruflichen Bildung und leitet zu-gleich in das erste Themenfeld des Bandes ein. Darin zeigt sie unter anderem aus wissenschaftssoziologischer Sicht auf, wie aufgeladen die Begrifflichkeiten auch in diesem Handlungsfeld mittlerweile sind und fordert eine differenzie-rendere Betrachtung ein – auch unter Einbeziehung der Perspektive von Men-schen mit Behinderung selbst.

Die Teilhabe am Arbeitsleben rückt im Beitrag von Arnold KÖPCKE-DUTTLER in den Fokus. Unter menschenrechtlicher und gerechtigkeitsethischer Perspek-tive analysiert er die aktuell vorzufindenden Bedingungen am Arbeitsmarkt wie auch die sozialrechtlich etablierten Unterstützungsstrukturen. Ausgehend von einer grundlegend solidarischen Haltung postuliert er, 'Sonderwelten' nachhal-tig kritisch zu reflektieren und in ihrer Existenzberechtigung stets zu hinterfra-gen.

Mit dem Beitrag von Hans-Walter KRANERT erfolgt der Einstieg in das zweite Themenfeld des Bandes. Er entwickelt zunächst aus interdisziplinärer Perspektive ein breites Verständnis von psychischer Belastung und analysiert in der Folge deren Bedeutung in Prozessen der Beruflichen Bildung. In der Folge arbeitet er grundlegende Faktoren gelingender Bildungsprozesse für diese Zielgruppe heraus, die anschließend im Hinblick auf die Angebotsstruktur noch weiter ausdifferenziert werden.

Stephan GINGELMAIER, Hannah ILLICHMANN und Nicola-Hans SCHWARZER thematisieren mit dem Bindungsverhalten einen zentralen Aspekt in der kindlichen Entwicklung. Sie gehen dabei der Frage nach, inwieweit Bindungsmuster und -repräsentationen von Kindern über die Lebensspanne in die Adoleszenz hinein stabil oder veränderbar sind. Mögliche Zusammenhänge mit dem Segment Berufliche Bildung werden dabei aufgezeigt, aber auch weitere Forschungsbemühungen hierzu eingefordert.

Die Frage nach dem Übergang von der Schule in den Beruf greifen Roland STEIN und Hans-Walter KRANERT bei besonderem Blick auf junge Menschen mit psychischen Belastungen auf. Sie beschreiben das Übergansszenario als 'Feld multipler normativer Erwartungen' und entwickeln hieraus ein Theoriemodell im Sinne eines ko-konstruktiven Prozesses, insbesondere auch für weitere Forschung. Mögliche Implikationen für die pädagogische Praxis werden dabei ebenso mit aufgezeigt.

Eine weitere Schnittstellenproblematik in der Beruflichen Bildung thematisieren Ramona ECK und Harald EBERT in ihrem Beitrag: Übergänge zwischen Kliniken, Einrichtungen der Jugendhilfe und Angeboten der Beruflichen Bildung. Daraus leiten sie den Bedarf einer regionalen Koordinierungsstelle ab, welche einerseits dazu dient, die benannten Akteure zu vernetzen, andererseits aber auch gelingende Übergänge für junge Menschen mit psychischen Erkrankungen zu ermöglichen. Eine beispielhafte inhaltliche Ausgestaltung eines derartigen 'Netzwerkknotens' wird erarbeitet.

Mit dem Fokus auf Berufliche Schulen rücken Hans-Walter KRANERT und Roland STEIN einen 'Brennpunkt' in der Inklusionsdiskussion in den Mittelpunkt ihres Beitrags. Anhand von Forschungsbefunden aus zwei Modellprojekten skizzieren sie den Förderbedarf emotional-soziale Entwicklung als besondere Herausforderung für eben diesen Schultypus – sowohl aus Sicht der Schülerinnen und Schüler als auch aus Sicht der Lehrkräfte. Unter der Prämisse 'vom

Erkennen zum Handeln' werden Konsequenzen für die pädagogische Praxis, aber auch für die weitere wissenschaftliche Auseinandersetzung gezogen.

Der spezifischen Teilgruppe der 'unbegleiteten minderjährigen Ausländer' wenden sich Hans-Walter KRANERT und Anna LERMER in der Folge zu. Nach einer Charakterisierung dieser Personengruppe, auch unter dem Aspekt potentieller Traumatisierungen, erfolgt ein Überblick zu den aktuell vorzufindenden beruflichen Unterstützungsstrukturen. Dabei arbeiten Sie heraus, dass insbesondere an Berufsschulen keine traumapädagogische Ausrichtung der Angebote zu erkennen ist. Erst Überlegungen zu einer diesbezüglichen Weiterentwicklung finden sich abschließend.

Ramona ECK und Harald EBERT leiten mit ihrem Beitrag zum 'Netzwerk Berufliche Schulen' das dritte, praxisbezogene Themenfeld des Bandes ein. Die Kooperationsstruktur von sechs beruflichen Schulen wird darin aufgezeigt, ebenso wie die spezifischen Handlungskonzepte für eine inklusive berufliche Bildung, welche gemeinsam von Akteuren der beteiligten Schulen in einem längerdauernden Schulentwicklungsprozess erarbeitet wurden.

Einen weiteren Baustein für den Aufbau inklusiver Strukturen beschreiben Ramona ECK und Harald EBERT mit dem Instrument der Qualifizierungsbausteine, deren Ansatz zunächst systematisch in das Feld der Beruflichen Bildung eingeordnet wird. Darauf aufbauend wird ein Umsetzungsbeispiel aus der Berufsvorbereitung vorgestellt und daran sowohl Chancen als auch Grenzen des Einsatzes von Teilqualifikationen erörtert.

Der Einsatz einer verständlichen Sprache ist Grundvoraussetzung, um insbesondere Menschen mit eingeschränkten Schriftsprachkompetenzen eine Teilhabe an Beruflicher Bildung zu ermöglichen. Dieses Themenfeld greifen Harald EBERT, Annika HÖRENBERG und Rosi JOßBERGER mit ihrem Beitrag auf. Basierend auf theoretische Grundannahmen zeigen die Autorinnen zwei erprobte Handlungsansätze auf, um das Konzept der verständlichen Sprache auch in der Bildungspraxis zu verankern.

Die Frage der Professionalisierung des Berufsbildungspersonals im Hinblick auf Inklusion stellt Andreas ELBERT mit seinem abschließenden Beitrag. Am Beispiel von Inhalt und Struktur eines berufsbegleitenden sonderpädagogischen Aufbaustudiums für Lehrkräfte an Beruflichen Schulen zeigt er, welche Kompetenzbereiche professionellen Lehrerhandelns im Hinblick auf inklusivere Bildungsstrukturen auf diesem Wege weiterentwickelt werden können.

© Frank & Timme   Verlag für wissenschaftliche Literatur

Literaturverzeichnis

AHRBECK, B. (2011): *Der Umgang mit Behinderung.* Stuttgart: Kohlhammer.

ALBRECHT, G./ERNST, H./WESTHOFF, G./ZAURITZ, M. (2014): *Bildungskonzepte für heterogene Gruppen – Anregungen zum Umgang mit Vielfalt und Heterogenität in der Beruflichen Bildung. Kompendium.* Bonn: BiBB.

BIEKER, R. (2005): *Teilhabe am Arbeitsleben. Wege der beruflichen Integration von Menschen mit Behinderung.* Stuttgart: Kohlhammer.

BIERMANN, H. (2015): *Inklusion im Beruf.* Stuttgart: Kohlhammer.

BIERMANN, H. (2008): *Pädagogik der beruflichen Rehabilitation.* Stuttgart: Kohlhammer.

BOJANOWSKI, A. (2013): *Einführung in die Berufliche Förderpädagogik. Pädagogische Basics zum Verständnis benachteiligter Jugendlicher.* Münster: Waxmann.

BÖTTINGER, T. (2017): *Exklusion durch Inklusion? Stolpersteine bei der Umsetzung.* Stuttgart: Kohlhammer.

BUNDESGESETZBLATT (BGBL) (2008): *Gesetz zu dem Übereinkommen der Vereinten Nationen vom 13. Dezember 2006 über die Rechte von Menschen mit Behinderungen sowie zu dem Fakultativprotokoll vom 13. Dezember 2006 zum Übereinkommen der Vereinten Nationen über die Rechte von Menschen mit Behinderungen in der im Bundesgesetzblatt Jahrgang 2008 Teil II Nr. 35 veröffentlichten Fassung vom 21. Dezember 2008.* Online verfügbar unter: https://www.bgbl.de/xaver/bgbl/start.xav?startbk=Bundesanzeiger_BGBl#__bgbl__ %2F%2F*%5B%40attr_id%3D%27bgbl208s1419.pdf%27%5D__1524572989767 (zuletzt abgerufen am 30.10.2019).

BURDA-ZOYKE, A./KRANERT, H.-W./STEIN, R. (2018): Inklusion an beruflichen Schulen – Berufs- und Wirtschaftspädagogik meets Sonderpädagogik. In: LANGNER, A. (Hg.): *Inklusion im Dialog: Fachdidaktik – Erziehungswissenschaft – Sonderpädagogik.* Bad Heilbrunn: Klinkhardt, 301–309.

ENGGRUBER, R./FEHLAU, M. (2018): *Jugendberufshilfe.* Stuttgart: Kohlhammer.

EULER, D./SEVERING, E. (2014): *Inklusion in der Beruflichen Bildung. Daten, Fakten, offene Fragen.* Gütersloh: Bertelsmann Stiftung.

GRAMPP, G./HIRSCH, S./KASPER, C. M./SCHIEBNER, U./SCHLUMMER, W. (2010): *Arbeit: Herausforderung und Verantwortung der Heilpädagogik.* Stuttgart: Kohlhammer.

HEINRICHS, K./REINKE, H. (Hg.) (2019): *Heterogenität in der beruflichen Bildung.* Bielefeld: Klinkhardt.

HERZ, B. (2014): Pädagogik bei Verhaltensstörungen: An den Rand gedrängt? In: *Zeitschrift für Heilpädagogik* 1, 4–14.

HIRSCH, S./LINDMEIER, C. (2006): *Berufliche Bildung von Menschen mit geistiger Behinderung: Neue Wege zur Teilhabe am Arbeitsleben.* Weinheim: Beltz.

KOBI, E. E. (2004): *Grundfragen der Heilpädagogik.* Berlin: BHP.

KREMER, H. H./BEUTNER, M. (2015): *Individuelle Kompetenzentwicklungswege: Bildungsgangarbeit in einer dualisierten Ausbildungsvorbereitung. Ergebnisse und Reflexionen aus dem Forschungs-und Entwicklungsprojekt InBig.* Detmold: Eusl.

LAMERS, W. (2018): *Teilhabe von Menschen mit schwerer und mehrfacher Behinderung an Alltag | Arbeit | Kultur.* Oberhausen: Athena.

MÜLLER, T./STEIN, R. (2015): Schulische Inklusion im Förderschwerpunkt emotionale und soziale Förderung – quo vadis? In: MÜLLER, T./STEIN, R. (Hg.): *Inklusion im Förderschwerpunkt emotionale und soziale Entwicklung.* Stuttgart: Kohlhammer, 230–235.

NIETHAMMER, M./FRIESE, M. (2017): Didaktik inklusiver Berufsbildung. In: *Berufsbildung* 71, 4–8.

NUSSBAUM, M. C. (2010): *Die Grenzen der Gerechtigkeit: Behinderung, Nationalität und Spezieszugehörigkeit.* Berlin: Suhrkamp.

RAUCH, A. (2017): Berufliche Rehabilitation bei der Agentur für Arbeit. In: RIECKEN, A./JÖNS-SCHNIEDER, K./EIKÖTTER, M. (Hg.): *Berufliche Inklusion. Forschungsergebnisse von Unternehmen und Beschäftigten im Spiegel der Praxis.* Weinheim: Beltz, 180–202.

RIECKEN, A./JÖNS-SCHNIEDER, K./EIKÖTTER, M. (2017): Berufliche Inklusion: Einführung in die Thematik In: RIECKEN, A./JÖNS-SCHNIEDER, K./EIKÖTTER, M. (Hg.): *Berufliche Inklusion. Forschungsergebnisse von Unternehmen und Beschäftigten im Spiegel der Praxis.* Weinheim: Beltz, 7–17.

SEIFRIED, J./BECK, K./ERTELT, B.-J./FREY, A. (2019): *Beruf, Beruflichkeit, Employability.* Bielefeld: wbv.

SINGER, P. (2015): Theoretischer Anspruch und praktische Wirklichkeit des inklusiven Ansatzes im pädagogischen Diskurs. Zu Konsequenzen der normativen Einseitigkeit und des Umgangs mit Fremdheit. In: LELGEMANN, R./SINGER, P./WALTER-KLOSE, C. (Hg.): *Inklusion im Förderschwerpunkt körperliche und motorische Entwicklung.* Stuttgart: Kohlhammer. 41–84.

SPECK, O. (2003): *System Heilpädagogik.* München: Reinhardt.

STICHWEH, R. (2009): Leitgesichtspunkte einer Soziologie der Inklusion und Exklusion. In: STICHWEH, R./WINDOLF, P. (Hg.): *Inklusion und Exklusion: Analysen zur Sozialstruktur und sozialen Ungleichheit.* Wiesbaden: Springer VS, 29–42.

STICHWEH, R. (2013): *Inklusion und Exklusion in der Weltgesellschaft – am Beispiel der Schule und des Erziehungssystems.* Online verfügbar unter: http://www.inklusion-online.net/index.php/inklusion-online/article/view/22/22 (zuletzt abgerufen am 30.10.2019).

WILLMANN, M. (2017): Pädagogik der Inklusion? – Konstitutionsprobleme inklusiver Bildung aus Sicht der Erziehungstheorie. In: LINK, P.-C./STEIN, R. (Hg.): *Schulische Inklusion und Übergänge.* Berlin: Frank & Timme, 91–104.

WINKLER, M. (2018): *Kritik der Inklusion. Am Ende eine(r) Illusion?* Stuttgart: Kohlhammer.

© Frank & Timme   Verlag für wissenschaftliche Literatur

ZEH, J. (2015): Exklusion: Ursprung, Debatten, Probleme. In: HEINRICH-BÖLL-STIF-TUNG (Hg.): *Inklusion. Wege in die Teilhabegesellschaft*. Frankfurt a.M.: Campus Verlag, 75–81.

ZINN, B. (2018): *Inklusion und Umgang mit Heterogenität in der berufs- und wirtschaftspädagogischen Forschung*. München: Steiner.

ZOYKE, A. (2017): Inklusive Didaktik (wirtschafts-)beruflicher Bildung. In: *Berufsbildung*, 71, 24–26.

ZOYKE, A./VOLLMER, K. (2016): *Inklusion in der Berufsbildung: Befunde: Konzepte; Diskussionen*. Bielefeld: wbv.

INKLUSION IN DER BERUFSBILDUNG IM KRITISCHEN DISKURS

Kirsten Vollmer

Inklusion kontovers – Schlaglichter auf Diskussionspunkte in der Beruflichen Bildung

Im Rahmen dieses Beitrages sollen schlaglichtartig ausgewählte Aspekte innerhalb der Diskussionen und Fragestellungen mit Blick auf Inklusion beleuchtet, Kontroversen diesbezüglich dargestellt und in einem darauf aufbauenden dritten Schritt eigene fachliche Positionierungen erläutert werden.

Auf diesem Wege sollen Zuspitzungen und Pointierungen als Instrument Einsatz finden, um Unterschiede in Perspektive und Schwerpunktsetzung einerseits und Entscheidungsfragen andererseits sichtbar werden zu lassen.

1 Was ist die Grundlage meiner fachlichen Einschätzungen und Positionierungen?

Zunächst beschreibe ich mein berufliches Aufgabenfeld, damit die Leserin und der Leser einordnen kann, aus welchen Bezügen, Quellen und Perspektiven sich meine Ausführungen speisen.

Auftrag und Aufgabenstellung des Bundesinstituts für Berufsbildung (im Folgenden: BIBB) sind im Berufsbildungsgesetz (im Folgenden: BBiG) verankert. Neben dort konkret benannten Aufgaben und Zuständigkeiten, wie beispielsweise für wissenschaftliche Berufsbildungsforschung, Mitwirkung an Berufsbildungsstatistik und Berufsbildungsbericht, Modellversuchen und internationaler Zusammenarbeit, begründet der gesetzliche Auftrag des BIBB die besondere und in vielen verschiedenen Arbeitsbereichen und Gremien wahrgenommene Verantwortung, mit den in der Berufsbildung relevanten Akteuren aus Wissenschaft, Politik und Praxis zu kooperieren und den Dialog und das Zusammenwirken der drei Bereiche zu fördern.

Seit fünfzehn Jahren ist die berufliche Bildung behinderter Menschen im BIBB mein spezielles Aufgabenfeld. Schwerpunktmäßig liegt mein Blick dabei auf der dualen Berufsausbildung und Weiterbildung auf der Grundlage von BBiG und Handwerksordnung (im Folgenden: HwO).

So stellen beispielsweise Nachteilsausgleich in Durchführung und Prüfung der Ausbildung, Fachpraktiker-Ausbildungen als Instrument bei besonderer Art und Schwere der Behinderung oder auch das vom BIBB erarbeitete neue Qualifikationsprofil 'Fachkraft zur Arbeits- und Berufsförderung', welches die bisherige – ausschließlich auf die Tätigkeit als Fachkraft in den Werkstätten für behinderte Menschen ausgerichtete – Fortbildungsordnung ablöst, Handlungsfelder meiner Arbeit dar.

Unter den berufsbildungspolitisch wie berufsbildungspraktisch gleichermaßen relevanten Kriterien Anschlussfähigkeit und Durchlässigkeit zählen auch Bereiche der beruflichen Qualifizierung, die – noch? – jenseits von BBiG und HwO liegen, wie z. B. die Unterstützte Beschäftigung oder die berufliche Bildung in Werkstätten für behinderte Menschen und vergleichbaren Einrichtungen, zu meinen Themen.

Entsprechend der dargestellten integrativen Aufgabenwahrnehmung, die oftmals für das BIBB eine Mittlerfunktion zwischen Politik, Wissenschaft und Praxis darstellt, bin ich sowohl unter anderem regelmäßig bei den Hochschultagen für Berufliche Bildung und anderen akademischen Foren, Veranstaltungen und Gremien, als auch solchen der Ministerien oder auch Fachgesprächen in Parlamenten und nicht zuletzt der Kammern einschließlich deren interner Beratungs- und Beschlussgremiensitzungen referierend und beratend unterwegs.

Zu meinem Verantwortungsbereich gehört auch die fachliche Zuständigkeit für den beim BIBB verankerten Ausschuss für Fragen behinderter Menschen (im Folgenden: AFbM), der ein BIBB-Gremium sui generis ist (vgl. VOLLMER 2008: 20f.).

Seit der Novellierung des BBiG im Jahr 2005 ist der AFbM einerseits als Unterausschuss des BIBB-Hauptausschusses in die BIBB-Gremienstruktur eingebunden. Andererseits hat der Gesetzgeber auch bei der Gesetzesnovellierung an den konkreten Vorgaben für seine Zusammensetzung festgehalten, die sich von der im BIBB-Hauptausschuss und dessen anderen Unterausschüssen unterscheidet.

So zeichnet sich die Mitgliederstruktur des AFbM dadurch aus, dass neben jeweils einem Arbeitgeber- und Arbeitnehmervertreter drei Mitglieder, die Organisationen behinderter Menschen vertreten, je ein Mitglied, das die Bundesagentur für Arbeit, die gesetzliche Rentenversicherung, die gesetzliche Unfallversicherung und die Freie Wohlfahrtspflege vertritt, sowie zwei Mitglieder, die Einrichtungen der beruflichen Rehabilitation vertreten und sechs weitere für die berufliche Bildung behinderter Menschen sachkundige Personen, die in Bildungsstätten oder ambulanten Diensten für behinderte Menschen tätig sind, zur Mitwirkung im Ausschuss berufen werden.

Aus der Verantwortung und Arbeit für und mit diesem Ausschuss, in dem die unterschiedlichen Perspektiven relevanter Akteure der beruflichen Praxis zusammengeführt und miteinander beraten werden, gewinne ich regelmäßig wertvolle Einblicke in diese (vgl. VOLLMER 2018: 194).

2 Schlaglichter auf 'neuralgische' Punkte der Inklusionsdiskussion

Die von mir angekündigten Schlaglichter möchte ich nun auf folgende Themen und Fragestellungen werfen:
Ausgehend von zwei maßgeblichen Verständnisweisen von Inklusion, die eher 'idealtypisch' nebeneinanderstehen, werde ich mit dem Fokus des einen, behinderte Menschen, insbesondere die Diskurse und Diskussionen zu folgenden Punkten beleuchten:

- Inklusion als Leitidee
- Inklusion versus Integration
- Abschaffung von sogenannten Sonderwegen und Sondereinrichtungen?
- die Fachpraktiker-Ausbildungen auf der Grundlage von Berufsbildungsgesetz und Handwerksordnung
- die Rehabilitationspädagogische Zusatzqualifikation für Ausbilder und Ausbilderinnen in Fachpraktiker-Ausbildungen (im Folgenden: ReZA)

Die genannten Punkte habe ich ausgewählt, weil sie für die Inklusionsthematik zu Kristallisationspunkten geworden sind, an denen sich wie in einem Brennglas die Auseinandersetzungen spiegeln und zugleich festmachen – und zum Teil auch 'verheddern'.

3   Inklusion als Leitidee

ENGGRUBER (2018: 27) konstatiert treffend die "theoretische Offenheit und Unbestimmtheit" des Begriffs Inklusion. Dieser Befund erklärt sich daher, dass der Begriff Inklusion in verschiedenen Fachdisziplinen etabliert ist und in diesen seine jeweilige spezifische Definition und Verwendung findet.

Für die hier verfolgten Fragestellungen ist die Herkunft und Verwendung des Begriffspaars Inklusion/Exklusion in der soziologischen Systemtheorie relevant. Niklas LUHMANN hat das Begriffspaar als beschreibende Termini eingeführt; bei ihm ist der Begriff Inklusion kein normativer, kein normativ besetzter. LUHMANN analysiert moderne Gesellschaften und diagnostiziert diese als in unterschiedliche Funktionsbereiche differenzierte, in die man jeweils inkludiert oder exkludiert ist (vgl. 1995: 237ff.).

Zum Teil im Anschluss an LUHMANNS Untersuchungen (vgl. Inklusion und Exklusion in jeweilige Teilsysteme der Gesellschaft – nicht als moralisches oder soziales Problem, sondern als Realität differenzierter Gesellschaften soziologisch betrachtend entsprechend AHRBECK 2014 oder auch NASSEHI/NOLLMANN 1997), zum Teil aber auch unabhängig von diesen und diese nicht oder nur begrenzt berücksichtigend, entwickelte sich Inklusion von einem deskriptiven soziologischen Terminus zu einem normativen, indem der Fokus insbesondere auf kritisch bewertete Exklusion gelegt wurde.

Mit dieser normativen Besetzung von Inklusion wurde diese zu einem Schlagwort (vgl. die Darstellung von KLUGE/LIESNER/WEIß 2015: 11f.), teilweise sogar zu einem Kampfbegriff, mit dem 'Lager' identifiziert wurden von 'Inklusionsbefürwortern' auf der einen und 'Inklusionsgegnern' auf der anderen Seite.

Es setzte ein Prozess ein, der bereits von dem Aufstieg anderer gesellschafts- und bildungspolitischer Großbegriffe bekannt ist und der gegenwärtig mit Blick auf 'Digitalisierung' zu beobachten ist:

Es entstand ein Hype, der streckenweise mit einer Beliebigkeit der Verwendung und Etikettierung von Veranstaltungen, Initiativen, Projekten, Forderungen und Ansätzen als 'inklusiv' oder 'Inklusion' verbunden war, die zu inhaltlicher Unschärfe dessen, was denn jeweils unter Inklusion verstanden wurde oder verstanden werden sollte, beitrug. So wurde Inklusion zu einer Losung, die sich mit Vorstellungen, Erwartungen und Absichten verband, in ihrem Lichte eine völlige Neuausrichtung von Gesellschaft vorzunehmen.

Dieses Phänomen, die Aufladung von Begriffen und im konkreten Fall von Inklusion, ist ein Prozess, den Ludwik FLECK, der bekannte Mikrobiologe, Immunologe und Erkenntnistheoretiker, in seinem wissenschaftssoziologisch bis heute relevanten Werk "Entstehung und Entwicklung einer wissenschaftlichen Tatsache" bereits 1935 diagnostiziert hat:

"[…] Dieses soziale Gepräge des wissenschaftlichen Betriebes bleibt nicht ohne inhaltliche Folgen. Worte, früher schlichte Benennungen, werden Schlagworte: Sätze, früher schlichte Feststellungen, werden Kampfrufe. Dies ändert vollständig ihren denksozialen Wert: sie erwerben magische Kraft, denn sie wirken geistig nicht mehr durch ihren logischen Sinn – ja, oft gegen ihn – sondern durch bloße Gegenwart. Man vergleiche die Wirkung der Worte 'Materialismus' oder Atheismus, die in einigen Ländern sofort diskreditieren, in anderen freilich erst kreditfähig machen. Diese magische Kraft des Schlagworts reicht bis in die Tiefe spezialistischer Forschung […] Findet sich so ein Wort im wissenschaftlichen Text, so wird es nicht logisch geprüft; es macht sofort Feinde oder Freunde" (1935: 49f.).

Die von FLECK beschriebene Dynamik hat sachgerechte Diskussionen und Diskurse über Inklusion erschwert und dazu geführt, dass Beiträge zum Themenfeld vor allem darauf hin wahrgenommen und bewertet worden sind, ob sie Pro oder Contra zuzuordnen sind bzw. erscheinen.

Innerhalb dieses zunehmend emotionalisierten und ideologischen (vgl. dazu BERNHARD 2015) Diskussionsprozesses und im Zuge der Umsetzung des Übereinkommens der Vereinten Nationen für die Rechte von Menschen mit Behinderungen (im Folgenden: VN-Konvention) setzte eine weitere Gegenüberstellung/Kontrastierung ein:

Einem zielgruppenübergreifenden, oder, pointiert formuliert: zielgruppenindifferenten, gerne als 'weit' bezeichneten Inklusionsverständnis wurde ein auf die Personengruppen behinderter Menschen bezogenes gegenübergestellt (vgl. z.B. KÖPFER/KOTTHOFF/RAKHKOCHKINE 2018).

Um es deutlich zu sagen: ich sehe beide Inklusionsverständnisse nicht als gegensätzlich und erst recht keine Veranlassung oder gar Notwendigkeit, sich für eines zu entscheiden, auch an dieser Stelle (wieder) in 'Lagerdenken' bzw. 'Lagerbildung' zu verfallen.

Warum nicht?

Die in der Bonner Erklärung der UNESCO artikulierte Betrachtungsweise entspricht dem normativen Grundgedanken in Artikel 3 des deutschen Grundgesetzes, der in darauf aufbauenden Gesetzen kontinuierlich konkretisiert worden ist (vgl. BONNER ERKLÄRUNG ZUR INKLUSIVEN BILDUNG IN DEUTSCHLAND 2014). D. h. die ethische Maxime der Wertschätzung aller Menschen in ihrer jeweiligen individuellen Einzigartigkeit wie auch die Vorstellung, dass hochwertige Bildung allen Menschen unabhängig von Zugehörigkeiten und Zuschreibungen offenstehen soll, ist meines Erachtens unstrittig (vgl. VOLLMER 2015).

Zugleich sollte aber ebenfalls dahingehend Konsens bestehen, dass nicht erst mit der VN-Konvention, sondern bereits mit der über Jahrzehnte gewachsenen Anerkennung der besonderen Ausgangslagen und entsprechenden Ansprüche behinderter Menschen diese Personengruppen in Deutschland besondere Berücksichtigung erfahren (müssen): Behinderte Menschen, bei denen aufgrund ihrer nicht-temporären, meist lebenslang und nicht durch Förderung und Unterstützung vollständig zu kompensierenden Einschränkungen Ausgangs- und Lebenslagen vorliegen, die sich fundamental und kategorial von denen anderer Personengruppen unterscheiden.

Woher kommt die beschriebene Konstruktion eines Gegensatzpaares zwischen einem 'weiten' UNESCO-Inklusionsverständnis auf der einen Seite und dem 'engen' Fokus behinderte Menschen auf der anderen Seite? Wie erklärt sich dieses Konstrukt?

Meiner Einschätzung nach erfolgt der Schritt von der absichtsvollen Gegenüberstellung zwischen UNESCO-Ansatz und VN-Übereinkommen als 'konträr' dann und dort, wo Zielgruppenansätze grundsätzlich in Frage gestellt werden – ohne bei deren Ablehnung zwischen Meta-, Meso- und Mikroebene zu unterscheiden.

Zielgruppenansätze werden in jenen Argumentationslinien in Frage gestellt und/oder als 'überholt' bewertend beschrieben, die Kategorisierung a priori und a posteriori unter Stigmatisierungsverdacht bzw. als Ursache für Stigmatisierung betrachten.

Gewiss ist die Gefahr, dass aus Kategorisierungen Stigmatisierung entsteht, zu sehen. Doch sollte ebenfalls berücksichtigt werden, dass Kategorienbildung nicht nur die Voraussetzung jeglicher fachlich qualifizierten Förderung ist, sondern gleichermaßen die Grundlage jeglicher Forschung, wissenschaftlicher Diskurse und demokratischer politischer Aushandlungsprozesse. Das heißt – zugespitzt formuliert – die Dilemmata, die mit Begriffs- und Kategorienbildung verbunden sind, können prinzipiell nicht widerspruchsfrei aufgelöst werden. Jegliche ernsthafte, angemessen differenzierte Betrachtung und Auseinandersetzung muss sie sehen und berücksichtigen.

Ebenfalls gilt es nicht zu übersehen, dass bei den 'Angriffen', die auf die am Zielgruppenansatz festhaltenden und dabei die Personengruppen behinderter Menschen fokussierenden Ansätze zielen, teilweise auch ein aus meiner Sicht hochgradig problematischer, oft unreflektierter, verdeckter oder auch zuweilen ausgesprochener 'Verteilungskampf' mitschwingt. So gehört zur Ehrlichkeit der Diskussion über Inklusion die (schlichte) Einsicht hinzu: Ressourcen sind begrenzt.

Und: In einem rechtstaatlich verfassten demokratischen Gemeinwesen wie der Bundesrepublik Deutschland sind die Ressourcen nicht nur begrenzt, sondern hier sind Fördermaßnahmen begründungspflichtig über gesetzlich definierte Ansprüche.

Will man keine (staatliche) Willkür, ist es dementsprechend unvermeidbar, Priorisierungen und Entscheidungen zu treffen – wohl wissend um alle damit verbundenen Unzulänglichkeiten, Widersprüche und auch Eindrücke und Empfindungen von Ungerechtigkeit und Benachteiligung.

In diesem Zusammenhang sollte neben den bereits genannten Aspekten bedacht werden, dass es in der Geschichte Deutschlands zusätzliche ernstzunehmende Gründe für die besondere Anerkennung der Bedürfnisse und Bedarfe behinderter Menschen gibt.

Lassen Sie mich mit Blick auf die Infragestellung von Zielgruppenansätzen folgende Anmerkungen machen, die ich als Fragen in die Diskussion und Diskurse darüber stellen möchte und die nicht als rhetorische aufzufassen sind:

"Ist Zielgruppenorientierung nicht ein Weg zu Inklusion? Handelt es sich bei Zielgruppenorientierung und inklusivem Ansatz nur um einen Scheingegensatz? Und hilft die Beschäftigung mit den Bedarfen und Barrieren für einzelne Zielgruppen nicht zumindest Bildungsvorhaben sensibler zu planen und Vielfalt besser begegnen zu können?" (DÖNGES/KÖHLER 2015: 88).

Sind es nicht gerade zielgruppenorientierte Ansätze, die aus relevanten gesellschaftlichen Bereichen exkludierte oder zumindest an angemessener Teilhabe gehinderte Personengruppen ins notwendige Blickfeld rücken und verantwortliche Akteure und stakeholder für diese Personengruppen sensibilisieren (vgl. LUTZ 2002)?

4   Inklusion versus Integration

Ist Inklusion etwas grundsätzlich Anderes als Integration?
Ist Inklusion etwas fundamental Neues?
Ist Inklusion geradezu etwas Gegenteiliges zu Integration?

Wer kennt sie nicht, die bunten Bilder von Kreisen, die, in Anlehnung an Mengenlehre, genau dies erklären (sollen): dass Inklusion sich von Integration fundamental unterscheidet.

Mir scheint diese Diskussion in Teilen eine typisch deutsche. Vielleicht neigen wir dazu, immer alles ganz konsequent, ganz richtig machen zu wollen und übersehen dabei in unserer Gegenwartsbezogenheit die Geschichte und deren Verlauf und Realitäten – vielleicht, weil wir uns vor allem von allem Gewesenem als etwas Überholtem absetzen wollen und etwas 'noch nie Dagewesenes', ganz und gar Neues entwickeln bzw. gerade nicht entwickeln, sondern erfinden wollen.

Entsprechend gerne werden Entwicklungen zu 'Paradigmenwechseln' deklariert. So erinnern wir uns an die im Kontext des Gesetzgebungsprozesses zum seinerzeit wegweisenden Neunten Sozialgesetzbuch apostrophierte Losung "Von der Fürsorge zur Selbstbestimmung", mit der ausdrücklich ein Paradigmenwechsel beansprucht wurde. Kritisch lässt sich anmerken, dass statt der Ausrufung von Paradigmenwechseln eine Konzentration auf Fortschritte in der Praxis oft hilfreicher wäre und manche Paradigmenergänzungen oft nicht nur zutreffender, sondern auch zielführender als Paradigmenwechsel sind.

Inklusion stellt so aus meiner Sicht auch vor allem eine Fortentwicklung des Integrationsgedankens und eine sinnvolle Paradigmenergänzung dar, um die systemische Seite – d. h. die Ausrichtung von Bildungsstrukturen und -angeboten auf die Einbeziehung aller Menschen 'von vornherein' – stärker zu fokussieren und diesbezüglich Schwachstellen, Barrieren und Handlungsbedarfe zu identifizieren.

Zugleich verliert der integrative Ansatz mit seiner Perspektive, jenseits programmatischer Systemwechsel konkreten Zugang und Einmündung in (Berufliche) Bildung und Beschäftigung zu erreichen, nicht an Bedeutung. Insofern sind Anstrengungen, Integration und Inklusion insbesondere über terminologisch-ideologische Diskurse in ein künstliches Gegensatzverhältnis zu setzen, wenig konstruktiv. Vielmehr ist die Zielgleichheit von Integrations- und Inklusionsvorstellungen und -ansätzen zu sehen und deren Umsetzung nachhaltig anzustreben (vgl. VOLLMER 2015).

In diesem Sinne kann die Berücksichtigung der englischsprachigen Fachliteratur mit ihrer pragmatisch-praxisorientierten Perspektive, in der theoretische Diskurse und Kontroversen über eine prinzipielle oder partielle Differenz zwischen Integration und Inklusion kaum vorkommen (vgl. HINZ 2002), die berufsbildungspolitischen Diskussionen in Deutschland erden.

5 Abschaffung von sogenannten Sonderwegen und Sondereinrichtungen?

Nähern wir uns der Diskussion über die Forderungen nach Abschaffung von sogenannten Sonderwegen und Sondereinrichtungen als inklusionsinkompatibel über Arbeiten von Max WEBER. Manchmal ist der Blick auf diejenigen, die sich bereits vor uns sowohl grundlegend als auch differenziert Gedanken gemacht haben, in der Aufgeregtheit mancher gegenwärtigen Auseinandersetzungen orientierungsstiftend.

Nach WEBER soll eine "soziale Beziehung […] nach außen 'offen' heißen, wenn und insoweit die Teilnahme an ihrem Sinngehalt orientierten gegenseitigen sozialen Handeln, welches sie konstituiert, nach ihren geltenden Ordnungen niemand verwehrt wird, der dazu tatsächlich in der Lage und geneigt ist" (WEBER 1972: 23).

Bemerkenswert an dieser Definition von sozialer Beziehung durch WEBER (ebd.) ist die Betonung der "Freiwilligkeit", d. h. auch die ausdrückliche Berücksichtigung einer möglichen Entscheidung gegen Einbezogenwerden, gegen Einbezogensein und gegen Teilnahme. Dieser Aspekt, dass auch die mögliche Entscheidung gegen Inklusion im Sinne von Selbstbestimmung von vornherein mitgedacht werden muss, bleibt in der oft unterkomplex geführten Inklusionsdiskussion unterbelichtet. Die Diskussion wird an dieser Stelle Selbstbestimmung und Autonomie der betroffenen Menschen missachtend so geführt, als ob behinderte Menschen sich immer zugunsten als inklusiv verstandener Lösungen entscheiden möchten (vgl. MÜRNER/SIERCK 2013: 119f.).

In diesem Zusammenhang erinnere ich auch an Theodor ADORNOS Warnung, dass in der Betonung der Gleichheit der Menschen ein unterschwelliger Totalitätsgedanke mitschwingt (vgl. ADORNO 1951; 2012: 115f., vgl. auch kritisch Gemeinsamkeiten und Synergieeffekte zwischen Inklusion und Neoliberalismus identifizierend DAMMER 2015: 22ff.).

KRONAUER weist im Anschluss an WEBER darauf hin, dass es genauerer Kriterien bedarf um zu entscheiden, welche Arten sozialer Schließungen als berechtigt, welche als unzulässig und welche als diskriminierend anzusehen sind und stellt fest: "Ein- und Ausschließungen unterscheiden sich unter anderem nach dem Grad der Durchlässigkeit der Grenzen, den Zugangsvoraussetzungen, dem Grad der Formalisierung [...]" und resümiert: "Nicht jede soziale Schließung muss problematisch sein" (KRONAUER 2013: 19f.). KRONAUER ergänzt: "Soziale Schließung wird immer dann problematisch, wenn sie die sozialen Lebenschancen der davon Betroffenen beeinträchtigt [...]" (ebd.).

Genau dies aber ist m. E. die entscheidende Frage: Wie verbessern wir die Lebenschancen behinderter Menschen über deren Zugänge zu (Beruflicher) Bildung?

Wie ermöglichen wir Integration, Teilhabe und Inklusion in und durch (Berufliche) Bildung?

Bei der Beantwortung dieser Frage, die eine Gestaltungsaufgabe ist, ebnen Begrifflichkeiten wie Separierung, Sonderwelten und Sonderwege Argumentationslinien für abwertend besetzte Deutungsmuster, die auf einen Antagonismus zwischen (abgeschotteten) Sonderwelten auf der einen und Inklusion in den sogenannten 'ersten' Arbeitsmarkt auf der anderen Seite abzielen.

An dieser Stelle möchte ich gerne ELLGER-RÜTTGARDT (2016: 179f.) zitieren:

"Die pauschale, letztlich rückwärtsgewandte Kritik an 'Sonderinstitutionen' nimmt nicht zur Kenntnis, dass Einrichtungen wie Förderschulen, Berufsbildungswerke, Berufsförderungswerke und Werkstätten für Menschen mit Behinderungen nicht nur Schutz und individuelle Förderung für jene anbieten, die in den allgemeinen Strukturen nicht zu ihrem Recht kommen, sondern inzwischen auch ausgesprochen innovativ sind. So erscheint es mehr als unwahrscheinlich, dass auf dem allgemeinen Arbeitsmarkt, ohne Anstöße von außen, ein Lernprogramm wie 'Capiert' (Beschützende Werkstatt Heilbronn) für Menschen mit einer geistigen Behinderung entwickelt worden wäre. Es gilt somit anzuerkennen, dass sich die traditionellen 'Sonderinstitutionen' verändert haben; sie sind entwicklungsorientiert, eng vernetzt mit den Strukturen des allgemeinen Arbeits-, Bildungs- und Sozialbereichs, und sie sind nicht selten der einzige Ort, an denen Menschen mit hohem Unterstützungsbedarf Anerkennung und Teilhabe erfahren".

In diesem Sinne werfe ich die Frage auf: Was sind sogenannte Sondersysteme und was sind demgegenüber spezialisierte und differenzierte personenzentrierte Berufsbildungsangebote? Pointiert formuliert: Sind diese spezialisierten Einrichtungen, Bildungsinstrumente und -angebote im Blick auf Inklusion verzichtbar oder nicht im Gegenteil eine unabdingbare ergänzende Voraussetzung für gelingende Inklusion?

Und, last but not least:

Empfinden und erleben sich junge Menschen mit ausgeprägten Behinderungen in diesen mancherseits als 'separierend' etikettierten Bildungsorten, Bildungswegen und -angeboten als 'exkludiert' oder ermöglichen ihnen diese im Sinne von Empowerment und Selbstwirksamkeit Lebenserfahrungen, Erfolgserlebnisse auch und gerade in Peergruppen, die ihnen oftmals bis dahin unbekannt waren und im Ergebnis Berufsabschlüsse und Integration in Arbeit eröffnen?

Mit Blick auf diese Fragestellungen plädiere ich dafür, die Lernortfrage angesichts der Vielfalt von Beeinträchtigungen und deren individuellen Auswirkungen differenziert zu beantworten. Die – absichtsvoll negative Assoziationen auslösende – Etikettierung als 'Separation' und 'Sonderinstitutionen' ist der

Komplexität der Herausforderungen unangemessen. STÖPPLER (2018: 11) ist zu-zustimmen:

> "Das gesamte Bildungssystem lebt in seinen strukturellen Ausformungen von unterschiedlich angelegten Angebotsstrukturen […] und von beson-deren Lösungen. Ein inklusives Bildungssystem ist grundsätzlich von der Vielfalt an Bildungsangeboten im Hinblick auf den Einzelnen unter Wah-rung höchster fachlicher Standards gekennzeichnet. […] Nur durch ein ausdifferenziertes Bildungssystem, das die Angebote sonderpädagogi-scher Bildungsinstitutionen einbezieht, können Bildungschancen gleich-berechtigt gesichert werden. Alle Bildungsangebote sind dabei einer ständigen Weiterentwicklung verpflichtet. […] Um den Bildungsan-spruch von vielen Menschen mit Behinderung und deren ganz speziellen Unterstützungsbedarf zu sichern, ist eine hohe fachliche Professionalität nötig".

6 Die Fachpraktiker-Ausbildungen auf der Grundlage von BBIG und HwO

Die Verve, mit der seit einigen Jahren im Zuge der Inklusionsdiskussion über die Fachpraktiker-Berufe gestritten wird, die Heftigkeit, mit der dieses Ausbil-dungssegment als Ausdruck inklusionsverhindernder, rückwärtsgewandter Be-rufsbildungspolitik fokussiert wird, erschließt sich mir nur zum Teil.

Ich kann mich des Eindrucks nicht erwehren, dass in diese Fokussierung an-dere Aspekte einwirken als der Blick auf die Personengruppe. Denn: Wir spre-chen hier über knapp 10.000 Neuabschlüsse jährlich – wahrlich keine quantita-tive Dimension im Vergleich. Realisieren wir: Wie viele Menschen mit Behin-derung insgesamt in Berufsausbildung sind, d. h. 'regulär', in sogenannten an-erkannten Ausbildungsberufen ausgebildet werden, wissen wir nicht, da die Be-rufsbildungsstatistik kein Merkmal 'Behinderung' erfasst. Gerne werden in Dar-stellungen, welche die Fachpraktiker-Ausbildung als inklusionsinkompatibel auszuweisen suchen, Zahlen von schwerbehinderten Menschen in Berufsaus-bildung angeführt und den Zahlen der Fachpraktiker-Ausbildungen gegenübergestellt. Dieses Vorgehen ist jedoch sachlich falsch, wenn nicht gar gezielt irreführend, da der Status Schwerbehinderung für die Aufnahme und den Abschluss einer Berufsausbildung einschließlich der eventuellen Anwendung von Nachteilsausgleich nicht relevant ist und der Behinderungsbegriff des BBiG und der HwO mit dem sozialrechtlichen der Schwerbehinderung nicht übereinstimmt.

Vergegenwärtigen wir uns, was Fachpraktiker-Ausbildungen sind: Sie bieten auf der Grundlage von § 66 BBiG und analog 42m HwO die Möglichkeit, bei durch die Fachdienste der Bundesagentur für Arbeit festgestellter Art und Schwere der Behinderung auf der Grundlage einer von den zuständigen Stellen, also in der Regel den Industrie- und Handelskammern, den Handwerkskammern und den Landwirtschaftskammern, erlassenen Ausbildungsregelung auszubilden und zu prüfen und damit zu einem Berufsabschluss auf der Grundlage von BBiG und HwO zu führen (vgl. eine sehr differenzierte Darstellung zu den Fachpraktiker-Berufen von ECK/STEIN/EBERT 2016: 304ff.).

Gehen wir davon aus, dass die Bundesagentur für Arbeit bzw. deren Reha-Beraterinnen und Reha-Berater in den örtlichen Agenturen für Arbeit gesetzeskonform und gemäß ihrer eigenen Geschäftsanweisungen arbeiten und nehmen wir vor allem die intensiven Diskussions- und Entscheidungsprozesse zur Kenntnis, die in die Gestaltung und Beschlussfassung der BIBB-Rahmenregelung (BIBB-HAUPTAUSSCHUSS 2010: Rahmenregelung für Ausbildungsregelungen für behinderte Menschen gemäß § 66 BBiG/§ 42m HwO) gemündet sind, dann heißt dies: Fachpraktiker-Ausbildungen sind ausschließlich ein Ausbildungsinstrument dafür, behinderte Menschen, die auch nicht mit Hilfe von Nachteilsausgleich in einem 'regulären' Ausbildungsberuf ausgebildet werden können, angepasst an ihre Möglichkeiten, in der Regel theoriereduziert, auszubilden. Damit ist unmissverständlich klar, dass der 'Königsweg' lautet: Priorität hat die 'reguläre' Berufsausbildung; die Fachpraktiker-Ausbildung ist die Ausnahme. Dabei hat eine den rechtlichen Vorgaben entsprechende Fachpraktiker-Ausbildung Qualitätsstandards (insbesondere bezüglich Ausbilderschlüssel, betrieblichen Ausbildungsphasen, Förderplan etc.) zu folgen und insbesondere ebenso wie eine 'reguläre' Berufsausbildung gemäß § 4 BBiG Berufliche Handlungsfähigkeit zu vermitteln.

Die BIBB-Rahmenregelung markiert mit ihrer Einführung von bundeseinheitlichen Qualitätsstandards die Fachpraktiker-Ausbildung als integralen Bestandteil des allgemeinen Berufsbildungssystems, indem sie bereits in der Präambel erklärt, dass es sich um Ausnahmefälle handelt und den klaren Auftrag formuliert, den Übergang in eine Ausbildung in einem nach § 64 BBiG/42k HwO i. V. m. § 4 BBiG/§ 25 HwO anerkannten Ausbildungsberuf kontinuierlich zu prüfen.

Insofern ist aus meiner Sicht grundsätzlicher Kritik, die das Instrument Fachpraktiker-Ausbildung als "per definitionem bereits separierend" (INITIATIVE CHANCE AUSBILDUNG 2013: 23) und "inklusionsinkompatibel" (ebd.) ablehnt und sich dafür ausspricht, diese Ausbildungen "weitestgehend zurückzufahren" (ebd.), zu widersprechen.

Auch halte ich das in diesbezüglichen Diskussionen gerne angeführte Argument, im Anschluss an Fachpraktiker-Ausbildungen erfolge keine ausreichende Arbeitsmarktintegration, aus insbesondere zwei Gründen für problematisch: Einerseits kenne ich keine diese Behauptung belegende empirische Untersuchung und zweitens frage ich, warum ausgerechnet für die Ausbildung jener Menschen, deren Ausgangslagen für sie eine Fülle von Barrieren darstellen, eine Nachweispflicht über eine Arbeitsmarktintegration thematisiert wird, während dies bezüglich des Verbleibs von Absolventinnen und Absolventen 'regulärer' Berufsausbildung und Hochschulstudium nicht der Fall ist. Die Nachweispflicht für ausgerechnet diese Personengruppen betrachte ich als diskriminierend und frage auch, mit welcher Vergleichsgruppe man entsprechende Daten denn überhaupt zu vergleichen gedenkt.

Zur Fachpraktiker-Ausbildung resümiere ich meine fachliche Position: Mit dem Instrument 'Ausbildungsregelung' hat der Gesetzgeber ein Instrument zur Teilhabe an (Beruflicher) Bildung und Integration in Arbeit und damit zur Verwirklichung von Chancengleichheit eröffnet. Statt das Qualifizierungsinstrument grundsätzlich in Frage zu stellen, ist eine flächendeckende Umsetzung der BIBB-Rahmenregelung fortzusetzen und zu fördern, um deren Qualitätsstandards Geltung zu verschaffen.

Das Spektrum an Berufsbereichen der von den zuständigen Stellen aufgrund ihrer Regelungskompetenz erlassenen Ausbildungsregelungen sollte dringend und kontinuierlich darauf hin überprüft werden, innerhalb des Berufespektrums mehr unterschiedliche und nachgefragte Ausbildungsangebote zu bieten, statt sich weiterhin zu sehr auf die in den traditionellen Berufsfeldern Hauswirtschaft, Gartenbau, Metall, Holz und Farbe zu beschränken.

7   ReZA

Im Rahmen des Erarbeitungsprozesses der BIBB-Rahmenregelung für die (heutigen) Fachpraktiker-Ausbildungen wurde intensiv und kontrovers darüber diskutiert, welche Anforderungen sich für Ausbilderinnen und Ausbilder stellen und welche Qualifikation dementsprechend notwendig ist. Dabei trafen in den Beratungen insbesondere Einschätzungen bezüglich der Notwendigkeit ausreichender sonder- bzw. rehabilitationspädagogischer Fachkenntnisse und Befürchtungen, deren Erwerb und Nachweispflicht würde Hürden für betriebliche Ausbildung darstellen und Betriebe von der Ausbildung abhalten, aufeinander. Nach ausführlichem Austausch der Sichtweisen und Argumente wurde als Beratungs- und Beschlussergebnis die in der BIBB-Rahmenregelung in § 6 formulierte Vorgabe verankert.

Das am 21.Juni 2012 durch den Hauptausschuss des BIBB beschlossene "Rahmencurriculum für eine Rehabilitationspädagogische Zusatzqualifikation für Ausbilderinnen und Ausbilder (ReZA)" (BIBB-HAUPTAUSSCHUSS 2012) greift die Vorgaben der Rahmenregelung auf. ReZA wurde im Auftrag des Bundesministeriums für Bildung und Forschung (BMBF) von einer Projektgruppe der Bundesarbeitsgemeinschaft der Berufsbildungswerke e. V. (BAG BBW) unter Beteiligung eines Fachbeirats auf Basis der in der Rahmenregelung genannten acht Kompetenzfelder erarbeitet. Besondere Schwerpunkte liegen auf den Themen Lernbehinderung, Lernstörung, Verhaltensauffälligkeiten und psychische Behinderungen, personenbezogene Förderplanung, qualifizierte Zusammenarbeit mit Berufsschulen und Übergängen in 'Vollausbildungen'. Die gesetzten Schwerpunkte entsprechen der Hauptzielgruppe der Rahmenregelung. Die rehabilitationspädagogische Weiterbildung steht prinzipiell allen an der beruflichen Aus- und Weiterbildung behinderter Menschen Beteiligten offen. Für die Weiterbildung werden die Inhalte der Ausbilder/-innen-Eignungsverordnung (AEVO) sowie Ausbildungserfahrung vorausgesetzt. Eine formale Prüfung – wie in Fortbildungsverordnungen – ist nicht vorgesehen bzw. nicht vorgeschrieben. Es ist jedoch ein Nachweis (Zertifikat) auszustellen, der den Kammern von den Absolventinnen und Absolventen vorgelegt werden kann. Der Gesamtumfang beträgt entsprechend der Rahmenregelung 320 Stunden. Die Weiterbildung soll die berufliche Handlungskompetenz von Ausbilderinnen und Ausbildern in der beruflichen Bildung behinderter Menschen stärken und fördern.

Während die Fachpraktiker-Ausbildungen bis zur Beschlussfassung des BIBB-Hauptausschusses über die Rahmenregelung und zu ReZA kaum Beachtung in berufsbildungspolitischen Diskussionen genossen, gerieten sie seitdem ins Blickfeld der Kritik. Dies ist umso bemerkenswerter, als gerade diese Beschlussfassungen Teil des vom BIBB und seinen Gremien verfolgten Anliegens sind, ordnungspolitisch bundeseinheitliche Qualitätsstandards in diesem bis dato von 'Wildwuchs' geprägten Terrain zu implementieren (vgl. auch GALILÄER 2015: 23f.).

Auf die Kritik am Erfordernis einer rehabilitationspädagogischen Zusatzqualifikation ist vor allem mit Verweis auf die Bedeutung der Qualifizierung des Berufsbildungspersonals als Schlüssel für gelingende Ausbildung und auch mit den Gestaltungs- und Ermessensspielräumen, die § 6 der Rahmenregelung bietet, zu antworten. Diese sind zugunsten der Förderung betrieblicher Ausbildung so gestaltet, dass von dem Erfordernis des ReZA-Nachweises bei Betrieben abgesehen werden kann, wenn die Qualität der Ausbildung auf andere Weise, z.B. über Unterstützung durch eine geeignete Ausbildungseinrichtung, sichergestellt ist oder – noch mehr Einzelfälle ermöglichend – die behindertenspezifischen Zusatzqualifikationen "auf andere Weise glaubhaft gemacht werden können" (BIBB-HAUPTAUSSCHUSS 2010: § 6 Rahmenregelung für Ausbildungsregelungen für behinderte Menschen gemäß § 66 BBiG/§ 42m HwO).

Aktuell hat die Infragestellung der ReZA an Schärfe (hervorzuheben aufgrund der Schärfe: HAGEDORN 2015) verloren und angesichts des Fachkräftemangels und des Demografischen Wandels mehren sich sogar Überlegungen und Stimmen, entsprechende Qualifizierungen nicht nur für Fachpraktiker-Ausbildungen, sondern auch für die Ausbildung in 'regulären' Ausbildungsberufen vorzusehen. Diese Entwicklung ist nicht zuletzt auch deshalb zu begrüßen, weil sie jener, die Fachlichkeit unter Rechtfertigungsdruck gestellt hat, entgegenwirkt und dem Stellenwert, den die Qualifikation und Professionalität des Berufsbildungspersonals als relevantem Gelingensfaktor für qualitativ hochwertige, erfolgreiche Berufsbildung darstellen, (wieder) angemessene Berücksichtigung widmet.

8   Schlussfolgerungen

Wie hat sich die Berufliche Bildung behinderter Menschen im Zeichen der gesellschafts- und bildungspolitischen Leitideen Integration, Teilhabe und Inklusion auszurichten?

Bezugnehmend auf STICHWEH (2005) ist die Gefahr einer exkludierenden Inklusion zu erkennen, wenn zielgruppenausgerichtete Strukturen, Instrumente und Bildungsangebote grundsätzlich abgelehnt würden. Stattdessen ist zu berücksichtigen, dass je nach Ausgangs- und damit Lebenslage und Förderbedarf lebensphasen-/bildungsbereichsweise inkludierende Exklusion (Förderschulen, Berufsbildungswerke, Berufsförderungswerke, sowie auch Instrumente wie Ausbildungsregelungen für Fachpraktiker-Ausbildungen u.a.) zum gewünschten Ziel beruflicher Handlungsfähigkeit und damit beruflicher Teilhabe führt, wo andernfalls Integration in Berufsbildung, Beschäftigung und Gesellschaft nicht gelingt (vgl. VOLLMER 2015; NEUMANN/WERNER 2012; BIERMANN 2015).

Zugleich ist die historisch gewachsene 'Berufsbildungslandschaft' daraufhin zu überprüfen, inwieweit ihre Strukturen, Instrumente und Angebote geeignet sind, behinderten Menschen diskriminierungsfrei Zugänge zu ermöglichen. Hier gilt es beispielsweise noch stärker bei der Anwendung von Nachteilsausgleich und der Unterstützung der Betriebe und deren Bereitschaft und Fähigkeit, behinderte Menschen auszubilden, anzusetzen.

Es ist seit längerem erkannt, dass es bei Integration, Teilhabe und Inklusion ganz wesentlich auf eine gute, institutionalisierte Zusammenarbeit der regionalen Akteure ankommt. D. h. bildungspolitische Leitideen bedürfen der Umsetzung in der Praxis und müssen sich zugleich in dieser bewähren (vgl. VOLLMER 2017:12).

Integration, Teilhabe und Inklusion sind keine selbsterklärenden berufsbildungspolitischen Konzepte und/oder Programme, die als exklusive Leitideen 'exkludierend' dogmatisch verfolgt werden sollten. Vielmehr gilt es, sie im Kontext anderer (berufs-)bildungspolitischer Leitgedanken, Prozesse und Erfahrungen einzuordnen und umzusetzen und dabei nicht zu übersehen, dass gesellschafts- und bildungspolitische Leitideen alle ihre Geschichte und ihre Konjunktur haben und die Weiterentwicklung der Beruflichen Bildung eine ständige Aufgabe ist. In diesem Sinne pointiere ich: Evolution statt Revolution.

Wir leben in Zeiten, in denen gerne von Erzählungen, von Narrativen gesprochen wird.

Sie sind ein Teil unseres Selbstverständnisses, unserer Verständigung, unserer kollektiven Identität.

Meiner Wahrnehmung nach ist auch Inklusion eine solche Erzählung, ein solches Narrativ, von dem viel erfreuliche Dynamik für Menschen ausgeht, die nicht immer ausreichend im Blickfeld gestanden haben.

MARQUARD (2015), der philosophische Vertreter der skeptischen Distanz, hat darauf hingewiesen, wie wichtig es ist, nicht nur eine Geschichte, einen Mythos zu haben, sondern verschiedene, um der Freiheit willen, aber auch um der Wirklichkeit, die uns auch in und mit Widersprüchen begegnet, gerecht zu werden. Ich möchte ihn gerne abschließend zitieren:

"Wer auf ein Problem gar keine Antwort gibt, verliert schließlich das Problem, der auf ein Problem nur eine Antwort gibt, glaubt das Problem gelöst zu haben und wird leicht dogmatisch. Am besten ist, zu viele Antworten zu geben, das bewahrt das Problem, ohne es wirklich zu lösen" (2015: 142).

Ähnlich sah es bereits PARACELSUS: "Alle Dinge sind Gift, und nichts ist ohne Gift, allein die Dosis macht, dass ein Ding kein Gift sei" (1965: 508ff.).

Vielleicht helfen uns diese Einsichten, wenn die Diskussionen über gesellschafts- und bildungspolitische Leitideen allzu hitzig werden.

Literaturverzeichnis

ADORNO, T. (1951, 1969, 2012): *Minima Moralia. Reflexionen aus dem beschädigten Leben.* Frankfurt a. M.: Suhrkamp.

AHRBECK, B. (2014): *Inklusion – Eine Kritik.* Stuttgart: Kohlhammer.

BERNHARD, A. (2015): Inklusion – Ein importiertes erziehungswissenschaftliches Zauberwort und seine Tücken. In: KLUGE, S./LIESNER, A./WEIß, E. (Hg.): *Jahrbuch für Pädagogik – Inklusion als Ideologie.* Frankfurt a. M.: Peter Lang Edition, 109–119.

BIBB-HAUPTAUSSCHUSS (2010): *Rahmenregelung für Ausbildungsregelungen für behinderte Menschen gemäß § 66 BBiG/§ 42m HwO. Empfehlung des Hauptausschusses des Bundesinstituts für Berufsbildung vom 15.12.2010.* Online verfügbar unter: http://www.bibb.de/dokumente/pdf/HA136.pdf (zuletzt abgerufen am 21.03.2019).

BIBB-HAUPTAUSSCHUSS (2012): *Rahmencurriculum für eine Rehabilitationspädagogische Zusatzqualifikation für Ausbilderinnen und Ausbilder (ReZA). Empfehlung des Hauptausschusses des Bundesinstituts für Berufsbildung vom 21.6.2012.* Online verfügbar unter: http://www.bibb.de/dokumente/pdf/HA154.pdf (zuletzt abgerufen am 21.03.2019).

BIERMANN, H. (2015): *Inklusion im Beruf.* Stuttgart: Kohlhammer.

BONNER ERKLÄRUNG ZUR INKLUSIVEN BILDUNG IN DEUTSCHLAND (2014): verabschiedet von den Teilnehmenden des UNESCO-Gipfels "*Inklusion - Die Zukunft der Bildung*". Online verfügbar unter: https://www.hamburg.de/content-blob/4301000/29e84c3f9da3f0729fec347a5ad7ce2b/data/unesco-erklaerung.pdf (zuletzt abgerufen am 21.03.2019).

DAMMER, K. (2015): Gegensätze ziehen sich an. Gemeinsamkeiten und Synergieeffekte zwischen Inklusion und Neoliberalismus. In: KLUGE, S./LIESNER, A./WEIß, E. (Hg.): *Jahrbuch für Pädagogik – Inklusion als Ideologie.* Frankfurt a. M.: Peter Lang Edition, 22–25.

DÖNGES, C./KÖHLER, J-M. (2015): Zielgruppenorientierung oder Inklusion in der politischen Bildung – Dilemma oder Scheingegensatz? In: DÖNGES, C./HILPERT, W./ZURSTRASSEN, B. (Hg.): *Didaktik der inklusiven politischen Bildung.* Bonn: Bundeszentrale für politische Bildung, 88.

ECK, R./STEIN, R./EBERT H. (2016): Ausbildungsregelungen nach § 66 BBiG und § 42m HwO für Menschen mit Behinderungen. In: *Zeitschrift für Heilpädagogik* 67 (7), 304–317.

ELLGER-RÜTTGART, S. (2016): *Inklusion – Vision und Wirklichkeit.* Stuttgart: Kohlhammer.

ENGGRUBER, R. (2018): Reformvorschläge zu einer inklusiven Gestaltung von Berufsausbildung. In: ARNDT, I./NEISES, F./WEBER, K. (Hg.): *Inklusion im Übergang von der Schule in Ausbildung und Beruf.* Bonn: BIBB, 27–37.

FLECK, L. (1935): *Entstehung und Entwicklung einer wissenschaftlichen Tatsache. Einführung in die Lehre vom Denkstil und Denkkollektiv.* Frankfurt a. M.: Suhrkamp.

GALILAER, L. (2015): Ausbildung von Jugendlichen mit Behinderung – von der Eingliederung auf Sonderwegen zur Inklusion? In: GOTH, G./SEVERING, E. (Hg.): *Berufliche Ausbildung junger Menschen mit Behinderung – Inklusion verwirklichen. Strategien, Instrumente, Erfahrungen*. Bielefeld: W. Bertelsmann, 23–24.

HAGEDORN, J. (2015): Inklusion von Menschen mit Behinderungen in der Beruflichen Ausbildung: Irritierende Wirkungen der Reha Zusatzqualifikation. In: KREKLAU, C./SIEGERS, J. (Hg.): *Handbuch der Aus- und Weiterbildung. Politik, Praxis, Finanzielle Förderung*. Köln: Deutscher Wirtschaftsdienst, Beitrag 3152, 6.

HINZ, A. (2002): Von der Integration zur Inklusion – terminologisches Spiel oder konzeptionelle Weiterentwicklung? In: *Zeitschrift für Heilpädagogik* 53(9), 354–361.

INITIATIVE CHANCE AUSBILDUNG (2013): *Impulspapier für die Diskussion: Inklusion in der beruflichen Bildung anl. 1. Arbeitstreffen der Initiative Chance Ausbildung – jeder wird gebraucht am 30.09./1.10.2013*. Gütersloh: Bertelsmann-Stiftung.

KLUGE, S./LIESNER, A./WEIß, E. (2015): *Jahrbuch für Pädagogik – Inklusion als Ideologie*. Frankfurt a. M.: Peter Lang Edition.

KÖPFER, A./KOTTHOFF, H./RAKHKOCHKINE, A. (2018): Inklusive Bildung – (Inter-)nationale Einblicke in einen vielschichtigen Forschungsdiskurs. Einleitung zu diesem Heft. In: *Bildung und Erziehung* 71 (4), 389–394.

KRONAUER, M. (2013): Soziologische Anmerkungen zu zwei Debatten über Inklusion und Exklusion. In: BURTSCHER R./DITSCHEK E./ACKERMANN, K./KIL, M./KRONAUER, M. (Hg.): *Zugänge zu Inklusion – Erwachsenenbildung, Behindertenpädagogik und Soziologie im Dialog. Theorie und Praxis der Erwachsenenbildung*. Bielefeld: W. Bertelsmann, 19–20.

LUTZ, J. (2002): Politische Bildung für Menschen mit Behinderungen – Herausforderungen und Chance. In: *Erwachsenenbildung und Behinderung* 13(2), 27–36.

LUHMANN, N. (1995): Inklusion und Exklusion. In: LUHMANN, N. (Hg.): *Soziologische Aufklärung 6. Die Soziologie und der Mensch*. Opladen: Westdeutscher, 237–264.

MARQUARD, O. (2015): *Zukunft braucht Herkunft. Philosophische Essays*. Stuttgart: Reclam.

MÜRNER, C./SIERCK, U. (2013): *Behinderung – Chronik eines Jahrhunderts*. Schriftenreihe Band 1391. Weinheim/Basel: Beltz Juventa.

NASSEHI, A./NOLLMANN, G. (1997): Inklusionen, Organisationssoziologische Ergänzungen der Inklusions-/Exklusionstheorie. In: *Soziale Systeme* 3(2), 393–411.

NEUMANN, M./WERNER, D. (2012): *Berufliche Rehabilitation behinderter Jugendlicher. Erwerbsintegration und Teilhabe der Absolventen von Berufsbildungswerken*. IW-Analysen – Forschungsberichte aus dem Institut der deutschen Wirtschaft. Nr. 81. Köln: Institut der deutschen Wirtschaft Köln Medien GmbH.

PARACELSUS, T. (1965): Die dritte Defension wegen des Schreibens der neuen Rezepte. In: PARACELUS, T. (Hg.): *Septem Defensiones 1538 Werke*. Holzinger: Darmstadt, 508–513.

STICHWEH, R. (2005): *Inklusion und Exklusion. Studien zur Gesellschaftstheorie*. Bielefeld: transcript.

STÖPPLER, T. (2018): Inklusion im Prozess der beruflichen Eingliederung und der beruflichen Qualifizierung. In: *BLV-Magazin – Verband der Lehrerinnen und Lehrer an beruflichen Schulen in Baden-Württemberg e. V.* (3), 11.

VOLLMER, K. (2008): Der Ausschuss für Fragen behinderter Menschen beim BIBB: Aufgaben – Zusammensetzung – aktuelle Agenda. In: *Zeitschrift Selbsthilfe der BAG Selbsthilfe e. V.* 3 (3), 20–21.

VOLLMER, K. (2015): Integration – Teilhabe – Inklusion: Berufliche Bildung behinderter Menschen im Spannungsfeld zwischen politischer Losung und Berufsbildungspraxis. In: *Wissenschaftliche Diskussionspapiere. "Wege zur Inklusion in der beruflichen Bildung"* 162, 31–47.

VOLLMER, K. (2017): Für viele ist Inklusion schon Realität. Interview mit Vincent Hochhausen. In: *BILDUNGSPRAXIS – didacta Magazin für berufliche Bildung* (3), 10–12.

VOLLMER, K. (2018): Berufliche Bildung behinderter Menschen im Spannungsfeld zwischen politischer Losung, akademischen und gesellschaftlichen Diskursen und Berufsbildungspraxis. In: TESCHKE, G./HECHLER, S./KAMPMEIER, A./KRAEHMER, S./MICHELS, K. (Hg.): *Exklusiv INKLUSIV Inklusion kann gelingen. Forschungsergebnisse und Beispiele guter Praxis.*, 193–201.

WEBER, M. (1972): *Wirtschaft und Gesellschaft. Grundriss der verstehenden Soziologie.* 5., revidierte Aufl. Tübingen: Mohr.

ARNOLD KÖPCKE-DUTTLER

"So wenig Sonderarbeitswelten wie möglich" – Zum Menschenrecht auf Arbeit und berufliche Bildung

1   Ein Meisterdenker der Exklusion

Für einen der Urväter des Neo-Liberalismus, Friedrich August HAYEK, gehört zu den Grundsätzen der Gerechtigkeit und der politischen Ökonomie, dass für Behinderte auf dem allgemeinen Arbeitsmarkt kein Platz sei. Vielmehr sollten Personen wie Kranke, Alte, Witwen, Waisen und körperlich oder geistig Behinderte lediglich eine gewisse Mindestsicherung (abseits vom Arbeitsmarkt) erhalten. HAYEK (1976: 71) vertritt eine "Philosophie des Individualismus". Die Anerkennung des Individuums als des obersten Richters über seine eigenen Ziele bilde den Wesensgehalt des Individualismus. Dem Individuum sei im Wirtschaftsleben völlige Selbstbestimmung zuzugestehen – entgegen dem "Trugbild sozialer Gerechtigkeit" (2003: 361ff.). HAYEK versteht Freiheit als Abwesenheit von Zwang. Zwang bedeute, dass ein Mensch dem Willen eines anderen Menschen oder eines Kollektivs unterworfen werde. Zwang heiße Willkür, Entwürdigung und Verzweckung des Menschen. Nur unter der Herrschaft des allgemeinen Gesetzes sei Zwang zu tolerieren. Bezeichnend für HAYEK (1976: 44ff.) war seine Abneigung gegen das "Wiesel"-Wort sozial: Soziale Gerechtigkeit könne keine Gerechtigkeit sein. Andere Ökonomen betonen eine marktkonforme Verwirklichung des Ziels größerer Teilhabe von Menschen mit Behinderung in der Gesellschaft und im Arbeitsleben. Auch sie verurteilen soziale Menschenrechte als Verletzungen der wirtschaftlichen Entfaltungsfreiheit des Einzelnen. Eine Gegenstimme zu der HAYEKS war die Gunnar MYRDALS (1974), eines Theoretikers des Wohlfahrtsstaats, den er freilich nicht als bürokratische, hochzentralisierte Maschinerie verstand, die von mächtigen egoistischen Gruppen und Akteuren manipuliert wird. Vielmehr müsse er durch eine immer stärker werdende Partizipation aller Bürger erhalten werden. Weitere Gegenstimmen kommen aus der Sozialökonomie (vgl. WOLF 2018: 10).

2 Ein christlicher Sozialethiker

Der christliche Sozialethiker Arthur RICH (1964) geht aus von einem faktischen Zusammenhang zwischen dem kapitalistischen Industrialismus und dem klassisch-liberalen Denken. Denn für das vom Geist des neuzeitlichen Individualismus geprägte liberale Denken komme nur der private Einzelmensch als wirklich Eigentumsberechtigter in Frage, zumal, wenn es sich um Eigentum an Grund und Boden oder sonstigen wesentlichen Produktionsmitteln handele (vgl. 1964: 43). RICH (1964) weiß um den objektiven Zweck des Wirtschaftens, die gewinnbringende Produktivität; den eigentlichen Zweck des Wirtschaftens sieht er aber im "Dienst des Menschen am Menschen" (1964: 46), im "sozialen Dienst" (ebd.). Die Produktivität der Wirtschaft als Selbst- oder Machtzweck zu verstehen, werde, zumal in der industriellen Arbeitswelt, Leid und Unglück über die Menschen bringen. Der Kapitalbesitzer arbeite mit seinem Geld plus fremder Arbeitskraft. Kapital müsse aber vorher erst erarbeitet werden. "Es wird also aus Menschen Geld gemacht, neues Kapital aus kapitalfremder Arbeitskraft" (1964: 47). Die menschliche Arbeitskraft sei – mit Alfred WEBER (1954). gesprochen – das wichtigste Produktionselement. RICH (1964) protestiert gegen den Raubbau am Menschen. Über die Gefahr der Ausbeutung der menschlichen Arbeitskraft hinaus spricht RICH (1964) von der noch weit schlimmeren Gefahr der Verdinglichung. Der Arbeiter, der arbeitende Mensch wird zur Arbeitskraft, zum bloßen Produktionsfaktor, zum Objekt, das im Produktionsprozess eine möglichst produktive Verwendung finden soll. Diesen Status, der dem Arbeiter seine Arbeit zu einer ihm fremden Sache werden lässt, ändert weder eine gute Bezahlung der Arbeitskraft noch eine menschlich anständige Behandlung.

Eine Frage lautet, ob in der freien, ungehemmten Entfaltungskraft des Einzelnen das Gesamtwohl Aller beschlossen sei: Eine verborgene Kraft der Eintracht im Tun und Lassen der egoistischen Individuen in Richtung auf die soziale Wohlfahrt Aller entgegen der Machtpositionen (vgl. HEIMANN 1980). Das Wohl des Ganzen beruhe aber nicht auf dem Eigennutz des Einzelnen, aller Vereinzelten. Die herrschende Ökonomie geht davon aus, dass Selbstsucht die treibende Kraft der Entwicklung der Menschheit sei, dass zu leben bedeute, an der kapitalistischen Selbstsucht zu partizipieren. Auch die Arbeitswelt ist davon geprägt. Heutige Neoliberale sind durchdrungen von der heilsversprechenden Auffassung, dass der Markt die Verfassung der Freiheit wäre. Dabei übersehen sie aber, dass ein rein ökonomischer Markt aus seiner inneren Logik heraus unmenschlich wird. Werde alles zur Ware – so der Philosoph NIDA-RÜMELIN (2016: 18) – würden die Regeln eines humanen Umgangs der Menschen miteinander zerstört werden.

Dagegen fragte Eugen ROSENSTOCK-HUESSY (1962: 186), wem eigentlich der Betrieb gehöre. Nur dank der Mitarbeiter lasse sich die Warenproduktion steigern. Mit ihm ist daran zu erinnern, dass die alte griechische Silbe oikos in dem Wort Oikonomie / Ökonomie sich auf das Ganze der Nation, der Gesellschaft, des Planeten bezieht (vgl. ebd.). Von hier aus ist die menschliche Arbeit neu zu denken, auch die der Menschen mit Behinderung.

3   Recht auf Arbeit und Ausbildung

Ein Antrag auf Aufnahme eines Rechts auf Arbeit in das Grundgesetz wurde verworfen (BÖCKENFÖRDE/JEKEWITZ/RAMM 1981). Doch in der Allgemeinen Erklärung der Menschenrechte vom 10. Dezember 1948 heißt es in Artikel 23 Nr. 1: "Jeder hat das Recht auf Arbeit, auf freie Berufswahl, auf gerechte und befriedigende Arbeitsbedingungen sowie auf Schutz vor Arbeitslosigkeit". Dieses Menschenrecht wird in Artikel 6 des Internationalen Pakts über wirtschaftliche, soziale und kulturelle Rechte vom 19. Dezember 1966 aufgenommen und gestärkt. Hier wird unter anderem proklamiert, dass die Vertragsstaaten das Recht auf Arbeit anerkennen, welches das Recht jedes einzelnen auf die Möglichkeit, seinen Lebensunterhalt durch frei gewählte oder angenommene Arbeit zu verdienen, umfasse (vgl. Artikel 6 Abs. 1 IPwskR). Die von einem Vertragsstaat zur vollen Verwirklichung dieses Rechts zu unternehmenden Schritte umfassen unter anderem fachliche und berufliche Beratung und Ausbildungsprogramme. In Artikel 7 IPwskR erkennen die Vertragsstaaten das Recht jedes Menschen auf gerechte und günstige Arbeitsbedingungen an (vgl. TOMUSCHAT/WALTER 2016; EICHENHOFER 2012).

Der Vierte Hauptteil der Bayerischen Verfassung vom 2. Dezember 1946 trägt die Überschrift "Wirtschaft und Arbeit". Artikel 166 Abs. 1 BV postuliert, dass die Arbeit die Quelle des Volkswohlstandes sei und unter dem besonderen Schutz des Staates stehe. Jedermann habe das Recht, sich durch Arbeit eine auskömmliche Existenz zu schaffen (vgl. Abs. 2). Er habe das Recht und die Pflicht, eine seinen Anlagen und seiner Ausbildung entsprechende Arbeit im Dienste der Allgemeinheit nach näherer Bestimmung der Gesetze zu wählen (vgl. Abs. 3). Verfassungsrechtler legen Art. 166 als "Programmvorschrift" aus, aus der sich für den Einzelnen keine subjektiven Rechte, zumal keine Grundrechte, aber auch keine Grundpflichten ableiten ließen. Art. 2 verbürgt nach herrschender Auffassung – entgegen dem eindeutigen Wortlaut – weder ein subjektives Recht auf Arbeit im Sinne eines Leistungsrechts gegenüber dem Staat oder gegen einen privaten Arbeitgeber noch ein Grundrecht der Berufsfreiheit.

Die Wirkung eines Programmsatzes und eine politische Konzeptionspflicht, eine Appellwirkung entfaltet nach dieser Auffassung auch Art. 167 Abs. 1 BV, in dem es heißt, die menschliche Arbeitskraft sei als wertvollstes wirtschaftliches Gut eines Volkes gegen Ausbeutung, Betriebsgefahren und sonstige gesundheitliche Schädigungen geschützt.

Doch heißt es auch, der "Schutz der Arbeitskraft" (Art. 167 BV) stelle eine Ausprägung der Rechtsidee der Menschenwürde im Bereich des Arbeitslebens dar (vgl. LINDNER/MÖSTL/WOLFF 2017). Die UN-Behindertenrechtskonvention verbietet die Diskriminierung von Menschen mit Behinderungen in allen Lebensbereichen, auch im Bereich des Arbeitslebens. Von den Schwächsten her zu denken erlaubt zudem nicht, eine Trennung zwischen nicht-werkstattfähigen und werkstattfähigen Menschen mit Behinderung herbeizuführen.

Der Rechtsanspruch auf Leistungen zur Teilhabe am Arbeitsleben in Form der Beschäftigung in einer Werkstatt für behinderte Menschen besteht nach den bisherigen Gesetzen nicht für Menschen mit Behinderung, die das Kriterium "Mindestmaß wirtschaftlich verwertbarer Arbeitsleistung" nicht erfüllen. Dieses diskriminierende Kriterium führt zu einer "Zweiklassengesellschaft" der in Werkstätten betreuten behinderten Menschen. Der umfassende sozialversicherungsrechtliche Schutz fehlt vollständig bei den sogenannten nicht-werkstattfähigen Menschen mit Behinderung, die gemäß §§ 219, 220 Sozialgesetzbuch IX (früher: §§ 136, 137 Sozialgesetzbuch IX) in Einrichtungen oder Gruppen betreut und gefördert werden, die der Werkstatt angegliedert sind (Förder- und Betreuungsbereich vgl. BUNDESSOZIALGERICHT 2011: 67f.): Die in den Förderstätten Betreuten können z.b. keine Rentenansprüche erlangen, erhalten so auch keine Erwerbsminderungsrente; sie sind auf Leistungen der Grundsicherung nach dem Sozialgesetzbuch XII angewiesen. Diese sozialversicherungsrechtliche Ungleichbehandlung ist gemäß Art. 3 Abs. 3 Satz 2 Grundgesetz und der UN-Behindertenrechtskonvention (vgl. KÖPCKE-DUTTLER 2017) verboten.

Das Bundesteilhabegesetz hat die Trennung in werkstattfähige und nicht-werkstattfähige Menschen leider nicht aufgehoben, eine Diskriminierung der Menschen mit sehr hohem Unterstützungsbedarf, eine Diskriminierung, die auch das Recht auf berufliche Bildung verletzt. So ist aus menschenrechtlichem Grund heraus zu fordern, dass jede anerkannte Werkstatt, ihrem rehabilitativen Auftrag entsprechend, unabhängig von dem individuellen Maß wirtschaftlicher Leistungsfähigkeit für alle behinderten Menschen Leistungen zur Teilhabe am Arbeitsleben erbringen muss, die dies wünschen. Denn: "Arbeiten ist ein Menschenrecht und eine wesentliche Form der Teilhabe am Leben in der Gemeinschaft" (SCHUMACHER 2016: 97; WEIß 2018: 1071ff.).

Freilich: Nicht jede Ausgestaltung der Arbeit kann damit gemeint und akzeptiert sein.

4   Menschliche Arbeit ist keine Ware

Der an der Entstehung und Formulierung der Allgemeinen Erklärung der Menschenrechte beteiligte französische Philosoph Jacques MARITAIN (1951; 1966: 80ff.) mit seinem integralen Humanismus widersprach dem bürgerlichen Individualismus und der Vorstellung, die menschliche Arbeit werde in dem Arbeitsvertrag zur bloßen Ware. Die Arbeit des Menschen sei nicht eine dem einfachen Gesetz von Angebot und Nachfrage unterworfene Ware. Der Lohn, den er heimtrage, müsse es dem Arbeiter und seiner Familie gestatten, sein Leben nach einem ausreichend menschlichen Standard zu führen, der im Einklang stehe mit den normalen Bedingungen der gegebenen Gesellschaft. Demnach regelt das Arbeitsrecht nicht zentral den Austausch Arbeit gegen Geld. Vielmehr wird sein Schutzauftrag hervorgehoben. So hieß es bereits in Artikel 157 der Weimarer Reichsverfassung: "Die Arbeitskraft steht unter dem besonderen Schutz des Reiches. Das Reich schafft ein einheitliches Arbeitsrecht".

Aber dieser Auftrag des Schutzes kann nicht verbergen, dass das Arbeitsrecht das Recht der abhängigen Arbeit umfasst, nicht frei ist von Zügen der Herrschaft und Direktionsmacht.

Auch die Theologie (vgl. KRÄMER 1984: 11ff.) hat die Aufgabe, das "kapitalistische Regime" (MARITAIN) zu kritisieren und durch die kritische Wahrnehmung der Verletzungen der Würde und der Rechte der arbeitenden Menschen Konturen gerechter Arbeitsbedingungen zu entwerfen. Gemäß dieser Verpflichtung entdeckte die päpstliche Enzyklika "Laborem exercens", dass die "freie Lohnarbeit" nicht allein zur Folge habe, dass die Arbeit den Charakter einer Ware anzunehmen gezwungen werde, sondern auch, dass die arbeitenden Menschen und ihre Familien in starkem Maß abhängig seien von dem privaten Markt- und Machtkalkül der Unternehmer. Nach den Maßstäben der kapitalistischen Logik, gegen die aufzubegehren ein menschliches Recht aufruft, werde die menschliche Arbeit ausschließlich unter dem Gesichtspunkt der wirtschaftlichen Brauchbarkeit betrachtet (JOHANNES PAUL II. 1981), der Verwertbarkeit zu ihr äußerlichen Zwecken, systematischer Kontrolle unterworfen. Das Arbeitsrecht ist insofern das Recht der Ordnung abhängiger Arbeit, Regelung weisungsabhängiger Erwerbsarbeit.

5 Arbeit als das sich bewährende Wesen des Menschen (Karl Marx)

Karl MARX, dessen zweihundertstem Geburtstag in diesem Jahr gedacht wird, deutete die Arbeit als das sich bewährende Wesen des Menschen. Arbeit war für MARX nicht nur ein Mittel zur Befriedigung menschlicher Bedürfnisse, sondern die Quelle menschlichen Lebens. Unter der Herrschaft der Logik des Kapitals, der Verklammerung von Arbeit und Herrschaft werde ihm sein eigenes Wesen entfremdet, würden ihm Lebenszeit und Arbeitszeit entrissen (vgl. MARX 1973: 465ff.). Anders gesprochen: Im Zentrum des Lebens steht demnach die Verwertbarkeit, nicht das "ökonomische Subsistenzrecht des Menschen" (BARUZZI 1983: 81).

MARX verstand auf einer anthropologischen Ebene die menschliche Arbeit als schöpferische Quelle der Lebensgestaltung der Menschen und der Auseinandersetzung mit der Natur. In der kapitalistischen Produktion werde diese menschliche Kraft gleichgeschliffen zu einer Gallerte unterschiedsloser entfremdeter Arbeit. Aus den Schriften der damaligen Nationalökonomie und ihren eigenen Gedanken heraus zeigte MARX, dass der Arbeiter zur Ware, zur elendsten Ware herabgedrückt werde, dass das Elend des Arbeiters in einem umgekehrten Verhältnis zur Macht und Größe seiner Produktion stehe. Das Kapital sei zum herrschenden Produktionsverhältnis geworden, das selbst seine eigenen Repräsentanten seinen Gesetzmäßigkeiten unterwerfe. Die ursprüngliche und menschliche Bestimmung der Arbeit vergeht unter den einzigen Rädern, die der Nationalökonom in Bewegung setzt: Habsucht und Krieg unter den Habsüchtigen, unter der (unvermeidlichen und doch zu bekämpfenden) Logik des Habens, des "Geldsystems" (SOZIALISTISCHE STUDIENGRUPPEN 1980: 50ff.).

6   Recht auf Teilhabe am Arbeitsmarkt

Der Arbeitsmarkt wird verstanden als Zusammentreffen von Angebot und Nachfrage nach Arbeitskräften. Hier geht es um das Spiel der freien Marktkräfte, dessen soziale Folgen abgemildert werden sollen (vgl. RECKTENWALD 1981: 35). Andere Ökonomen klagen dagegen über eine Ökonomisierung der Gesellschaft und suchen nach einem guten Leben der Menschen. Das ethische und ökonomische Postulat lautet, dass der Mensch mit sich, den Mitmenschen und den Dingen im Einklang stehen wolle. So wird ein "ökonomischer Imperialismus" kritisiert (KIRSCH 1984; 1990), eine Herrschaft, der auch Menschen mit Beeinträchtigung unterworfen werden.

Bei der Antwort auf die Frage, ob hinsichtlich der Beschäftigung von behinderten Menschen unser Recht noch zeitgemäß ist, betont Cornelia AGEL (2017: 40ff.), die Exklusion aus dem Arbeitsmarkt werde zu einer Exklusion aus der Gesellschaft. Gegen diese Gefahr werde das Recht auf Teilhabe am Arbeitsmarkt in der Charta der Grundrechte der Europäischen Union propagiert. Art. 15 EU-Charta garantiere die Freiheit der Wahl eines Berufes und das Recht zu arbeiten. Unter dem Titel "Gleichheit" heißt es in Artikel 26 der Charta, die Union anerkenne und achte den Anspruch von Menschen mit Behinderung auf Maßnahmen zur Gewährleistung ihrer Eigenständigkeit, ihrer sozialen und beruflichen Eingliederung und ihrer Teilhabe am Leben in der Gemeinschaft. Dieser "Gestaltungsanspruch" – Benachteiligungsverbot und Integrationsgebot (§ 15 Abs. 2 Allgemeines Gleichbehandlungsgesetz) – geht nicht allein auf die Möglichkeit, sondern auf das Recht, "als vollwertige Mitglieder der Gemeinschaft eine Rolle zu spielen und ein eigenständiges und auch finanziell selbstbestimmtes Leben bis ins Alter zu führen".

Die besonderen Leistungen zur Teilhabe am Arbeitsleben für Menschen mit Behinderung sind als Pflichtleistungen der aktiven Arbeitsförderung zu gewähren (vgl. § 117 Abs. 1 Sozialgesetzbuch III). Diese sind insbesondere zur Förderung der beruflichen Aus- und Weiterbildung, einschließlich Berufsvorbereitung, sowie blindentechnischer und vergleichbarer spezieller Grundausbildungen zu erbringen. Das Spektrum der berufsfördernden Leistungen für Menschen mit Behinderung ist weit. Mit den besonderen Leistungen nach § 117 Sozialgesetzbuch III soll gewährleistet werden, dass behinderte Menschen in allen Berufen gefördert werden können, die gute und dauerhafte Beschäftigungschancen auf dem allgemeinen Arbeitsmarkt bieten. Eine Aus- oder Weiterbildung kann auch dann förderungswürdig sein, wenn sie außerhalb des Berufsbildungsgesetzes und der Handwerksordnung stattfindet (vgl. LANDESSOZIALGERICHT BERLIN-BRANDENBURG 2018: 88f.). Bei der Prognose ist auch die Arbeitsassistenz (vgl. §102 Abs. 1: Satz 1 Nr. 3: begleitende Hilfe im Arbeitsleben) zu berücksichtigen, der für die Eingliederung immer größere Bedeutung zukommt.

Mit einer Kritik der Logik der Verwertung geht es dem christlichen Sozialethiker Friedhelm HENGSBACH (1982) darum, die Beteiligungsrechte der arbeitenden Menschen zu stärken und auszuweiten. Seine Begründung lautet, dass der Wert eines Menschen nicht in seiner Arbeitsleistung bestehe, sondern in seiner Würde als Mensch, die keinen Preis habe. Diesen Anklang an KANTS Philosophie führt HENGSBACH (1982) weiter zu dem Gedanken, dass die berufliche Bildung keine Ware sei. Wer berufliche Bildung mit einer marktwirtschaftlichen Ressource gleichsetzt, unterliegt der Gefahr, eine Kompetenz ausschließlich nach der kommerziellen Verwertbarkeit zu beurteilen (vgl. HENGSBACH 2012: 219). Letztlich trachtet HENGSBACH (ebd.: 270) danach, die Fixierung menschlicher Arbeit auf die Erwerbsarbeit zu sprengen (vgl. NEGT 2002).

7   Behindertenrechtskonvention: Arbeit und Beschäftigung

Stets heißt es, der Besitz eines Arbeitsplatzes sei ein entscheidender Gradmesser für die gesellschaftliche Teilhabe behinderter Menschen. Arbeit sei ein primärer Faktor der Vergesellschaftung und ermögliche Teilhabe. Wer es mit der Gleichberechtigung ernst meine, dürfe ihnen diesen Bereich nicht vorenthalten. Menschen mit Behinderung müssten teilhaben können an der Welt der Arbeit (vgl. BIERMANN 2015). Mit Recht weist die Sonderpädagogin Sieglind Luise ELLGER-RÜTTGARDT (2016) darauf hin, dass im Unterschied zum Schulbereich auf den

Feldern von Arbeit und Beruf die Abhängigkeit von ökonomischen und gesellschaftlichen Rahmenbedingungen sehr viel direkter erfahrbar sei. Die Folge sei gewesen, dass zwar Veränderungen im Sinn stärkerer Individualisierung und Flexibilisierung der Ausbildung, Betriebsnähe und Förderung der Beschäftigungsmöglichkeiten angemahnt wurden, aber die Sinnhaftigkeit besonderer Einrichtungen der beruflichen Rehabilitation nicht in Frage gestellt werde (vgl. 2016: 164). Die Frage nach dem menschlichen Sinn von Arbeit und Beruf darf dabei aber nicht übergangen werden.

Eine Berufsausbildung, eine Integration in das System der Verwertbarkeit, kann der Schwierigkeit nicht entgehen, dass die Fixierung auf bestimmte Schulabschlüsse ein "erbarmungsloses Sortierungsmuster" (BUDE 2011: 126) gerade in den unteren Rängen des deutschen Bildungssystems verstärkt. Heinz BUDES (2011) dieser Kritik sich anschließende Anmerkung, die berufliche Bildung habe den großen Vorzug, dass sie die Wirkungszusammenhänge anspreche, die für einen durch die Schule angeödeten Heranwachsenden eine unbestreitbare Wirklichkeit bilden, kann unterschiedlich gedeutet werden. Dieser Vorzug der beruflichen Bildung kann an der als vermeintlich nicht zu verändernden Wirklichkeit zerschellen und zugleich rufen nach menschenrechtlich begründeten Maßgaben zu deren Verbesserung. ELLGER-RÜTTGARDT (2016: 168) geht davon aus, dass der "Teufelskreis von sozialer Herkunft und Prekariat" nur durchbrochen werden kann durch eine enge Verflechtung von Bildungs- und Sozialpolitik, Wirtschafts- und Arbeitsmarktpolitik, welche die Parameter für die gesellschaftliche Teilhabe bereitstellen sollen.

Die bislang nur angedeutete opake Wirklichkeit des "Erwerbslebens" und der Vorbereitung darauf ist gebunden an das selegierende Interesse an der produktiven Verwertbarkeit von Menschen, genauer: ihrer Arbeitskraft als ökonomische Ressource. Ich höre hier Uwe BECKERS (2016: 55) Ruf nach einer grundsätzlichen Kritik an dem "Widerspruch zwischen Inklusionsphilosophie und der Realität des Arbeitsmarktes", an der "Verwertbarkeitslogik des Arbeitsmarktes", der Unterwerfung unter seine Regeln, als wären Menschen, ob jung oder alt, nutzbares Humankapital. Auch Menschen mit Behinderung werden unter dieses Interesse gebeugt, das ihre Verwertbarkeit für die Arbeitsprozesse anpreist. Verzweckung und Nutzbarkeit als ökonomische Ressource kollidieren mit dem Ethos der Inklusion (vgl. KÖPCKE-DUTTLER 2017; 2014), es sei denn, diese verkomme zur politischen und ökonomischen Kosmetik.

BECKER (2016: 56) zufolge ist das "Erwerbsarbeitssystem" mit seinen Leistungsnormen "gnadenlos". In ihm dominieren nicht die Menschenrechte; vielmehr herrschen die Logik des Wachstums und der Zwang zur Erzielung von Gewinn. Die Gefahr kann nicht geleugnet werden, dass Inklusion einverleibt wird in das Getriebe des globalen Kapitalismus, untergeordnet der herrschenden Konkurrenz um Geld, eigenen Vorteil, Macht. So fährt BECKER (2016: 56) mit diesem Satz fort: "Wenn gegenwärtig eine gesellschaftliche Instanz eindeutig benannt werden kann, in der nicht nur Inklusion verhindert, sondern Ausgrenzung laufend praktiziert wird, dann ist das der Arbeitsmarkt".

Es ist unabdingbar, undemokratische Strukturen in der Arbeitswelt zu verändern und gesundheitsgefährdende Produktionsweisen zu vermeiden. Derartigen Herausforderungen begegnet eine kritiklose Integration in den Arbeitsmarkt nicht hinreichend.

Der Ausschuss für die Rechte von Menschen mit Behinderung der Vereinten Nationen hat im April 2015 die Bundesrepublik Deutschland wegen ungenügender Umsetzung des Artikel 27 der Behindertenrechtskonvention der Vereinten Nationen (Gleiches Recht von Menschen mit Behinderung auf Arbeit und Beschäftigung) kritisiert. In seinen Empfehlungen zeigte er sich besorgt über die Segregation auf dem Arbeitsmarkt des Vertragsstaats und über den Umstand, dass segregierte Werkstätten für behinderte Menschen weder auf den Übergang zum allgemeinen Arbeitsmarkt vorbereiten noch diesen Übergang fördern (vgl. RUEHLE 2017: 109ff.). Der Ausschuss empfahl dem Vertragsstaat, durch entsprechende Vorschriften wirksam einen inklusiven, mit dem Übereinkommen in Einklang stehenden Arbeitsmarkt zu schaffen durch die Schaffung von Beschäftigungsmöglichkeiten an barrierefreien Arbeitsplätzen, durch die schrittweise Abschaffung der Werkstätten für behinderte Menschen und die Sicherstellung, dass Menschen mit Behinderung keine Minderung ihres sozialen Schutzes bzw. der Alterssicherung erfahren, die gegenwärtig an ihre Arbeit in Werkstätten geknüpft seien. Konfrontiert mit dieser heftigen Kritik, stellte Wiebke BROSE (2016) die folgenden Grundfragen, die ich oben schon als wichtig angedeutet habe:

Was sind Arbeit und Arbeitsmarkt? Gehören Werkstätten für behinderte Menschen dazu? Wie muss der Arbeitsmarkt gestaltet sein, damit er den Anforderungen des Menschenrechts genügt?

8 Stigmatisierung durch eine Werkstatt

BROSE (2016: 1ff.) kritisiert, dass das deutsche Sozialrecht die Menschen mit Behinderung in zwei Gruppen unterteile: in die Erwerbsfähigen und die voll Erwerbsgeminderten, die von vornherein ausgeschlossen würden vom allgemeinen Arbeitsmarkt. Die Behindertenrechtskonvention beinhalte aber einen erweiterten Begriff der Arbeit, der mehr umfasse als die "klassische Erwerbsarbeit". Andere fügen an, bei einer Prognose der Werkstattfähigkeit seien zu beachten die Menschenwürde, das Sozialstaatsgebot und das Diskriminierungsverbot des Art. 3 Abs. 3 Satz 2 Grundgesetz und Art. 27 UN-BRK. Eine Arbeitsleistung sei wirtschaftlich verwertbar, wenn sie verkauft werden könne, also einen Tauschwert habe. Unter arbeitsteiligen Bedingungen erbringe jeder Mensch eine wirtschaftliche Leistung, der an der Herstellung eines nützlichen Produkts mitwirke. Nützlich sei jede Arbeit, die dazu beitrage, das Endprodukt gebrauchswertadäquat zu gestalten. Auf das monetäre Verhältnis von Aufwand und Arbeitsergebnis komme es nicht an. Hier wird die Marxsche Unterscheidung zwischen Tauschwert und Gebrauchswert erneuert. Wiederum andere behaupten, die schärfste Exklusion treffe die Jugendlichen, die eine Werkstatt für behinderte Menschen besuchen. Die Einweisung bedeute nicht nur eine Diskriminierung und Stigmatisierung, sondern auch eine Exklusion für die Zeit der Ausbildung, zudem für die Zeit des Berufslebens eine Exklusion bei dem Wohnen. Die Werkstatt sei eine Einrichtung zur Teilhabe behinderter Menschen am Arbeitsleben (vgl. § 219 Sozialgesetzbuch IX – neu). Sie sei aber durchdrungen von einem Interessenkonflikt: Sie solle einerseits wirtschaftlich geführt werden, andererseits ihre leistungsfähigsten Teilnehmer in den freien Arbeitsmarkt eingliedern.

9 Arbeit und Menschenwürde

Der DEUTSCHE GEWERKSCHAFTSBUND (2018; SCHUMACHER 2016: 94ff.) konstatiert, behindert zu sein, bedeute noch immer, im "Erwerbsleben" benachteiligt zu sein. Die Behindertenrechtskonvention fordere die Verwirklichung einer Arbeitswelt, in der Menschen mit und ohne Behinderung die gleichen Chancen auf sichere und gesunde Arbeitsbedingungen haben. Eine Grenzziehung zwischen werkstattfähigen und nicht werkstattfähigen Menschen stellt demnach eine menschenrechtswidrige Diskriminierung dar; wenn es nach der UN-BRK nicht auf eine "Arbeitsmarktfähigkeit" im betriebswirtschaftlichen Sinn ankommt, darf es keine untere Begrenzung für die Teilhabe am Arbeitsleben geben. Arbeiten ist ein Menschenrecht und eine zentrale Form der Teilhabe am Leben in der Gemeinschaft (RITZ 2016: 34ff.).

Notwendig ist es, Art. 27 der UN-BRK näher zu erläutern. Nicht allein RITZ (2016: 34ff.) vertritt die Auffassung, dass der ökonomische Begriff der Erwerbsarbeit als äquivalenter Austausch von Lohn und Leistung den Anforderungen des Art. 27 nicht gerecht wird. Geboten sei ein "menschenrechtsorientierter Begriff von Arbeit", weil Arbeit zu tun habe mit der Menschenwürde und der Selbstsorge. Ausschluss von der Teilhabe am Arbeitsleben sei für jeden Menschen – ob mit oder ohne Behinderung – ein "Angriff auf seine individuelle Würde". Ein neuer Begriff von "würdestiftender Arbeit" solle gedacht werden. Der Begriff der Arbeit in der Behindertenrechtskonvention sei nicht in gleicher Weise verbunden mit Erwerbsfähigkeit wie im deutschen Arbeits- und Sozialrecht.

Nach Art. 27 UN-BRK erkennen die Vertragsstaaten das gleiche Recht von Menschen mit Behinderung auf Arbeit an. Dies beinhalte das Recht auf die Möglichkeit, den Lebensunterhalt durch Arbeit zu verdienen, die in einem offenen, inklusiven und für Menschen mit Behinderungen zugänglichen Arbeitsmarkt und Arbeitsumfeld frei gewählt oder angenommen werde. Dazu gehören unter anderem das Recht von Menschen mit Behinderungen auf gerechte und günstige Arbeitsbedingungen, das Recht auf wirksamen Zugang zu allgemeinen fachlichen und beruflichen Beratungsprogrammen, auf Berufsausbildung und Weiterbildung, die Förderung von Programmen für die berufliche Rehabilitation, den Erhalt des Arbeitsplatzes und den beruflichen Wiedereinstieg von Menschen mit Behinderungen.

Schulische Inklusion ist wenig hilfreich, wenn es danach zur Exklusion aus dem Arbeitsleben kommt. Es gelte darum, eine Fokussierung auf unbedingte unmittelbare institutionelle Inklusion in Regeleinrichtungen zu überwinden und alle Möglichkeiten zugunsten einer nachhaltigen gesellschaftlichen Integration von jungen Menschen mit Verhaltensauffälligkeiten in Betracht zu ziehen – "denn die Arbeitswelt ist im Regelfall nicht durch vertieft inklusive Strukturen gekennzeichnet und wird es in absehbarer Zeit auch nicht sein" (MÜLLER/STEIN 2018: 267).

10   Berufliche Bildung

Während des diesem Beitrag zugrunde liegenden Workshops wurde kurz die Reform des Berufsbildungsgesetzes angesprochen. Die Jugend des Deutschen Gewerkschaftsbundes regt an, die Empfehlungen des Bundesinstituts für Berufliche Bildung zu einer Ausbildungsstätten-Verordnung zusammenzufügen und auf diese Weise die Eignung von Ausbildungsbetrieben (vgl. § 27 Berufsbildungsgesetz) besser überwachen zu können. Ausbilderinnen und Ausbilder (vgl. §§ 28 und 29 BBIG) sollten weitgehend auf instruierende Belehrungen verzichten und stattdessen den Auszubildenden Möglichkeiten zeigen, selber an Informationen zu gelangen und sich eigene Lösungshilfen zu beschaffen. Die Ausbilder sollten jederzeit für Rückfragen zur Verfügung stehen als zentrale Ansprechpartner und Hilfestellungen geben, die sich auf den Arbeitsprozess, seine Inhalte und sein Umfeld beziehen. Die persönliche Eignung des Ausbildungspersonals sei genauer festzulegen und zu konkretisieren in der Ausbildereignungsverordnung. Methodisch-didaktische und jugendpsychologische Kompetenzen werden verlangt. Das veraltete Berufsbildungsgesetz sei zu reformieren durch die Verankerung eines Rechts auf Ausbildung und Weiterbildung. Zu verbessern sei die Zusammenarbeit von Berufsschule und Ausbildungsbetrieb (Kooperation der Lernorte), zu verstärken seien die Strukturen der Mitbestimmung der Auszubildenden (vgl. SCHÖNEWOLF 2016). Die IG METALL JUGEND (2018) fordert, den Geltungsbereich des Berufsbildungsgesetzes auszudehnen auf den Lernort Berufsschule, auch wenn dies verfassungsrechtliche Änderungen wegen der Kulturhoheit der Länder voraussetze. Auszubildende müssten in einem öffentlich-rechtlichen Dienstverhältnis stehen. Die Zuordnung der Zuständigkeit für die berufliche Bildung, insbesondere bei den Handwerks- und den Industrie- und Handelskammern, habe sich nicht bewährt. Die Reform der beruflichen Bildung sei verbunden mit der Einrichtung neuer Berufsbildungsausschüsse (vgl. 2018).

In diesen Entwürfen und Forderungen wird die Kritik daran deutlich, dass auf dem Handlungsprinzip des ökonomischen Liberalismus das Marktmodell der beruflichen Bildung fußt, das sich aus den Marktregeln von Angebot und Nachfrage konstituiert. Danach tauschen sich seit der geschichtlichen Durchsetzung der kapitalistischen Produktionsweise auf einem Arbeitsmarkt (Ausbildungsmarkt) Anbieter von Qualifikationen (Beschäftigte) mit Nachfragern nach Arbeitsleistungen (Unternehmer) auf der Basis eines Tauschverhältnisses Qualifikation gegen Lohn aus (vgl. WOLF 2017: 614ff.).

Inklusion wird immer noch in einen engen Bezugsrahmen eingelagert. So ist der Zugang zur Berufsausbildung (Bildung und Ausbildung werden hier nicht unterschieden) weiterhin den Selektionsprozessen des Marktes unterworfen. Nötig ist aber ein weiter reichendes Verständnis von Inklusion, das die Teilhabechancen von Menschen mit Behinderung erhöhen würde und zu grundsätzlichen strukturellen und institutionellen Veränderungen führen müsste. Auf dem Weg zu einem "stärker inklusiven Berufsbildungssystem" geben KRANERT und STEIN (2017) zu bedenken, dass berufliche Bildung (oder ist Ausbildung gemeint?) als Sektor zwischen Bildungswesen und Arbeitsmarkt gilt. Nur bedingt aber sei der Arbeitsmarkt aufnahmebereit für Menschen mit "atypischen Bildungs- und Erwerbsbiografien" (KRANERT/STEIN 2017: 123; STEIN/KRANERT/ WAGNER 2016). Diese Kritik an der Logik des Arbeitsmarkts ist meines Erachtens zu vertiefen.

11   Kritik des Arbeitsmarktes

Auch wenn nach Ansicht vieler Juristen soziale Menschenrechte nicht unmittelbar anwendbar seien, so sollen und können sie doch das Bewusstsein für Solidarität und kollektives Handeln stiften und stärken. Menschenrechte, gerade auch das Recht auf Arbeit und berufliche Bildung, sollen die internationale und kosmopolitische Kommunikation, Kooperation und Solidarität stärken (vgl. BANAFSCHE/PLATZER 2015).

Der Sonderpädagoge Wolfgang JANTZEN (1984) betont, Aufhebung und Behinderung ziele auf die Bedingungen ihres gesellschaftlichen Entstehungszusammenhangs, auf die Änderung verkrüppelnder gesellschaftlicher Bedingungen. Behinderung sei in ihrer konkreten Seite als Isolation von der Aneignung des gesellschaftlichen Erbes zu begreifen, in ihrer abstrakten, werttheoretischen Seite als "nicht verwertbare Arbeitskraft", als "Arbeitskraft minderer Güte" (1984: 199ff.).

So ist zu fragen, ob das hier angedeutet Einstehen für die verletzliche Würde arbeitender Menschen sich verträgt mit der Logik des Arbeitsmarkts, der sich längst auch zum Weltmarkt erhoben hat. Der Sozialrechtler Felix WELTI (2017a: 11ff.) gibt zu bedenken, dass, wenn auf einem Markt Angebot und Nachfrage über die Vermarktung von Arbeitskraft entscheiden, Offenheit, Inklusivität und Zugänglichkeit dem Arbeitsmarkt fremde Attribute sind. WELTI (2017a: 11ff.) schlägt vor, den Arbeitsmarkt von vornherein als "regulierte soziale Institution" anzusehen, die nicht allein von ökonomischen Gesetzen, sondern auch durch staatliche und tarifliche Regulierungen, durch "sozialmoralische Verständnisse der Beteiligten" konstituiert wird. Behindertenpolitik basiere auf Menschenrechten. Von da aus (vgl. Art. 27 lit. b) sei es problematisch (ich füge an: diskriminierend), dass die Arbeit von Menschen mit Behinderung in Werkstätten nach wie vor kein vollwertiges Arbeitsverhältnis, sondern nur ein arbeitnehmerähnliches Rechtsverhältnis begründet (auch nach dem Bundesteilhabegesetz; vgl. § 221 Sozialgesetzbuch IX ab 2018). In dem menschenrechtlichen Horizont sei der Ausschluss der Werkstätten vom allgemeinen Arbeitsmarkt zu kritisieren. Zugänglichkeit und Offenheit sollen auch jene Menschen einschließen, die nach der Systematik des deutschen Rechts als außerhalb des allgemeinen Arbeitsmarkts stehend angesehen werden (vgl. § 219 Sozialgesetzbuch IX ab 2018). Nicht nur WELTI (2017b: 146ff.) fordert eine Transformation der Werkstätten für behinderte Menschen in soziale Unternehmen, die Menschen mit Behinderungen Zugang zum Arbeitsmarkt verschaffen, verschiedene Optionen des Zugangs und Gestaltungen des Arbeitsumfelds öffnen für Menschen mit Behinderung, auch wenn diese als nicht erwerbsfähig kategorisiert werden. Die Arbeit in einer Werkstatt dürfe nicht einziger Zugang zu Arbeit und Beschäftigung sein. Der Arbeitsmarkt soll umgestaltet werden zu einer "politisch gestaltbaren sozialen Institution" (2017: 20). Das Sozialrecht enthält in dieser Richtung als neue Zugänge Inklusionsbetriebe (ab 2018 § 215 Sozialgesetzbuch IX), Unterstützte Beschäftigung (§ 38 a Sozialgesetzbuch IX; ab 2018 § 55 Sozialgesetzbuch IX), das Budget für Arbeit (ab 2018 § 61 Sozialgesetzbuch IX).

12   So wenig Sonderarbeitswelten wie möglich!

Der Sozialrechtler Peter TRENK-HINTERBERGER (2013: 281ff.) betont, die freie Wahl und Annahme der Arbeit dürfe auch für Menschen mit Behinderungen nicht auf "Sonderwelten", auf Sonderarbeitsmärkte und Sonderarbeitsumfelder beschränkt werden. Aus der Verpflichtung des Art. 27 Abs. 1 Satz 1 UN-BRK (Recht auf Arbeit und Beschäftigung) folge, dass ausschließliche institutionelle

Sonderwege für Menschen mit Behinderung im Bereich von Arbeit und Beschäftigung als Verletzungen dieser Verpflichtung anzusehen seien, z.b. die alternativlose Beschäftigung in "beschützenden", nur Menschen mit Behinderung vorbehaltenen Einrichtungen oder der alternativlose Übergang von der Schule in eine solche Einrichtung. Die Postulate "So wenig Sonderarbeitswelten wie möglich" (ebd.) und "Wenn schon Sonderarbeitswelten, dann so normal wie möglich" (ebd.) hängen damit zusammen, dass die heutige Arbeitswelt durchdrungen ist von einem ökonomischen und politischen Neoliberalismus, bestimmt wird von der Konkurrenz, vom Gewinnstreben, von der betriebswirtschaftlichen Effizienz, von der zwingenden Tendenz zur Exklusion, von fehlender Solidarität der arbeitenden Menschen. Menschen mit Behinderungen sollen das Recht auf Teilhabe am Arbeitsleben haben, auch wenn ihr Beitrag dazu wirtschaftlich nicht verwertbar ist. Verwirklichung eines inklusiven Arbeitsmarktes nicht nur, sondern Umgestaltung des Arbeitsmarkts ist notwendig in dem Sinn, dass gemäß Art. 27 UN-BRK auch (sozial-) staatliche Eingriffe in die marktwirtschaftlich gesteuerte und formierte Arbeitswelt legitimiert werden.

Als kritisch zu überprüfende Beispiele erwähnt TRENK-HINTERBERGER (2012: 7f.; vgl. BYLINSKI 2014) die zu häufigen automatischen Übergänge von der Förderschule in Werkstätten für behinderte Menschen, die bisherige Ausrichtung des Werkstattrechts, den seltenen Übergang aus der Werkstätte auf einen inklusiven Arbeitsmarkt, die bisherige Höhe der Ausgleichsabgabe, die herabsetzende Diskriminierung zwischen werkstattfähigen und nicht werkstattfähigen bzw. beruflich nicht bildbaren Menschen, die zu geringen Mitwirkungs- und Mitbestimmungsmöglichkeiten der Schwerbehindertenvertretung und der Werkstatträte, die lückenhaften Bestimmungen zur Barrierefreiheit am Arbeitsplatz, die zu wenig bedeutende Rolle von Integrationsbetrieben.

Nicht allein Sonderpädagogen und Juristen sollten aufbegehren gegen die verächtliche Trennung zwischen bildbaren und nicht-bildbaren Menschen, verwertbarer und nicht-verwertbarer Arbeit. Es darf – menschenrechtlich gesehen – nicht darum gehen, Menschen mit Behinderungen an einen in seiner Logik vorgegebenen Arbeitsmarkt anzupassen, diese Menschen "marktkonform" (TRENK-HINTERBERGER 2012) einzugliedern. Die Umgestaltung der Arbeitswelt, die Verwirklichung einer inklusiven Arbeitswelt (die UN-BRK spricht von einem inklusiven Arbeitsmarkt) stößt auf die Komplikation, dass der real existierende Arbeitsmarkt gelenkt wird von dem ökonomischen und politischen Neoliberalismus, von der Logik der Deregulierung und Flexibilisierung, vom System der Konkurrenz, der betriebswirtschaftlichen Effizienz. Zu dem sozialstaatlichen Gestaltungsauftrag dagegen gehört, dass der Staat die Menschenwürde schützt auch in der Welt der Arbeit und der beruflichen Bildung (vgl. SANDKÜHLER 2015: 280ff.).

Mit meinen Thesen und weiteren Gedanken möchte ich einen Gegenentwurf zu einem zur Exklusion hin tendierenden Arbeitsmarkt andeuten. TRENK-HINTERBERGER (2015: 652ff.; vgl. auch BECKER/WACKER/BANAFSCHE 2015) und nicht er allein suchen nach den Konturen einer humaneren und gerechteren Arbeitswelt. Sie zu schaffen, ist eine von den sozialen und ökonomischen Menschenrechten zu stützende Herausforderung.

Arnold Köpcke-Duttler

Literaturverzeichnis

AGEL, C. (2017): Beschäftigung von behinderten Menschen – ist unser Recht noch zeitgemäß? In: *Behindertenrecht* 4, 40–44.

BANAFSCHE, M./PLATZER, H.-W. (2015): *Soziale Menschenrechte und Arbeit.* Baden-Baden: Nomos.

BARUZZI, A. (1983): *Recht auf Arbeit und Beruf.* Freiburg/München: Alber.

BECKER, U. (2016): *Die Inklusionslüge.* Bielefeld: transcript.

BECKER, U./WACKER, E./BANAFSCHE, M. (2015): *Homo faber disabilis? Teilhabe am Erwerbsleben.* Baden-Baden: Nosmos.

BIERMANN, H. (2015): *Inklusion im Beruf.* Stuttgart: Kohlhammer.

BÖCKENFÖRDE, E.-W./JEKEWITZ, J./RAMM, T. (1981): *Soziale Grundrechte. Von der bürgerlichen zur sozialen Rechtsordnung.* Heidelberg/Karlsruhe: C.F. Müller.

BROSE, W. (2016): Das Recht behinderter Menschen auf Arbeit nach Art. 27 UN-BRK. In: *Rechtsdienst der Lebenshilfe* 1, 1–5.

BUDE, H. (2011): *Bildungspolitik. Was unsere Gesellschaft spaltet.* München: Beck.

BUNDESSOZIALGERICHT (2011): Urteil vom 18.01.2011 (Az.: B2U 9/10 R). In: *NZS,* 870.

BYLINSKI, U. (2014): *Gestaltung individueller Wege in den Beruf.* Bielefeld: wbv.

DEUTSCHER GEWERKSCHAFTSBUND (2018): Eine Arbeitswelt für alle. In: *arbeitsmarkt aktuell* 9. Online verfügbar unter: https://www.dgb.de/-/1KY (zuletzt aufgerufen am 21.10.2019).

EICHENHOFER, E. (2012): *Soziale Menschenrechte im Völker-, europäischen und deutschem Recht.* Tübingen: Mohr Siebeck.

ELLGER-RÜTTGARDT, S.-L. (2016): *Inklusion. Vision und Wirklichkeit.* Stuttgart: Kohlhammer.

HAYEK, F. A. (1976): *Der Weg zur Knechtschaft.* München: dtv.

HAYEK, F. A. (2003): *Recht, Gesetz und Freiheit.* Tübingen: Mohr Siebeck.

HEIMANN, E. (1980): *Soziale Theorie des Kapitalismus. Theorie der Sozialpolitik.* Frankfurt a. M.: Suhrkamp.

HENGSBACH, F. (1982): *Arbeit hat Vorrang.* Mainz: Matthias-Grünewald.

HENGSBACH, F. (2012): *Die Zeit gehört uns. Widerstand gegen das Regime der Beschleunigung.* Frankfurt a. M.: Westend.

IG METALL JUGEND (2018): *Bessere Bildung. Bessere Chancen. Reform des Berufsbildungsgesetzes.* Online verfügbar unter: https://wap.igmetall.de/bbig-reform-2019.htm (zuletzt abgerufen am 30.09.2019).

JANTZEN, W. (1984): Behinderung als gesellschaftliches Problem. In: EYFERTH, H./OTTO, H.-U./THIERSCH, H. (Hg.): *Handbuch zur Sozialarbeit/Sozialpädagogik.* Neuwied/Darmstadt: Luchterhand, 199–204.

JOHANNES PAUL II. (1981): *Enzyklika Über die menschliche Arbeit – Laborem exercens.* Stein am Rhein: Christiana.

KIRSCH, G. (1984): *Jenseits von Markt und Macht.* Baden-Baden: Nomos.

KIRSCH, G. (1990): *Das freie Individuum und der dividierte Mensch*. Baden-Baden: Nomos.

KÖPCKE-DUTTLER, A. (2014): *Die Behindertenrechtskonvention der Vereinten Nationen*. Würzburg: Ergon.

KÖPCKE-DUTTLER, A. (2017): *Ethos der Inklusion*. Oldenburg: Paulo Freire.

KRÄMER, W. (1984): Arbeit/Freiheit. In: EICHER, P. (Hg.): *Neues Handbuch theologischer Grundbegriffe*. Band 1. München: Kösel, 11–25.

KRANERT, H.-W./STEIN, R. (2017): Berufliche Bildung in "inklusiven Zeiten" – eine Betrachtung aus sonderpädagogischer Perspektive. In: KRANERT, H.-W./ECK, R./ EBERT, H./TUTSCHKU, U. (Hg.): *Inklusive Schulentwicklung an berufsbildenden Schulen. Ergebnisse aus dem Netzwerk Berufliche Schulen Mainfranken*. Bielefeld: Bertelsmann, 121–127.

KREUTZ, M./LACHWITZ, K./TRENK-HINTERBERGER, P. (2013): *Die UN-Behindertenrechtskonvention in der Praxis*. Köln: Luchterhand.

LANDESSOZIALGERICHT BERLIN-BRANDENBURG (2018): Urteil vom 22.06.2017 (Az.: L29AL 17/14). In: *Rechtsdienst der Lebenshilfe* 2, 88–89.

LANDESSOZIALGERICHT SACHSEN-ANHALT (2014): *27.11.2014 L2AL 41/44 ER*.

LINDNER, J. F./MÖSTL, M./WOLFF, H. A. (2017): *Verfassung des Freistaates Bayern*. München: C.H. Beck.

MARITAIN, J. (1951): *Die Menschenrechte und das natürliche Gesetz*. Bonn: Auer.

MARITAIN, J. (1966): *Beiträge zu einer Philosophie der Erziehung*. Paderborn: Schningh.

MARX, K. (1973): Ökonomisch-philosophische Manuskripte. In: MARX, K./ENGELS, F. (Hg.): *Werke. Ergänzungsband*. Erster Teil. Berlin: Dietz, 465–588.

MÜLLER, T./STEIN, R. (2018): Schulische Inklusion im Förderschwerpunkt emotionale und soziale Entwicklung – quo vadis? In: STEIN, R./MÜLLER, T. (Hg.): *Inklusion im Förderschwerpunkt emotionale und soziale Entwicklung*. Stuttgart: Kohlhammer, 263–269.

MYRDAL, G. (1974): *Ökonomische Theorie und unterentwickelte Religionen – Weltproblem Armut*. Frankfurt a. M.: Fischer.

NEGT, O. (2002): *Arbeit und menschliche Würde*. Göttingen: Steidl.

NIDA-RÜMELIN, J. (2016): "Die Verwandlung von Werten in handelbare Güter zerstört einen Teil dieser Werte". In: *Neue Gesellschaft/Frankfurter Hefte* 5, 16–22.

RECKTENWALD, H. C. (1981): *Wörterbuch der Wirtschaft*. Stuttgart: Kröner.

RICH, A. (1964): *Christliche Existenz in der industriellen Welt*. Zürich/Stuttgart: Zwingli.

RITZ, H.-G. (2016): Teilhabe von Menschen mit wesentlichen Behinderungen am Arbeitsmarkt. In: *Behindertenrecht* 2, 34–61.

ROSENSTOCK-HUESSY, E. (1962): *Der unbezahlbare Mensch*. Berlin: Käthe Vogt.

RUEHLE, E. (2017): Arbeitsassistenz und Werkstätte für Menschen mit Behinderung. In: *Behindertenrecht* 5, 109–113.

SANDKÜHLER, H.-J. (2015): *Menschenwürde und Menschenrechte*. Freiburg/München: Alber.

Arnold Köpcke-Duttler

SCHÖNEWOLF, A. (2016): Einheitliche Standards sind gefragt: Die BBIG-Reform. In: *Soli aktuell 2*. Online verfügbar unter: https://jugend.dgb.de/dgb_jugend/material/magazin-soli/soli-archiv-2016/soli-aktuell-2-2016/++co++93e79b74-ccbb-11e5-a49a-525400808b5c/ (zuletzt abgerufen am 08.05.2018).

SCHUMACHER, N. (2016): Teilhabe am Arbeitsleben für alle – auch bei hohem Unterstützungsbedarf. In: *Rechtsdienst der Lebenshilfe* 2, 94–97.

SOZIALISTISCHE STUDIENGRUPPEN (1980): *Entfremdung und Arbeit. Kommentar zu den ökonomisch-philosophischen Manuskripten*. Hamburg: VSA.

STEIN, R./KRANERT, H.-W./WAGNER, S. (2016): *Inklusion an beruflichen Schulen*. Bielefeld: W. Bertelsmann.

TOMUSCHAT, C./WALTER, C. (2016): *Völkerrecht*. Baden-Baden: Nomos.

TRENK-HINTERBERGER, P. (2012): Die Bedeutung des Art. 27 BRK für das Recht auf Teilhabe am Arbeitsleben. In: *Rechtsdienst der Lebenshilfe* 1, 7–8.

TRENK-HINTERBERGER, P. (2013): Kommentierung zu Art. 27 UN-BRK. In: KREUTZ, M./LACHWITZ, K./TRENK-HINTERBERGER, P. (Hg.): *Die UN-Behindertenrechtskonvention in der Praxis*. Köln: Luchterhand, 281–293.

TRENK-HINTERBERGER, P. (2015): Das Recht auf Arbeit im Kontext der UN-Behindertenrechtskonvention. In: DEVETZI, S./JANDA, C. (Hg.): *Freiheit – Gerechtigkeit – Sozial(es) Recht. Festschrift für Eberhard Eichenhofer*. Baden-Baden: Nomos, 652–670.

WEBER, A. (1954): *Der Kampf zwischen Kapital und Arbeit*. Tübingen: Springer.

WEIß, R. (2018): Arbeit, Bildung und Qualifikation. In: TIPPELT, R./SCHMIDT-HERTA, B. (Hg.): *Handbuch Bildungsforschung*, Bd. 2. Wiesbaden: Springer, 1071–1092.

WELTI, F. (2017a): Das gleiche Recht von Menschen mit Behinderungen nach Art. 27 UN-BRK. In: *Berufliche Rehabilitation* 1, 11–22.

WELTI, F. (2017b): Das gleiche Recht von Menschen mit Behinderungen nach Art. 27 UN-BRK. In: MISSELHORN, C./BEHRENDT, H. (Hg.): Arbeit, Gerechtigkeit und Inklusion. Wege zu gleichberechtigter gesellschaftlicher Teilhabe. Stuttgart: Metzler, 146–165.

WELTI, F./NACHTSCHATT, E. (2018): Das gleiche Recht von Menschen mit Behinderungen auf Arbeit nach Art. 27 UN-Behindertenrechtskonvention. In: WANSING, G./WELTI, F./SCHÄFERS, M. (Hg.): *Das Recht auf Arbeit für Menschen mit Behinderungen*. Baden-Baden: Nomos, 55–92.

WOHLGEMUTH, H. H. (2011): *Berufsbildungsgesetz*. Baden-Baden: Nomos.

WOLF, H. (2018): Der Homo oeconomicus technicus. In: *Zeitschrift für Sozialökonomie* 55 (196/197), 3–10.

WOLF, S. (2017): Die Rolle der Gewerkschaften bei der Gestaltung und Weiterentwicklung von Berufsbildung. In: *Zeitschrift für Berufs- und Wirtschaftspädagogik* 113(4), 614–636.

HERAUSFORDERUNG PSYCHISCHE BELASTUNG UND BERUFLICHE BILDUNG

Hans-Walter Kranert

Psychische Belastungen und berufliche Bildung – Aspekte für die Gestaltung passgenauer Angebote

1 Einführung

Das Wahrnehmen und Erleben von psychischen Belastungen ist in unserem gesellschaftlichen Kontext inzwischen als ein Phänomen zu kennzeichnen, welches in allen Lebensbereichen um sich zu greifen scheint. Entsprechend reklamiert das Robert-Koch-Institut (2015: 141) die psychische Gesundheit der Bevölkerung als eine der zentralen Herausforderungen der Zukunft. Dabei wird auch immer wieder die Situation am Erwerbsarbeitsmarkt in den Blick genommen – als verursachendes Moment wie auch als Lebensbereich mit einem erschwerten Zugang angesichts ebensolcher Belastungen. Die sich rasch verändernden Arbeitsbedingungen in Verbindung mit einer Flexibilisierung des Arbeitsmarktes können zu einem subjektiv erlebten höheren Anforderungserleben im beruflichen Kontext führen. Die Megatrends am Arbeitsmarkt wie Digitalisierung und Globalisierung sowie die zumindest in Teilbereichen festzustellende sukzessive Transformation des Berufskonzeptes – Erwerb beruflicher Handlungskompetenz über standardisierte und stratifizierte Bildungsangebote als Grundlage einer kontinuierlichen Erwerbsbiographie – hin zur 'Selbstvermarktung' der eigenen Arbeitskraft verbunden mit biografischen Phasen der Beschäftigung und Nichtbeschäftigung tragen darüber hinaus zu Verunsicherungen bei (vgl. etwa Bender 2010; Georg/Sattel 2006; Helmrich/Zika 2010).

Als Indikatoren für ebensolches Belastungserleben können die erfassten Ursachen für Arbeitsunfähigkeit herangezogen werden. Für das Jahr 2013 berichtet die Bundespsychotherapeutenkammer (2015) in einer Überblicksstudie von psychischen Erkrankungen als dritthäufigster Ursache für das Fehlen am Arbeitsplatz; zudem weisen die betroffenen ArbeitnehmerInnen mit teils erheblichem Abstand zu anderen Krankheitsursachen die längste Krankheitsdauer auf (vgl. ebd.: 7ff.). Eine weitere Akzentuierung dieses Entwicklungsszenarios ergibt sich aus den aktuellen Einzelstudien von Krankenkassen (vgl. etwa DAK-FORSCHUNG 2018; KNIEPS/PFAFF 2018; TKK 2018). Je nach Leistungsträger rangieren inzwischen psychische Erkrankungen an zweiter Stelle der auslösenden Bedingungen für Zeiten der Arbeitsunfähigkeit. Aber auch die Beschäftigungssituation der betroffenen Personen selbst ist zumindest in Teilen als problematisch zu charakterisieren. So berichten beispielsweise RIECKEN, JÖNS-SCHNIEDER und WALK (2017a) auf Basis einer bundesweiten Erhebung zur Inklusion in Unternehmen, dass es aufgrund der mangelnden Visibilität der Erkrankung den Vorgesetzten und KollegInnen "schwerer fällt, sich in die Situation [der Betroffenen] [...] hineinzuversetzen" (ebd.: 92). Weiter konstatieren sie, dass von dieser Personengruppe – anders als bei anderen Beeinträchtigungen – kein positiver Effekt auf das Betriebsklima zu erwarten ist (vgl. ebd.: 110). Ausgrenzungstendenzen am Arbeitsmarkt können die Folge sein (vgl. etwa FASCHING/NIEHAUS 2008), beispielsweise über das Einstellungsverhalten von Betrieben. Dies findet unter anderem auch in der vorzeitigen Verrentung aufgrund verminderter Erwerbsfähigkeit ihren Niederschlag. So sind psychische Erkrankungen inzwischen bei etwa der Hälfte der ArbeitnehmerInnen für das vorzeitige Ausscheiden aus dem Erwerbsleben verantwortlich (DEUTSCHE RENTENVERSICHERUNG BUND 2018: 110f.). Als Folge dieser Entwicklungen hat in den vergangenen Jahren neben Konzepten der beruflichen Erst- und Wiedereingliederung vor allem auch die Suche nach und Etablierung von präventiven Maßnahmen im Sinne eines "stay at work" erheblich an Dynamik gewonnen (vgl. etwa WEBER/PESCHKES/DE BOER 2015; www.psyga.info).

Im nachfolgenden Beitrag wird ausgehend von einem breiten Verständnis von psychischer Belastung das Segment der beruflichen Bildung im Rahmen der Ersteingliederung in den Blick genommen. Hierzu werden Erkenntnisse über die berufliche Förderung belasteter Teilgruppen unter dem Blickwinkel verschiedener Fachdisziplinen zusammengetragen und dabei Faktoren gelingender beruflicher Bildung identifiziert. Daraus werden einzelne Aspekte für die zukünftige Gestaltung passgenauer Angebote zur beruflichen Bildung der Zielgruppe 'Psychisch Belasteter' entwickelt – jenseits von sozialrechtlichen Bestimmungen und Förderkategorien.

2 Psychische Belastungen – eine begriffliche Fassung

Psychische Belastungen kennzeichnen im nachfolgenden Beitrag Auffälligkeiten im Verhalten und Erleben, welche von den Betroffenen und/oder von Ihrer Umwelt als solche wahrgenommen werden. In jedem Fall führen diese zu Einschränkungen der Teilhabemöglichkeiten an Bildungsprozessen. In einer primär pädagogischen Betrachtungsweise werden dabei psychische Belastungen als Ausdruck eine Störung der Interaktion zwischen dem Subjekt und seiner jeweiligen Lebenssituation verstanden (vgl. STEIN 2019). Diese interaktionistische Sichtweise eröffnet auf der Handlungsebene einen mehrperspektivischen Zugang. Unter qualitativen Gesichtspunkten spielen hierbei sowohl externalisierende als auch und vor allem internalisierende Belastungsformen eine Rolle, ebenso wie delinquentes und nicht altersentsprechendes Verhalten (vgl. MYSCH-KER/STEIN 2018: 63). Hinsichtlich der quantitativen Dimension von psychischen Belastungen sind allenfalls Annäherungen möglich, je nach zugrunde gelegter diagnostischer Kategorie, wie die nachfolgenden Ausführungen zeigen.

Betrachtet man das Kindes- und Jugendalter als die der beruflichen Bildung vorgelagerte biographische Phase, ergibt sich folgendes Bild: Die schulrechtliche Kategorie Sonderpädagogischer Förderbedarf, Förderschwerpunkt emotionale und soziale Entwicklung fokussiert die Blickrichtung auf die Jugendlichen selbst, die zur erfolgreichen Teilhabe an schulischen Lernprozessen einer Begleitung durch sonderpädagogische Professionalität bedürfen. Die Kultusministerkonferenz umschreibt diese sehr offen mit einem "Bedarf an sonderpädagogischen Bildungs-, Beratungs- sowie Unterstützungsangeboten" (KMK 2011: 6). Hinsichtlich des Förderschwerpunktes emotionale und soziale Entwicklung werden die Beeinträchtigungen als "Ausdruck einer unbewältigten inneren Problematik und als Folge einer gestörten Person-Umwelt-Beziehung" verstanden (KMK 2000: 10). Bezüglich der Diagnosehäufigkeit konstatiert beispielsweise die AUTORENGRUPPE BILDUNGSBERICHTERSTATTUNG (2014) für den Kontext allgemeinbildender Schulen einen Anstieg der Schülerschaft mit diesem Förderbedarf um 100 % in den vergangenen zehn Jahren. Im Schuljahr 2017/18 sind demnach über ein Prozent aller Schüler im Primar- und Sekundarstufenbereich I diesem Förderschwerpunkt zuzuordnen (vgl. KMK 2019: 8); die Rate hat sich binnen weniger Jahre verdreifacht. Traditionell findet sich für diesen Förderschwerpunkt ein großer Teil in allgemeinen Schulen; dieser Anteil lag im

Schuljahr 2017/18 bei etwa 54 % (vgl. ebd.). Darüber hinaus gilt es die Schülerinnen und Schüler zu berücksichtigen, die für die Phase ihrer Erkrankung die Schule für Kranke besuchen (vgl. KMK 1998). Diese Schulform ist häufig an psychiatrischen Krankenhäusern angegliedert, so dass auch bei dieser Schülerschaft von psychischen Belastungsmomenten auszugehen ist. Im betrachteten Schuljahr 2017/18 besuchten etwa 0,2 % der gesamten Schülerschaft temporär diese Schulform (vgl. KMK 2019: 8).

Eine höhere Prävalenzrate hinsichtlich potentieller psychischer Belastungen ergibt sich, wenn das subjektive Belastungserleben herangezogen wird. So weisen die aktuellen Ergebnisse der KiGGS-Studie (2. Welle) zur Gesundheit von Kindern und Jugendlichen in Deutschland auf eine elternberichtete Prävalenzrate von ca. 17 % für psychische Auffälligkeiten bei jungen Menschen unter 18 Jahren in Deutschland hin (vgl. KLIPKER/BAUMGARTEN/GÖBEL/LAMPERT/HÖLLING 2018), wenn man von einer "Risikogruppe" spricht (HÖLLING/SCHLACK/PETERMANN/RAVENS-SIEBERER/MAUZ 2014: 809).

Psychische Störungen hingegen bezeichnen als psychiatrisches Konzept einen Sonderfall der Auffälligkeiten im Verhalten und Erleben in qualitativer und quantitativer Ausprägung und fokussieren dies als einen zentralen Faktor der wahrgenommenen Auffälligkeit (vgl. STEIN/MÜLLER 2014). Das aktuelle DSM-5® – als international relevantes System psychiatrischer Kategorisierung – subsumiert darunter Syndrome,

"welche durch klinisch bedeutsame Störungen in den Kognitionen, der Emotionsregulation oder des Verhaltens einer Person charakterisiert sind. Diese Störungen sind Ausdruck von dysfunktionalen psychologischen, biologischen oder entwicklungsbezogenen Prozessen, die psychischen und seelischen Funktionen zugrunde liegen. Psychische Störungen sind typischerweise verbunden mit bedeutsamem Leiden oder Behinderung hinsichtlich sozialer oder berufs-/ausbildungsbezogener und anderer wichtiger Aktivitäten" (FALKAI/WITTCHEN 2015: 26).

Die Diagnosehäufigkeit ist dabei in den letzten Jahren ebenfalls gestiegen; so wurde im Jahre 2017 bei etwa jedem vierten Kind oder Jugendlichen während eines Jahres einmal eine psychische Störung diagnostiziert (vgl. STEFFEN/AK-

© Frank & Timme   Verlag für wissenschaftliche Literatur

MATOV/HOLSTIEGE/BÄTZING 2018). Ob daraus abzuleiten ist, dass psychische Störungen in der Bevölkerung an sich zunehmen wird jedoch auch durchaus kritisch diskutiert (vgl. etwa RICHTER/BERGER/REKER 2008).

Detailanalysen zu den unterschiedlichen Subkategorien zeigen auf, dass psychische Belastungen bei Heranwachsenden aus verschiedenen Blickwinkeln einen relevanten Aspekt abbilden; zudem haben sich in den vergangenen Jahren – zumindest quantitativ deutlicher – signifikante Prävalenzraten ergeben. Im Kontext von Beruf und Arbeit führt dies zum verbindenden Momentum einer zum Teil massiven Einschränkung der individuellen Teilhabechancen an beruflichen Bildungsprozessen sowie am nachfolgenden Erwerbsleben. Die betroffenen Personen erfahren eine doppelte Benachteiligung: Zum einen kann ihre aktuelle Performanz aufgrund ihres psychischen Belastungserlebens beeinträchtigt sein – trotz potentieller beruflicher Handlungskompetenz. Zum anderen werden sie über den Arbeits- und Ausbildungsmarkt benachteiligt, der nur bedingt aufnahmebereit ist für Personen mit atypischen Bildungs- und Erwerbsbiographien. Des Weiteren kann als Klammer der dargestellten Kategorien eine interaktionistische Sichtweise auf das Phänomen der psychischen Belastungen bilden (vgl. STEIN 2019): Dies betrifft die individuelle Genese ebenso wie die Konsequenzen im Sinne von möglicherweise beeinträchtigten Teilhabechancen. Damit entspricht eine solche Betrachtungsweise auch multiprofessionellen Konzepten wie der ICF (vgl. DIMDI 2005), welche anhand eines bio-psycho-sozialen Modells die behindernden Zusammenhänge über einen Wechselwirkungsprozess zwischen einem gesundheitlichen Problem sowie Person- und Umweltfaktoren beschreibt. Die Bedeutung dieser Betrachtungsweise zeigt sich sowohl auf der Verstehens- als auch auf der konkreten Handlungsebene: Präventive und interventive Maßnahmen müssen auf die Person und ihre jeweilige Lebenssituation wie auch auf die darin stattfindenden Interaktionsprozesse ausgerichtet sein.

Mit dem Begriff der psychischen Belastung – verstanden im Sinne von Störungen der Person-Umwelt-Interaktion – wird für die folgenden Überlegungen ein bewusst weit gespannter Terminus zugrunde gelegt, um mögliche Antworten auf zentrale Fragen der Teilhabe an beruflicher Bildung aus diversen Blickwinkeln anzudenken. Dazu ist ein Blick auf das Phänomen psychische Belastung und berufliche Bildung jenseits der nachschulisch relevanten, sozialrechtlichen Kategorien Behinderung und Benachteiligung notwendig, welche vor allem in den SGB-Bücher IX in Verbindung mit den Büchern III bzw. II und ggf.

im Buch VIII zugrunde gelegt werden. Dies ergibt sich einerseits daraus, dass sich psychische Belastungen auch in diesem Bildungssegment als übergreifende Kategorie präsentieren (vgl. Kap. 3), andererseits aber nur wenige und sehr selektive Daten zur Teilhabe dieser Personengruppe vorliegen (vgl. etwa KAHL 2016: 119), die einer Zusammenführung bedürfen, um aus einer vornehmlich (sonder-)pädagogischen Perspektive heraus hochwertige berufliche Bildungsangebote zu gestalten.

3 Berufliche Bildung und psychische Belastung

Berufliche Bildung konstituiert sich als lebenslanger Lernprozess. Er umfasst somit neben der Phase des beruflichen Einstiegs auch das Lernen und sich Bilden im Arbeitsleben wie auch in Phasen des beruflichen Wiedereinstiegs. Als Zielpunkt dieses Bildungsprozesses wird einerseits die berufliche Handlungskompetenz ins Feld geführt, was beispielsweise im Deutschen Qualifikationsrahmen für lebenslanges Lernen oder in der Zielsetzung berufliche Bildung im Berufsbildungsgesetz zum Ausdruck kommt (vgl. AK DQR 2011; § 1 BBiG); diese Ausrichtung dominiert in den letzten Jahren auch stark die Diskussion in der Berufs- und Wirtschaftspädagogik (vgl. etwa REBMANN/TENFELD/SCHLÖMER 2011: 129ff.; RIEDL/SCHELTEN 2013: 127ff.). Daneben wurden jedoch immer, vor allem in früheren Jahren, verstärkt berufserzieherische Aspekte thematisiert, die eine "berufliche Tüchtigkeit und Mündigkeit" fokussieren und somit das Persönlichkeitsprinzip auch in der beruflichen Bildung priorisieren (vgl. etwa REINISCH 2015). In all diesen Bezügen können psychische Belastungen als beeinträchtigender Faktor in das Bildungsgeschehen hinein wirken bzw. sich aus dem Bildungsgeschehen heraus als Belastungsfaktoren entwickeln. Den sich daraus möglicherweise ergebenden besonderen Bedürfnissen versucht seit vielen Jahrzehnten die Bildungs- bzw. Sozialpolitik mit geeigneten Angeboten für identifizierte Zielgruppen zu entsprechen. So entwickelte sich in den 1980er Jahren aus der Situation der erhöhten Jugendarbeitslosigkeit das Subsystem der sogenannten 'Benachteiligtenförderung' (vgl. BOJANOWSKI 2013; NIEDERMAIR 2017; KRAPF 2017; ENGGRUBER/FEHLAU 2018); bereits lange vorher wurde das Subsystem der 'Beruflichen Rehabilitation' für Menschen mit Behinderung etabliert (BIEKER 2005; BIERMANN 2008; 2015). Übergreifende Zielstellung all dieser Angebote ist es, marginalisierte Personengruppen durch spezifische Maßnahmen in das System der beruflichen Bildung zu integrieren und über einen Berufsabschluss in das nachfolgende Erwerbsleben zu begleiten. Jedoch repräsentieren psychische Belastungen ein Querschnittsthema, welches sich über diese und weitere sozialrechtliche Kategoriensysteme 'hinwegsetzt'.

So konstatiert beispielsweise der Ausbildungsreport des DEUTSCHEN GEWERKSCHAFTSBUNDES (2016), dass etwa die Hälfte der von ihnen bundesweit befragten etwa 13.000 Auszubildenden sich in mindestens einem Bereich als belastet erleben. Als zentrale Faktoren wurden dabei der Leistungs- und Zeitdruck, die langen Fahrtzeiten, die Arbeitszeiten, aber auch Schwierigkeiten im sozialen Miteinander am Ausbildungsplatz genannt (vgl. ebd.: 11ff.). Auffälligkeiten im Verhalten und Erleben konnte der Verfasser bei BerufsschülerInnen aufdecken, deren Klassen an einem landesweiten Modellversuch teilnahmen (vgl. STEIN/ KRANERT/WAGNER 2016). So konnte beispielsweise bei BerufsschülerInnen ohne festgestellten Sonderpädagogischen Förderbedarf ein Belastungserleben in einem Anteil von etwa 23 % (externalisierend) bzw. 31 % (internalisierend) in der Selbstauskunft erhoben werden (vgl. ebd.: 108). So zeigt sich, dass bei Jugendlichen am Einstieg in die berufliche Bildung bereits erhebliche Belastungsmomente zu verzeichnen sind – ohne dass diese bereits über sozialrechtliche Kategorien erfasst und entsprechende spezifische Unterstützungsmaßnahmen vorgehalten werden; allgemeine arbeitsmarktpolitische Angebote stehen jedoch auch dieser Personengruppe zur Verfügung (vgl. RAUCH 2017).

Ausgehend vom Behinderungsbegriff finden sich psychische Belastungen bei jungen Menschen vielfach und in den vergangenen Jahren ansteigend im Handlungsfeld der Beruflichen Rehabilitation wieder. So zeigt sich beispielsweise in der Analyse des LTA-Rehaprozessdatenpanels (BMAS 2018) eine deutliche Zunahme von Rehabilitanden mit psychischen Diagnosen in Angeboten der Bundesagentur für Arbeit als vorrangigen Leistungsträger der beruflichen Ersteingliederung: Als "Hauptbehinderungsart" ist inzwischen bei etwa 20 % der Rehabilitanden eine psychische Behinderung festzustellen (vgl. ebd.: 49). Korrespondierend vermelden rehapädagogische Einrichtungen eine deutliche Zunahme von Menschen mit psychischer Behinderung. Dies trifft sowohl auf Berufsbildungswerke zu, in welchen diese Zielgruppe mittlerweile bundesweit die größte Gruppe der Auszubildenden darstellet (vgl. HENKELMANN 2014; BAG BBW 2014), als auch auf Werkstätten für behinderte Menschen; hier findet sich ebenso bundesweit eine signifikante Zunahme der Personengruppe im Vergleich der letzten Jahre, so dass aktuell etwa 20 % der Beschäftigten primär eine psychische Behinderung aufweisen (vgl. MAUCH 2018: 28ff.). Auch in Angeboten der beruflichen Wiedereingliederung ist inzwischen ein Drittel der Rehabilitanden der Personengruppe mit psychischer Behinderung zuzuordnen (vgl. REIMS/NIVOROZHKIN/TOPHOVEN 2017). Entsprechend veränderte sich in den letzten Jahren beispielsweise auch stark die Teilnehmerstruktur in Berufsförderungswerken (vgl. WEBER/PESCHKES/DE BOER 2015).

Daneben finden sich im Bereich der Benachteiligtenförderung bzw. Jugendberufshilfe genuin Jugendliche mit sogenannten Verhaltensauffälligkeiten (vgl. BMBF 2005). Die Gruppe der "besonders förderbedürftigen Jugendlichen" (§ 78 SGB III) bildet letztlich eine "Sammelkategorie", welche Unterstützungsleistungen jenseits der allgemeinen Instrumente, aber auch jenseits behindertenspezifischer Angebote aufruft. Dieses Subsystem wendet sich einer äußerst heterogenen Gruppe marginalisierter Jugendlicher zu, welche sich durch ein Zusammenwirken unterschiedlicher Faktoren (Peron, Umwelt und/oder Ausbildungs- und Arbeitsmarkt) in ihren Teilhabechancen beeinträchtigt erleben. Folglich ist eine quantitative Erfassung von psychischen Belastungen in diesem Subsystem schwer möglich, da es sich in der Regel um komplexe Gemengelagen der Benachteiligung handelt. Dennoch werden von der Grundkonzeption des Subsystems Fragen der psychischen Belastung systematisch aufgegriffen (vgl. ENGGRUBER 2018; NIEDERMAIR 2017).

Der knappe Überblick zur Situation in der beruflichen Bildung zeigt, dass sich psychische Belastungen als ubiquitäres Phänomen in diesem Bildungssegment abbilden. So finden sich einerseits die Prävalenzraten aus dem Kindes- und Jugendalter auch in diesem Bildungssektor wieder; andererseits ist eine Akzentuierung der damit verbundenen Fragestellungen in den Subsystemen der Benachteiligtenförderung wie vor allem auch im Bereich der Beruflichen Rehabilitation zu konstatieren. Diese Querlage von psychischen Belastungen jenseits von sozialrechtlichen Kategorien erschwert die Entwicklung passgenauer Angebote sowie den Kompetenztransfer zwischen den Subsystemen. Aus der Perspektive der Betroffenen sind vor allem die Übergänge risikobehaftet (vgl. KÖLCH/FELGERT 2013; BMAS 2018: 55). Dabei spielen offensichtlich auch das Erkennen sowie der Umgang mit psychischen Belastungen eine wichtige Rolle, was sich beispielsweise in der verspäteten Antragsstellung von Menschen mit psychischen Erkrankungen auf Leistungen zur Teilhabe am Arbeitsleben abbildet (vgl. BMAS 2018: 55). Insgesamt zeichnet sich so angesichts psychischer Belastungen eine Beeinträchtigung der beruflichen Bildungschancen wie auch der nachfolgenden Teilhabe am Arbeitsleben ab (vgl. BMBF 2005; FASCHING/NIE-HAUS 2008; BMAS 2018).

4 Faktoren gelingender beruflicher Bildung im Kontext von psychischer Belastung

4.1 Zielorientierung in der beruflichen Bildung

Die "nachhaltige Integration in das Arbeitsleben" ist die primäre Zielstellung der beruflichen Ersteingliederung von RehabilitandInnen, so formulierte es Raimund BECKER, Vorstand Regionen der Bundesagentur für Arbeit anlässlich der Tagung des Deutschen Vereins für Rehabilitation in Berlin (06.11.2018). Angesichts des Vorliegens einer psychischen Belastung ist diese Zielperspektive jedoch nicht durchgängig, zeitlich verzögert oder unter Umständen gar nicht für die Betroffen erreichbar bzw. wird von diesen auch nicht als primäre Zielstellung für sich formuliert. Von daher gilt es zunächst, möglicherweise unterschiedliche Zielvorstellungen zu klären.

Aus dem Blickwinkel der Berufs- und Wirtschaftspädagogik diskutieren beispielsweise BECKER und SPÖTTL (2017) Erfolgsfaktoren für eine Berufsausbildung vor dem Hintergrund der Situation von benachteiligten Jugendlichen. Anhand mehrerer Modelle zeigen sie auf, dass neben dem Beschäftigungssystem und dem Staat auch das einzelne Individuum als zentraler 'stakeholder' im Kontext von Berufsausbildung anzusehen ist. Daraus ist abzuleiten, einerseits die Notwendigkeit die "Berufsfähigkeit" (ebd.: 149) als Zielkategorie in den Blick zu nehmen, andererseits die individuellen Entwicklungschancen über ein berufliches Bildungsangebot ebenso zu beachten. Sie fragen daher zu Recht kritisch, ob "eine Ausbildung 'für Benachteiligte' unter der Zielperspektive Persönlichkeitsbildung auch dann ihren Zweck erfülle, wenn zwar nicht unmittelbar eine Beschäftigung folgt, aber doch im anschließenden Handeln ein effektiveres Agieren auf dem Arbeitsmarkt und im Leben allgemein festzustellen wäre" (ebd.: 152).

Unter dem Aspekt der Behinderung korrespondiert diese Perspektive mit dem eigentlichen Begriffsverständnis von Rehabilitation. So formulierten bereits 1994 die "standard rules" der Vereinten Nationen, dass sich Rehabilitation auf einen Prozess bezieht "aimed at enabling persons [...] to reach and maintain their optimal physical, sensory, intellectual, psychiatric and/or social functional levels, thus providing them with the tools to change their lives towards a higher level of independence" (UN 1994: 8). Ausgehend von der hier aufgestellten Forderung nach größtmöglicher Unabhängigkeit formuliert die WHO 2011 "Rehabilitation Guidelines", welche als Richtschnur für die (Weiter-) Entwicklung von Angeboten in den Mitgliedsländern dienen sollen. Auch hier wird ein Verständnis von Rehabilitation zugrunde gelegt, welches in Anlehnung an die ICF die optimale Funktionsfähigkeit in Wechselbeziehung zu der jeweiligen sozialen Umwelt fokussiert: Hierzu zählt es, die Personengruppe zu befähigen, "to remain in or return to their home or community, live independently, and participate in education, the labour market and civic life" (WHO 2011: 3). Die hierbei dominierende Befähigung korrespondiert klar mit dem Artikel 26 der Behindertenrechtskonvention der Vereinten Nationen, welcher die Unabhängigkeit, die Fähigkeitsentwicklung wie auch die gleichwertige Teilhabe als zentrale Ausrichtung von Rehabilitation – und jetzt erstmals – auch für die Habilitation dieser Personengruppe identifiziert. Diese Grundsätze haben mit der Novellierung des Sozialgesetzbuches IX auch Einzug in das deutsche Sozialrecht gefunden (vgl. § 1 und 2). Hinsichtlich der Arbeitsförderung (SGB III) findet sich jedoch bereits eine Veränderung in der Ausrichtung dieses Teilbereichs von Rehabilitation (§ 112, Abs. 1): "Für behinderte Menschen können Leistungen zur Förderung der Teilhabe am Arbeitsleben erbracht werden, um ihre Erwerbsfähigkeit zu erhalten, zu verbessern, herzustellen oder wiederherzustellen und ihre Teilhabe am Arbeitsleben zu sichern, soweit Art oder Schwere der Behinderung dies erfordern." Folgerichtig gilt daher neben der Passgenauigkeit und der Erfolgssicherheit vor allem die Wirkung als zentraler Marker für das Ausreichen einer Unterstützungsmaßnahme durch den Leistungsträger Bundesagentur für Arbeit ("Produkt"): "Durch den Produkteinsatz soll die Integration in Arbeit und damit auch die dauerhafte Beschäftigung erreicht werden" (BA 2010: 17).

Dadurch wird von Seiten des Leistungsträgers die Erwerbsintegration zum zentralen Erfolgskriterium beruflicher Bildung.

Sowohl in (berufs-)pädagogischer als auch in rehabilitativer Perspektive kann berufliche Bildung angesichts psychischer Belastungen einen Beitrag zur (beruflichen) Befähigung, zur persönlichen Weiterentwicklung sowie zu einem Mehr an wahrgenommener Unabhängigkeit und Teilhabe leisten. Demgegenüber steht die pragmatische Umsetzung von sozial- und arbeitsmarktpolitischen Unterstützungsleistungen, welche sich abschluss- und anschlussorientiert im Sinne der Integration in den Erwerbsarbeitsmarkt generieren. Wer angesichts psychischer Belastungen diesen Anforderungen nicht genügt oder nicht genügen kann, erhält entweder kein berufsqualifizierendes Unterstützungsangebot und/oder wird in die "institutionelle Ersatzversorgung" – tagesstrukturierende Maßnahmen oder Bildungs- und Arbeitsangebote im Kontext der Werkstatt für behinderte Menschen – als Alternative zum Erwerbsarbeitsmarkt verwiesen.

4.2 Prädiktoren gelingender Bildungsprozesse

Werden Unterstützungsangebote für die spezifische Personengruppe der psychisch Kranken betrachtet, ergibt sich dabei rasch eine ganzheitliche Perspektive, welche über Fragen der beruflichen Bildung hinausreicht. Unter primär sozialpsychiatrischem Fokus bündeln beispielsweise Einrichtungen der "Rehabilitation psychisch Kranker" (RPK) medizinische, berufliche und psychosoziale Bemühungen in einem integrativen Konzept (vgl. WEIG 2005). Dabei geht es vornehmlich um die (Wieder-)Eingliederung in das Erwerbsleben, wobei die Teilhabebereiche Wohnen, Freizeit, Partnerschaft oder Bewältigung der eigenen Erkrankung als gleichberechtigt mitgedacht und thematisiert werden. Einem anderen Ansatz folgen tagesstrukturierende Beschäftigungsangebote; diese favorisieren Arbeit als "Behandlungskonzept" (WIES/KOCH 1989: 304) und fokussieren aber ebenso langfristig die (Wieder-)Eingliederung. Bereits hier wird jedoch systematisch differenziert zwischen dem Duktus von Arbeit als Erwerbsarbeit oder Beschäftigungsform (vgl. ebd.: 312). Dabei bleibt die Frage offen, welche Zielsetzungen und welche Zwischenziele in der Rehabilitation zu verfolgen sind. Dies versuchte bereits frühzeitig das Forschungsteam um CIOMPI zu beantworten (vgl. CIOMPI/AGUE/DAUWALDER 1977; CIOMPI 1989). Sie identifizierten eine "Kette von Arbeitsstätten", welche von der klinischen Arbeitstherapie bis hin zur Tätigkeit auf dem Erwerbsarbeitsmarkt reichte (CIOMPI/AGUE/DAUWALDER 1977: 13). Auf der daraus entwickelten siebenstufigen Treppe galt das

Erreichen der nächsten Stufe als Erfolg, "ein Stagnieren als Nullresultat und jeder Rückschritt als Misserfolg" (ebd.: 15). Dabei wurde deutlich, dass der individuelle Rehabilitationserfolg weniger von der Erkrankung selbst abhängt, sondern von der "sozialen Gesamtsituation und der Einstellung von Patient, Betreuer und Angehörigen" wie beispielsweise den Zukunftserwartungen (CIOMPI 1989: 36). Diese Erfolgsprädiktoren werden jedoch inzwischen kritisch betrachtet; so kennzeichnen beispielsweise BRIEGER, WATZKE, GALVAO, HÜHNE und GAWLIK (2006: 122) die kognitive Leistungsfähigkeit sowie die Fähigkeit zur Anpassung vor der Erkrankung als zentrale Kriterien für den Rehabilitationserfolg. Demzufolge fordern die Autoren das individuelle Krankheitskonzept sowie die persönlichen Ansprüche der Betroffenen stärker zu berücksichtigen (vgl. ebd.). In ähnlicher Weise berichtet GERICKE (2010) von ihren Ergebnissen einer breit angelegten Längsschnitt- bzw. Kohortenstudie. Hier eruierte sie als zentrale Faktoren für die berufliche Integration situative Bedingungen (stabile Partnerschaft, Höhe des Einkommens und der Verschuldung), kognitive Faktoren, qualifikatorische Faktoren (Schulabschluss, Weiterbildung) wie auch persönliche Ressourcen (Motivation und Engagement, Reaktionskontrolle in der Stressbewältigung) (vgl. ebd.: 106). Hinsichtlich des zuletzt genannten Faktorenbündels wurde vor allem deutlich, dass in der Erhebung Faktoren wie Zukunftserwartungen, Selbstwirksamkeit, Selbstvertrauen und berufliche Schlüsselqualifikationen nicht direkt mit dem beruflichen Integrationserfolg in Verbindung stehen. Limitierend formuliert jedoch GERICKE (2010: 105), "dass die berechneten Prognosemodelle nicht ausreichend in der Lage sind, das komplexe Zusammenwirken dieser unterschiedlichen Einflussfaktoren zu berücksichtigen und als Vorhersagemodell nur bedingt einsatzfähig sind".

Aus Sicht der medizinisch-beruflichen Rehabilitation stellen sich die tatsächlichen Integrationschancen der Betroffenen als sehr different dar. Viele der genannten Prädiktorvariablen sind nur mittelbar über einen Anbieter von Unterstützungsleistungen zu beeinflussen, wirken aber dennoch zentral auf den vom Leistungsträger geforderten Integrationserfolg.

4.3   Individueller Bildungserfolg

Aus Sicht der Menschen mit psychischen Belastungen sowie des Erwerbsarbeitsmarktes selbst ergeben sich noch weitere relevante Aspekte. Ausgehend von der VN-BRK ist zu konstatieren, dass Rehabilitation und Habilitation essentielle

Bestandteile dieser Menschenrechtskonvention darstellen (vgl. Kapitel 4.1). Daraus lässt sich im Hinblick auf berufliche Bildung eine "Doppelstrategie" ableiten: "Menschen mit Beeinträchtigungen sollen ihre Kompetenzen durch Leistungen zur Teilhabe am Arbeitsleben verbessern und gleichzeitig darauf vertrauen können, dass Unternehmen ihre berufliche Inklusion fördern" (RIECKEN et al. 2017b: 10). Entsprechend muss der Erwerbsarbeitsmarkt als wesentlicher Erfolgsfaktor für die Rehabilitationsleistung neben dem Leistungserbringer und dem Rehabilitanden gelten, der jedoch primär gewinnorientiert und nicht teilhabeorientiert ausgerichtet ist (vgl. ebd.). Jedoch ist ein "gemeinsames Verständnis von beruflicher Inklusion nicht zu erwarten und erst noch herzustellen" (ebd.). Demgemäß geht KAHL (2016) von einem stark limitierenden Faktor durch die Arbeitswelt selbst aus, der die Teilhabebemühungen dieser Zielgruppe zumindest in Teilen ins Leere laufen lässt. So erleben die von ihm interviewten Erwachsenen mit psychischer Erkrankung eine Einschränkung der Teilhabe am Erwerbsarbeitsmarkt wie auch in der Selbstbestimmung im Alltag. Dafür machen sie jedoch im Wesentlichen Aspekte der eigenen Person verantwortlich und rücken damit die hemmenden Umweltfaktoren weniger in das Blickfeld (vgl. ebd.: 152f.). Ein Teil fühlt sich dabei als benachteiligt, weil sie den Anforderungen der Erwerbsarbeitsgesellschaft nicht genügen können; ein anderer Teil rekurriert für sich jedoch kein Benachteiligungserleben, da eine Tätigkeit auf dem Erwerbsarbeitsmarkt gar nicht angestrebt wird (vgl. ebd.: 154). Es zeigen sich demzufolge divergierende Perspektiven auf das Phänomen Teilhabe am Erwerbsleben. Aufgrund der bisher offensichtlich wenig veränderten Arbeitsmarktsituation ist deshalb für einen Teil der Personengruppe "das Erreichen oder der Erhalt eines Arbeitsverhältnisses im geschützten Rahmen bereits als positives Rehabilitationsergebnis zu werten" (BRIEGER et al. 2006: 33). Auch struktur- und sinngebende Tätigkeiten jenseits institutioneller und monetärer Rahmenbedingungen scheinen zu einer gewissen Zufriedenheit in diesem Teilhabefeld zu führen (vgl. KAHL 2016: 156). Dies bestätigt ebenso die Studie im Auftrag des Bundesministeriums für Arbeit und Soziales zur Evaluation von Leistungen zur Teilhabe am Arbeitsleben. Hier reklamieren die Rehabilitanden für sich als Maßnahmeerfolg: den erfolgreichen Übergang in Beschäftigung oder Ausbildung, das Bewältigen und Abschließen einer Maßnahme, aber auch mögliche individuelle Fortschritte wie die Weiterentwicklung des Selbstkonzeptes oder die Bewältigung der eigenen Beeinträchtigung (vgl. BMAS 2017: 31).

Die persönlichen Anliegen der betroffenen Menschen sind folglich nur in Teilen deckungsgleich mit den Erwartungen und Zielvorstellungen des Leistungsträgers hinsichtlich der Erwerbsintegration. Berufliche Bildungsprozesse können daher einen zentralen 'Eigenwert' für den Einzelnen einnehmen. Dieser dürfte auch maßgeblich von den Strukturen und Rahmenbedingungen des Erwerbsarbeitsmarktes beeinflusst sein, welche nicht primär auf die Erwerbsbeteiligung dieser Personengruppe ausgerichtet sind.

5 Konsequenzen für die Ausgestaltung beruflicher Angebote

Die eruierten Aspekte verweisen auf eine komplexe Gemengelage im Hinblick auf die Ausgestaltung von Prozessen beruflicher Bildung für die Zielgruppe. Daraus ergeben sich Konsequenzen für die Ausgestaltung beruflicher Angebote – jenseits sozialrechtlicher Bestimmungen und Förderkategorien. Diese werden im Folgenden schlaglichtartig aufgezeigt.

5.1 Individuelle Zielbestimmung

Die vorhandenen Unterstützungsangebote von Leistungsträgern werden in der Regel an die Betroffenen ausgereicht mit dem Ziel der Erwerbsarbeitsmarktintegration (vgl. REIMS 2016: 24). Berufliche Bildung und Rehabilitation ist jedoch zunächst als grundsätzliche Unterstützungsleistung zur beruflichen Befähigung, Sicherung von Teilhabe und einem Mehr an Unabhängigkeit anzusehen. Auch die Personengruppe selbst äußert aufgrund ihrer Belastungen nur bedingt am gesellschaftlichen Erwartungshorizont orientierte Teilhabewünsche. Von daher gilt es in allen Angeboten zunächst die Zielperspektive in einem gemeinsamen Reflexionsprozess individualisiert zu klären; dies darf jedoch nicht nur einmalig und 'global' erfolgen im Sinne einer Statusorientierung, sondern bedarf der permanenten Aktualisierung im Prozess, auch um die jeweilige "Zone der nächsten Entwicklung" (vgl. die Interpretation von VYGOTSKIJS Konzept bei JANTZEN 2008: 231ff.) zu erkunden.

Diese "skizziert jenen Bereich, der mit Hilfe anderer erreicht, jedoch alleine nicht durchschritten werden kann. Unter solchen Bedingungen ist es einem Menschen möglich, seine Handlungskompetenzen und seine

Teilhabemöglichkeiten am sozialen Geschehen zu erweitern. Unabdingbar hierfür ist, dass eine Beziehung eingegangen wird, [...]" (STRÖMER
2018: 30f.).

Diese Forderung ist angesichts psychischer Erkrankungen nicht neu (vgl.
etwa NEUMANN 1989; REIMER 1989), müsste jedoch angesichts psychischer Belastungen auf alle beruflichen Bildungsangebote ausgeweitet werden, damit "das Re-
habilitationsziel den Bedürfnissen und der Leistungsfähigkeit des einzelnen entspricht" (LÄNGLE/WELTE/NIEDERMEIER-BLEIER 1997: 480). Folgerichtig fordert das
Institut für Arbeitsmarkt- und Berufsforschung, dass auch "Zwischenerfolge auf
dem Weg in die Erwerbsarbeitsmarktintegration" entsprechend bei der Beurteilung des Maßnahmeerfolges herangezogen werden (BMAS 2017: 31). Dazu zählen unter anderem das erfolgreiche Bewältigen eines Angebotes, die Weiterentwicklung der Persönlichkeit oder aber auch eine verbesserte Selbsteinschätzung
der eigenen Leistungsfähigkeit (vgl. ebd.).

5.2 Passgenaue Ausgestaltung

Darauf aufbauend sind die jeweiligen beruflichen Bildungsangebote auf die Bedürfnisse der Zielgruppe hin abzustimmen. Hierzu sind vor allem die oben genannten Prädiktoren zu berücksichtigen, die einerseits in der Person verankerte
Momente aufscheinen lassen, andererseits hemmend wirkende Umweltfaktoren
deutlich machen. Beide Aspekte sind über genuin berufliche Bildungsprozesse
allenfalls mittelbar beeinflussbar. Hierzu bedarf es zunächst einer pädagogischen Ausrichtung der Angebote unter dem grundlegenden Aspekt von Erziehung; denn "überall dort, wo Menschen in den Ernstsituationen des Lebens
neuerlich auf Fremdaufforderungen zur Selbsttätigkeit angewiesen sind, um
bildsam zu bleiben oder von neuem zu werden [...], können neue Anfangspunkte für pädagogische Praxis entstehen" (BENNER 2012: 91). Dabei ist zu klären, wie eine solche Erziehung ausgestaltet werden kann, wie sie beispielsweise
KOBI (2004: 319f.) für notwendig erachtet, damit junge Menschen "als eigene
Zielfinder und Handlungsbevollmächtigte auftreten können". Dabei gilt es zu
berücksichtigen, dass hier ein asymmetrisches Verhältnis – wie im "erzieheri-
schen Verhältnis" im Kindesalter – zu großen Teilen nicht mehr gegeben sein
dürfte, jedoch die Frage zu klären ist, wie die von KOBI (2004) postulierten

Strukturelemente von Erziehung wie Schutz und Sicherung, Bindung und Kontakt oder Ordnung und Struktur auch in dieser Lebens- und Bildungsphase abgebildet werden können. Diese Fragestellung korrespondiert zumindest in Teilen mit der Diskussion in der Berufs- und Wirtschaftspädagogik um die Rolle und Bedeutung der "Berufserziehung" (vgl. etwa ZABECK 2013; REINISCH 2015).

Angesichts des Vorliegens psychischer Belastungen ist diese pädagogische Grundorientierung zwar fundamental, in Teilen jedoch noch unzureichend. Eine Erweiterung hin zu einem pädagogisch-therapeutischen Konzept (vgl. MYSCHKER/STEIN 2018: 249ff.) wäre zu prüfen. In diesem integrativen Ansatz aus der Pädagogik bei Verhaltensstörungen werden pädagogische und therapeutische Variablen systematisch miteinander verknüpft, und zwar auf Ebene des pädagogischen Verhältnisses, des spezifisch strukturieren Lernfeldes sowie entsprechender pädagogisch-therapeutischer Verfahren (vgl. ebd.: 258). Dabei gilt es jedoch zu bedenken, dass das pädagogische Verhältnis das Fundamentum des Handelns bildet, therapeutische Konzepte und Theorien lediglich ein Verständnis- und Reflexionswissen für das eigene Handeln bilden und kein "Anwendungswissen" im Sinne von therapeutischer Intervention generieren (STEIN 2019: 226). Bei der Übernahme therapeutischer Ansätze in das pädagogische Handeln wären diese jeweils vor dem Hintergrund des genuin pädagogischen Auftrags zu prüfen (vgl. ebd.). Dies schließt jedoch nicht aus, spezifisch therapeutische Angebote durch entsprechende Professionen vorzuhalten, wie dies beispielsweise für die berufliche Rehabilitation psychisch Kranker als notwendig erachtet wird. So fordern beispielsweise BRIEGER et al. (2006: 128), dass "medizinische Leistungen Teil der beruflichen Rehabilitation sind, da Veränderungen auf der Ebene der Krankheitssymptome direkt Einfluss auf den Rehabilitationsverlauf [...] haben". Andererseits wird aber auch aus Perspektive der psychiatrischen Rehabilitation eine Integration beruflicher Angebote gefordert (vgl. etwa WEIG/BRÄUNING-EDELMANN/BRIEGER/STENGLER 2011).

Im Hinblick auf den berufspädagogischen Ansatz in der Rehabilitation wird das 'train and place'-Konzept inzwischen aufgrund empirischer Studien aus den USA kritisch diskutiert (vgl. STENGLER/BECKER/RIEDEL-HELLER 2014; STENGLER/RIEDEL-HELLER/BECKER 2014). Anstelle von institutionsgebundenen Förderangeboten wird dem "Prinzip der Unterstützung im realen Leben" ein Vorrang eingeräumt (RICHTER/HERTIG/HOFFMANN 2016: 448). Durch sogenannte "Unterstützte Inklusion" soll auch berufliche Bildung unter den Bedingungen des Ausbildungsmarktes gelingen (ebd.). Dadurch würde nach Auffassung von RICHTER,

HERTIG und HOFFMANN (2016: 444) der "Stufenleiteransatz" nach CIOMPI, AGUE und DAUWALDER (1977) abgelöst werden, der "nicht wie intendiert umgesetzt wird". Zugleich wird aber die weitere Existenzberechtigung derartiger Angebote betont, denn sie "kämen dann zum Zuge, wenn die unterstützte Inklusion gescheitert ist" (RICHTER/HERTIG/HOFFMANN 2016: 448). Dieser Ansatz bedarf jedoch einer kritischen Betrachtung: Einerseits erfordert die Orientierung des deutschen Erwerbsarbeitsmarkts am Berufskonzept (vgl. Kap. 1) auch eine entsprechende Berücksichtigung eben dieses Ansatzes in Unterstützungsangeboten, die jenseits eines 'place and train'-Ansatzes auszugestalten sind. Zugleich agiert der Ausbildungs- und Erwerbsarbeitsmarkt nur bedingt teilhabeorientiert (vgl. Kap. 4), was die Chancen auf Teilhabe deutlich verringert. Ebenso wie das Stufenmodell von CIOMPI, AGUE und DAUWALDER (1977) würde eine einseitige "unterstützte Inklusion" das Selbstbestimmungsrecht der Betroffenen missachten und institutionelle Ersatzangebote als Marker des "Scheiterns" noch verstärken.

Es bedarf daher vielmehr eines (berufs-)pädagogisch-therapeutischen Ansatzes in der beruflichen Bildung von jungen Menschen mit psychischen Belastungen – jenseits von sozialrechtlichen Förderkategorien. Das therapeutische Moment ist dabei dem pädagogischen im o.g. Sinne unterzuordnen; aufgrund eines interaktionistischen Verständnisses von psychischen Belastungen (vgl. Kap. 2) ist dabei insbesondere die Lern-, Arbeits- und Lebensumwelt in den Blick zu nehmen und entsprechend auszugestalten. Daraus könnte sich eine pädagogisch-therapeutische Haltung und Sichtweise auf das Phänomen von psychischen Belastungen entwickeln, welche flankierend zu berufspädagogischen Lehr- und Lernarrangements innerhalb und außerhalb von Institutionen zum Tragen kommt und diese vielfach erst ermöglicht. Beispielgebend könnten hierfür auch traumapädagogische Ansätze sein (vgl. etwa JÄCKLE 2016; ROTH-DEUTSCH-GRANZER/WEIß/GAHLEITNER 2015), deren Übertrag auf das Segment beruflicher Bildung ebenso noch aussteht (vgl. LERMER/KRANERT 2019; in diesem Band). Zwar sind berufliche Bildung und die nachfolgende Eingliederung in ein Arbeitsverhältnis von zentraler Bedeutung, jedoch ist "die Entwicklung der dafür notwendigen personalen und sozialen Ressourcen Voraussetzung" (FISCHER 1999: 303). Diesem umfassenden Bildungsanspruch gilt es gerecht zu werden, was von den Fachkräften eine interdisziplinäre Ausrichtung in Verbindung mit einer bewussten Hinwendung zur Problematik der psychischen Belastung erfordert (vgl. ebd.; KRANERT/STEIN 2017). Dabei ist es ebenso notwendig, die Berufsschule als eigenständiges Handlungsfeld zu betrachten, welches zusätzliche Herausforderungen bereit hält (vgl. KRANERT/ECK/EBERT/TUTSCHKU 2017; KRANERT/STEIN 2016; STEIN/KRANERT/WAGNER 2016). In jedem Einzelfall ist dabei zu prüfen, inwieweit eine Unterstützung auf Zeit – wie dies Gegenstand der Diskussion um das allgemeinbildende Schulsystem mit "special schools" oder "special classes" ist – in entsprechend konzeptionell ausgerichteten Einrichtungen indiziert ist (vgl. LINDSAY 2007). Eine mögliche Rahmung einer solchen Sondersituation wäre das Vorhalten eines "therapeutischen Milieus" (KRUMENACKER 1998: 202ff.), wie dies ebenso aus dem Kontext eines Unterrichts bei Verhaltensstörungen heraus bekannt ist (vgl. STEIN 2019: 224ff.). Damit würde zugleich auch der Forderung der VN-Behindertenrechtskonvention entsprochen werden, die explizit auch "Programme für die berufliche Rehabilitation" berücksichtigt (Art. 27 (1) k).

5.3 Übergänge in den Ausbildungs- und Erwerbsarbeitsmarkt

Angesichts psychischer Belastungen sind Übergänge als potentiell problembehaftet und krisenanfällig zu kennzeichnen (vgl. KRANERT/STEIN 2019). Hierbei bildet unter anderem auch die Erwerbswirtschaft seit jeher einen stark limitierenden Faktor. In den vergangenen Jahrzehnten hat sich infolge dessen ein System der "institutionelle Ersatzversorgung" etabliert, welche sich konsequent aus der gesellschaftlichen Fokussierung auf Erwerbsarbeit und Beruflichkeit ergibt, zum Teil jedoch von den Betroffenen auch als "Abstieg" erlebt wird (BMAS 2017: 38). Daraus schlussfolgert KAHL (2016: 157), dass nicht jede "Berufstätigkeit gleich angemessene Teilhabe bedeutet". Vielmehr bedarf es der Ausgestaltung "guter" Ausbildungs- und Arbeitsplätze – unabhängig vom zugrundeliegenden institutionellen Rahmen. Die Weltgesundheitsorganisation (BURTON/WHO 2010) hat hierzu mit ihrem Modell des "healthy workplace" einen ersten Rahmen gespannt. KUBEK (2012) hat dies unter dem Blickwinkel einer "humanen beruflichen Teilhabe" innerhalb der Werkstatt für behinderte Menschen operationalisiert; sie erhebt jedoch zugleich den Anspruch auf Gültigkeit dieser Variablen für jedweden Arbeitsplatz. Für den Bereich der Berufsausbildung stellt beispielsweise der DEUTSCHE GEWERKSCHAFTSBUND (2016) ebensolche Forderungen auf, um Belastungen zu minimieren. Unter einem präventiven As-

© Frank & Timme Verlag für wissenschaftliche Literatur

pekt zeigen FLÜTER-HOFFMANN, HAMMERMANN und STETTES (2018) erstmals potentielle Verbindungslinien zwischen organisationaler und individueller Resilienz auf. In Summe weisen diese Konzeptionen und Überlegungen darauf hin, dass die advokatorische Aufgabe der (Sonder-)Pädagogik für die jungen Menschen mit psychischen Belastungen auch klar auf den Erwerbsarbeitsmarkt zu richten ist. Die Beeinflussung von Einstellungen und Erwartungen gegenüber Menschen mit psychischen Belastungen im Sinne einer "Anti-Stigma-Kampagne" (WEIG/BRÄUNING-EDELMANN/BRIEGER/STENGLER 2011: 1133) ist als wesentlicher Baustein entsprechender Konzepte zu identifizieren. Eine derartige Gestaltung passgenauer Rahmenbedingungen im Ausbildungs- und Arbeitsmarkt verbunden mit einer Sensibilisierung aller Beteiligten für das Phänomen der psychischen Belastung könnten die Übergänge an relevanten Schnittstellen erleichtern und vielfach erst ermöglichen. Aber auch bei diesem Wechsel von Arbeits- und Bezugssystemen bedarf es eines verlässlichen und kontinuierlich vorhandenen Ansprechpartners und Begleiters, der dabei unterstützt, sich als Person mit seinen vorhandenen Kompetenzen in das neue Anforderungsumfeld einzubringen und sich dort fortzuentwickeln (vgl. DELLORI/SCHÜNEMANN 2004). Diese Unterstützung kann vom sozialen Umfeld resp. von der Herkunftsfamilie geleistet werden, ist jedoch bei Bedarf durch Dritte zu unterstützen oder gar zu kompensieren. Auch hierzu existieren bereits vielfältige ehren- oder hauptamtlich ausgerichtete Unterstützungsmodelle, welche häufig jedoch nur für spezifische Übergangssituationen oder bezogen auf bewilligte Angebote von Leistungsträgern ausgereicht werden (vgl. etwa BLICKLE/SCHNEIDER/WITZK 2009; BRAUN/REIßIG 2011; BMAS 2015; KAMINKSI/KENNECKE/DLUGOSCH/WEISWEILER/ FREY 2017). Ein schwellenübergreifendes Unterstützungskonzept eines "Lebens-, Bildungs- und Erziehungsbegleiters" steht noch aus, wäre jedoch – zumindest in Einzelfällen – deutlich angezeigt.

6   Ausblick

Psychische Belastungen in der beruflichen Bildung gelten zwischenzeitlich als Querschnittphänomen. Einzelne Fragmente zur Entwicklung eines übergreifenden passgenauen Handlungskonzeptes finden sich unter anderem in den Disziplinen der (Berufs-)Pädagogik, der Sonderpädagogik wie auch der (Sozial-) Psychiatrie. Jedoch verbleiben diese Ansätze jeweils im eigenen Geltungsbereich der Fachdisziplinen, welche sich oft stark an sozialrechtlichen Kategoriensystemen orientieren. Ein übergreifendes (berufs-)pädagogisch-therapeutisches Konzept – wie dies aus der Pädagogik bei Verhaltensstörungen für den schulischen Bereich bekannt ist (vgl. etwa STEIN 2019: 228ff.) – steht angesichts der skizzierten psychischen Belastung junger Menschen noch aus.

Voraussetzung hierfür wäre eine Klärung der fachlichen Bezüge zwischen den Professionen – sowohl auf wissenschaftlicher als auch auf praxisorientierter Ebene. Dies wäre grundlegend, um interdisziplinär ein ganzheitliches und passgenaues berufliches Bildungskonzept zu entwickeln, welches neben beruflichen Bildungsprozessen auch systematisch psychosoziale und therapeutische Unterstützungsvariablen mit einbindet. Auf der Ebene der Leistungserbringer bedürfte dies einer Vernetzung verschiedener Akteuren aus den Subsystemen der Benachteiligtenförderung und der beruflichen Rehabilitation wie auch der kurativen Medizin, um die vorhandene segmentierte Expertise dem jeweils anderen zur Verfügung zu stellen. Dies könnte auch zur Profilbildung sogenannter 'exklusiver' Systeme beitragen, beispielsweise über die Weiterentwicklung der 'Binnen-Multiprofessionalität'.

Auf der Handlungsebene ist zunächst in den Blick zu nehmen, dass Schwankungen in der (beruflichen) Leistungsfähigkeit als kennzeichnendes Phänomen auszuweisen sind und somit ein einmal erzieltes berufliches Leistungsniveau nicht zwangsläufig dauerhaft bestehen muss (vgl. LÄNGLE/WELTE/NIEDERMEIER-BLEIER 1997). Dies gilt es sich zunächst bewusst zu machen. Darauf aufbauend können individualisiert Teilhabeoptionen gemeinsam mit dem Einzelnen entwickelt werden. Die daraus resultierende Ausrichtung von Bildungsprozessen muss sich an der Leistungsfähigkeit und den subjektiven Bedürfnissen der jungen Menschen orientieren, unabhängig von einer einseitigen und teils ideologisierten Orientierung auf den Erwerbsarbeitsmarkt oder eben auf die "institutionelle Ersatzversorgung". Vielmehr gilt es zukünftig noch weitere, neue Arbeitsmodelle zu entwickeln (vgl. KAHL 2016: 234f.). Für die pädagogische Praxis ist es dabei notwendig, die Bedeutung der Beziehung und Erziehung im o.g. Sinne zu reflektieren, um das bedeutsame soziale Umfeld und die Interaktionsprozesse hierin in das Unterstützungsangebot mit einzubinden – ebenso wie potentielle Übergänge. Dieser gesamte Prozess dürfte häufig langwieriger sein als dies bisher im Hinblick auf die vom Leistungsträger vorgegebene Maßnahmedauer angelegt ist (vgl. CIOMPI 1989: 37). Von daher wäre zumindest für einen Teil der jungen Menschen beispielsweise ein "Lebensphasenbegleiter" ein wirkungsvolles Unterstützungsmoment – er unterstützt, berät und übernimmt bei Bedarf auch koordinative Aufgaben, jenseits von bewilligten und zugewiesenen Maßnahmen. Der Job-Coach, der im Sinne des choose-get-keep-leave-Ansatzes auf dem allgemeinen Arbeitsmarkt tätig wird, kann hierfür beispielgebend sein – auch für das Segment der beruflichen Bildung (vgl. RICHTER/HERTIG/HOFFMANN 2016; ROGERS/ANTHONY/FARKAS 2006).

Im Sinne der Bewusstseinsbildung der VN-BRK wäre jedoch für alle 'stakeholder' wie auch für alle Beteiligten an beruflichen Bildungsangeboten notwendig, zu rekapitulieren, "that discussions of 'abnormal psychology' should recognize that 'normality' refers to the absence of a diagnosable disturbance in emotional or behavioral functioning at the present time – not across the life course" (SCHAEFER et al. 2017: 222f.).

Literaturverzeichnis

ARBEITSKREIS DEUTSCHER QUALIFIKATIONSRAHMEN (2011): *Deutscher Qualifikationsrahmen für lebenslanges Lernen*. Online verfügbar unter: http://www.dqr.de/media/content/Der_Deutsche_Qualifikationsrahmen_fue_lebenslanges_Lernen.pdf (zuletzt abgerufen am 30.10.2019).

AUTORENGRUPPE BILDUNGSBERICHTERSTATTUNG (2014): *Bildung in Deutschland 2014. Ein indikatorengestützter Bericht mit einer Analyse zur Bildung von Menschen mit Behinderungen*. Bielefeld: Bertelsmann.

BECKER, M./SPÖTTL, G. (2017): Erfolgsfaktoren für die Beschäftigungsfähigkeit und die Arbeitsmarktintegration. In: BECKER, M./KAMMERMANN, M./SPÖTTL, G./BALZER, L. (Hg.): *Ausbildung zum Beruf: internationaler Vergleich der berufsförmigen Ausbildungskonzepte für benachteiligte Jugendliche*. Bern/Berlin: Peter Lang, 145–183.

BENDER, D. (2010): *Voraussetzungen für die nachhaltige Anwendung der Internationalen Klassifikation der Funktionsfähigkeit, Behinderung und Gesundheit (ICF) in der Rehabilitationspraxis: Ergebnisse einer Analyse im Spannungsfeld von globaler Konzeption und lokaler Umsetzung*. Marburg: Tectum.

BENNER, D. (2012): *Allgemeine Pädagogik: eine systematisch-problemgeschichtliche Einführung in die Grundstruktur pädagogischen Denkens und Handelns*. 7. Aufl. Weinheim: Beltz.

BIEKER, R. (2005): *Teilhabe am Arbeitsleben. Wege der beruflichen Integration von Menschen mit Behinderung*. Stuttgart: Kohlhammer.

BIERMANN, H. (2008): *Pädagogik der beruflichen Rehabilitation*. Stuttgart: Kohlhammer.

BIERMANN, H. (2015): *Inklusion im Beruf*. Stuttgart: Kohlhammer.

BOJANOWSKI, A. (2013): *Einführung in die Berufliche Förderpädagogik. Pädagogische Basics zum Verständnis benachteiligter Jugendlicher*. Münster u.a.: Waxmann.

BRIEGER, P./WATZKE, S./GALVAO, A./HÜHNE, M./GAWLIK, B. (2006): *Wie wirkt berufliche Rehabilitation und Integration psychisch kranker Menschen? Ergebnisse einer kontrollierten Studie*. Köln: Psychiatrie.

BLICKLE, G./SCHNEIDER, P. B./WITZKI, A. (2009): Mentoring im Beruf. In: *Vierteljahrsschrift für wissenschaftliche Pädagogik* 85 (1), 39–51.

BRAUN, F.; REIßIG, B. (2011): *Regionales Übergangsmanagement Schule-Berufsausbildung: Handlungsfelder und Erfolgsfaktoren*. München: DJI.

BUNDESAGENTUR FÜR ARBEIT (2010): *Leitfaden Teilhabe am Arbeitsleben für behinderte Menschen (berufliche Rehabilitation) – Fachliche Hinweise*. Online verfügbar unter: http://www.arbeitsagentur.de/web/wcm/idc/groups/public/documents/webdatei/mdaw/mdk4/~edisp/l6019022dstbai388383.pdf. (zuletzt abgerufen am 14.06.2017).

© Frank & Timme   Verlag für wissenschaftliche Literatur

BUNDESARBEITSGEMEINSCHAFT DER BERUFSBILDUNGSWERKE (BAG BBW) (2014): *Die Teilnehmer/-innen. Eingangserhebung der Berufsbildungswerke 2013.* Online verfügbar unter: http://www.bagbbw.de/w/files/statistiken/tee-2013_broschuere_web.pdf. (zuletzt abgerufen am 15.11.2018.).

BUNDESMINISTERIUM FÜR ARBEIT UND SOZIALES (2018): *Aufbau und Analyse des LTA-Rehaprozessdatenpanels. Endbericht.* Berlin: BMAS.

BUNDESMINISTERIUM FÜR ARBEIT UND SOZIALES (2015): *Evaluation der Berufseinstiegsbegleitung nach § 421s SGB III – Abschlussbericht.* Online verfügbar unter: https://www.bmas.de/DE/Service/Medien/Publikationen/Forschungsberichte/Forschungsberichte-Aus-Weiterbildung/fb-453-berufseinstiegsbegleitung.html (zuletzt abgerufen am 30.10.2019).

BUNDESMINISTERIUM FÜR ARBEIT UND SOZIALES (2017): *Evaluation von Leistungen zur Teilhabe behinderter Menschen am Arbeitsleben. Qualitative Befragung von Rehabilitandinnen und Rehabilitanden im Förderbereich der Bundesagentur für Arbeit – Abschlussbericht.* Online verfügbar unter: http://www.bmas.de/DE/Service/Medien/Publikationen/Forschungsberichte/fb-480-abschlussbericht-teilhabe-behinderter-menschen-am-arbeitsleben.html;jsessionid=EA3D46AB21008769619B7B05EA2FAF81 (zuletzt abgerufen am 30.10.2019).

BUNDESMINISTERIUM FÜR BILDUNG UND FORSCHUNG (BMBF)(2005): *Berufliche Qualifizierung Jugendlicher mit besonderem Förderbedarf – Benachteiligtenförderung.* Bonn/Berlin: BMBF.

BUNDESPSYCHOTHERAPEUTENKAMMER (2015): *BPtK-Studie zur Arbeitsunfähigkeit. Psychische Erkrankungen und Krankengeldmanagement.* Berlin: BPtK.

BURTON, J./WORLD HEALTH ORGANIZATION (2010): *WHO Healthy workplace framework and model: Background and supporting literature and practices.* World Health Organization.

CIOMPI, L. (1989): Resultate und Prädiktoren der Rehabilitation. In: HIPPIUS, H./LAUTER, H./PLOOG, D./BIEBER, H./HOUT, L. (Hg.): *Rehabilitation in der Psychiatrie.* Berlin/Heidelberg: Springer, 27–38.

CIOMPI, L./AGUE, C./DAUWALDER, J. P. (1977): Ein Forschungsprogramm über die Rehabilitation psychisch Kranker. I. Konzepte und methodologische Probleme. In: *Der Nervenarzt* 48, 12–18.

DAK FORSCHUNG (2018): *DAK-Gesundheitsreport 2018.* Hamburg: DAK-Gesundheit.

DEUTSCHE RENTENVERSICHERUNG BUND (2018): *Rentenversicherung in Zeitreihen.* DRV-Schriften, Band 22. Berlin: DRV.

DEUTSCHER GEWERKSCHAFTSBUND (2016): *Ausbildungsreport 2016.* Berlin: DGB.

DELLORI, C./SCHÜNEMANN, G. (2004): *Bildungsbegleitung als Bestandteil individueller Qualifizierung.* Offenbach: INBAS.

DIMDI (Deutsches Institut für medizinische Dokumentation und Information) (2005): *ICF. Internationale Klassifikation der Funktionsfähigkeit, Behinderung und Gesundheit. Final Draft.* Genf: World Health Organization.

ENGGRUBER, R. (2018): Jugendberufshilfe – ein vielfältiges und widerspruchsvolles Tätigkeitsfeld Sozialer Arbeit. In: ENGGRUBER, R./FEHLAU, M. (Hg.): *Jugendberufshilfe. Eine Einführung.* Stuttgart: Kohlhammer, 39–53.

FALKAI, P./WITTCHEN, H.-U. (2015): *Diagnostisches und Statistisches Manual psychischer Störungen. DSM-5.* Göttingen: Hogrefe.

FASCHING, H./NIEHAUS, M. (2008): Berufsvorbereitung und berufliche Integration. In: GASTEIGER-KLICPERA, B./KLICPERA, H. J. C. (Hg.): *Sonderpädagogik der sozialen und emotionalen Entwicklung.* Göttingen u.a.: Hogrefe, 727–739.

FISCHER, T. (1999): *Lernen mit seelisch behinderten Erwachsenen in der beruflichen Rehabilitation: ein handlungsorientierter sonderpädagogischer Förderansatz.* Frankfurt a. M. u.a.: Lang.

FLÜTER-HOFFMANN, C./HAMMERMANN, A./STETTES, O. (2018): *Individuelle und organisationale Resilienz: Theoretische Konzeption und empirische Analyse auf Basis eines kombinierten Beschäftigten-Betriebsdatensatzes.* Köln: IWMedien.

JÄCKLE, M. (2016): Schulische BildungsPraxis für vulnerable Kinder und Jugendliche. In: WEIß, W./KESSLER, T./GAHLEITNER, S. B. (Hg.): *Handbuch Traumapädagogik.* Weinheim/Basel: Beltz, 154–164.

GEORG, W./SATTEL, U. (2006): Berufliche Bildung, Arbeitsmarkt und Beschäftigung. In: ARNOLD, R./LIPSMEIER, A. (Hg.): *Handbuch der Berufsbildung.* Wiesbaden: VS, 125–152.

GERICKE, C. (2010): *Einflussfaktoren der beruflichen Integration psychisch beeinträchtigter Menschen.* Berlin: Humboldt-Universität.

HELMRICH, R./ZIKA, G. (2010): *Beruf und Qualifikation in der Zukunft. BIBB-IAB-Modellrechnungen zu den Entwicklungen in Berufsfeldern und Qualifikationen bis 2025.* Bielefeld: Bertelsmann.

HENKELMANN, T. (2014): Die Zunahme psychischer Krankheitsbilder im Berufsbildungswerk: Wie lässt sich dieser Umstand erklären und bewältigen? In: *Berufliche Rehabilitation* 28 (2), 110–119.

HÖLLING, H./SCHLACK, R./PETERMANN, F./RAVENS-SIEBERER, U./MAUZ, E. (2014): Psychische Auffälligkeiten und psychosoziale Beeinträchtigungen bei Kindern und Jugendlichen im Alter von 3 bis 17 Jahren in Deutschland – Prävalenz und zeitliche Trends zu 2 Erhebungszeitpunkten (2003–2006 und 2009–2012). In: *Bundesgesundheitsblatt* 57 (7), 807–819.

JANTZEN, W. (2008): *Kulturhistorische Psychologie heute: Methodische Erkundungen zu LS Vygotskij.* Berlin: Lehmanns Media.

KAHL, Y. (2016): *Inklusion und Teilhabe aus der Perspektive von Menschen mit psychischen Erkrankungen.* Köln: Psychiatrie.

KAMINSKI, S./KENNECKE, S. S./DLUGOSCH, D. S./WEISWEILER, S./FREY, D. (2017): Mentoring. In: BIERHOFF, H.-W./FREY, D. (Hg.): *Kommunikation, Interaktion und soziale Gruppenprozesse.* Göttingen: Hogrefe, 873–900.

KLIPKER, K./BAUMGARTEN, F./GÖBEL, K./LAMPERT, T./HÖLLING, H. (2018): Psychische Auffälligkeiten bei Kindern und Jugendlichen in Deutschland – Querschnittergebnisse aus KiGGS Welle 2 und Trends. In: *Journal of Health Monitoring* 3(3), 37–45.

KNIEPS, F./PFAFF. H. (2018): *Arbeit und Gesundheit. Generation 50+. Zahlen, Daten, Fakten mit Gastbeiträgen aus Wissenschaft, Politik und Praxis. BKK Gesundheitsreport 2018.* Berlin: MWV.

KOBI, E. E. (2004): *Grundfragen der Heilpädagogik. Eine Einführung in heilpädagogisches Denken.* Berlin: BHP.

KÖLCH, M./FEGERT, J. (2013): Psychische Störungen bei Kindern und Jugendlichen. In: *Kinder- und Jugendschutz in Wissenschaft und Praxis* 58 (3), 75–80.

KRANERT H.-W./STEIN R. (2016): Auffälligkeiten des Verhaltens und Erlebens in der Beruflichen Bildung. Studien mit den Achenbach-Skalen in verschiedenen berufsschulischen Settings. In: *Berufliche Rehabilitation* 30 (2), 315–333.

KRANERT H.-W./STEIN R. (2017): Sonderpädagogische Weiterbildung von beruflichem Bildungspersonal im dualen System – Ausbilder und Lehrkräfte. In: *Berufliche Rehabilitation* 31 (3), 206–214.

KRANERT H.-W./STEIN R. (2019): Der Übergang ins Berufsleben von Heranwachsenden mit psychischen Belastungen – Forschungsstand und weitere Entwicklungslinien. In: *Wissenschaftliche Jahreszeitschrift – Emotionale und soziale Entwicklung (ESE) – in der Pädagogik der Erziehungshilfe und bei Verhaltensstörungen* 1 (1), 210–223.

KRANERT, H.-W./ECK, R./EBERT, H./TUTSCHKU, U. (2017): *Inklusive Schulentwicklung an berufsbildenden Schulen. Ergebnisse aus dem Netzwerk Berufliche Schulen Mainfranken.* Bielefeld: wbv.

KRAPF, M. (2017): *Benachteiligtenförderung: Zur Geschichte und Gegenwart eines sozialen Berufsfeldes.* Leverkusen-Opladen: Barbara Budrich.

KRUMENACKER, F. J. (1998): *Bruno Bettelheim: Grundpositionen seiner Theorie und Praxis.* München u.a.: Reinhardt.

KUBEK, V. (2012): *Humanität beruflicher Teilhabe im Zeichen der Inklusion. Kriterien für die Qualität der Beschäftigung von Menschen mit Behinderungen.* Wiesbaden: Springer.

LÄNGLE, G./WELTE, W./NIEDERMEIER-BLEIER, M. (1997): Berufliche Rehabilitation psychisch Kranker. In: *Mitteilungen aus der Arbeitsmarkt-und Berufsforschung* 30 (2), 479–491.

LINDSAY, G. (2007): Educational psychology and the effectiveness of inclusive education/mainstreaming. In: *British journal of educational psychology* 77 (1), 1–24.

MAUCH, N. (2018): *Weiterbildung für Fachkräfte in Werkstätten für Menschen mit Behinderung im Kontext von psychischen Erkrankungen. Eine kritische Analyse.* Würzburg: Unveröffentlichte BA-Thesis.

MYSCHKER N./STEIN R. (2018): *Verhaltensstörungen bei Kindern und Jugendlichen: Erscheinungsformen – Ursachen – hilfreiche Maßnahmen.* 8. Aufl. Stuttgart: Kohlhammer.

NEUMANN, J. (1989): Die Arbeitsgesellschaft und die (psychisch) behinderten Menschen in Gesellschaft, Wirtschaft und Arbeitsleben. In: HIPPIUS, H./LAUTER, H./PLOOG, D./BIEBER, H./HOUT, L. (Hg.): *Rehabilitation in der Psychiatrie.* Berlin/Heidelberg: Springer, 295–299.

NIEDERMAIR, G. (2017): *Berufliche Benachteiligtenförderung. Theoretische Einsichten, empirische Befunde und aktuelle Maßnahmen.* Linz: Trauner.

NIEDERMAIR, G. (2017): Herausforderungen in der beruflichen Benachteiligtenförderung: Einführung und thematisches Panorama: In: NIEDERMAIR, G. (Hg.): *Berufliche Benachteiligtenförderung: theoretische Einsichten, empirische Befunde und aktuelle Maßnahmen.* Linz: Trauner, 7–37.

RAUCH, A. (2017): Berufliche Rehabilitation bei der Agentur für Arbeit. In: In: RIECKEN, A./JÖNS-SCHNIEDER, K./EIKÖTTER, M. (Hg.): *Berufliche Inklusion. Forschungsergebnisse von Unternehmen und Beschäftigten im Spiegel der Praxis.* Weinheim/Basel: Beltz, 180–202.

REBMANN, K./TENFELD, W./SCHLÖMER, W. (2011): *Berufs- und Wirtschaftspädagogik. Eine Einführung in Strukturbegriffe.* Wiesbaden: Gabler.

REIMER, F. (1989): Grenzen der Rehabilitation psychisch Kranker. In: HIPPIUS, H./LAUTER, H./PLOOG, D./BIEBER, H./HOUT, L. (Hg.): *Rehabilitation in der Psychiatrie.* Berlin/Heiderlberg: Springer, 76–78.

REIMS, N. (2016): *Berufliche Rehabilitation von Menschen mit Behinderung. Einfluss auf Gesundheit und Erwerbsintegration.* Nürnberg/Bielefeld: Bertelsmann.

REIMS, N./NIVOROZHKIN, A./TOPHOVEN, S. (2017): *Personen mit gesundheitlichen Einschränkungen. Berufliche Rehabilitation zielt auf Prävention und passgenaue Förderung.* IAB-Kurzbericht 25/2017.

REINISCH, H. (2015): Bildung, Qualifikation und Kompetenz in berufspädagogischen Programmatiken – zur normativen Theorie der Berufsbildung. In: SEIFRIED, J./BONZ, B. (Hg.): *Berufs-und Wirtschaftspädagogik. Handlungsfelder und Grundprobleme.* Hohengehren: Schneider, 25–50.

RICHTER, D./HERTIG, R./HOFFMANN, H. (2016): Psychiatrische Rehabilitation – von der Stufenleiter zur unterstützten Inklusion. In: *Psychiatrische Praxis* 43(8), 444–449.

RICHTER, D./BERGER, K./REKER, T. (2008): Nehmen psychische Störungen zu? Eine systematische Literaturübersicht. In: *Psychiatrische Praxis* 35 (7), 321–330.

RIECKEN, A./JÖNS-SCHNIEDER, K./WALK, M. (2017a): Inklusion in Unternehmen – Status Quo und Quo Vadis. Ergebnisse einer bundesweiten Erhebung. In: RIECKEN, A./JÖNS-SCHNIEDER, K./EIKÖTTER, M. (Hg.): *Berufliche Inklusion. Forschungsergebnisse von Unternehmen und Beschäftigten im Spiegel der Praxis.* Weinheim/Basel: Beltz, 71–116.

RIECKEN, A./JÖNS-SCHNIEDER, K./EIKÖTTER, M. (2017b): Berufliche Inklusion: Einführung in die Thematik In: RIECKEN, A./JÖNS-SCHNIEDER, K./EIKÖTTER, M. (Hg.): *Berufliche Inklusion. Forschungsergebnisse von Unternehmen und Beschäftigten im Spiegel der Praxis.* Weinheim/Basel: Beltz, 7–17.

RIEDL, A./SCHELTEN, A. (2013): *Grundbegriffe der Pädagogik und Didaktik beruflicher Bildung.* Stuttgart: Steiner.

ROBERT KOCH-INSTITUT (2015): *Gesundheit in Deutschland. Gesundheitsberichterstattung des Bundes. Gemeinsam getragen von RKI und Destatis.* Berlin: Robert-Koch-Institut.

ROGERS, E. S./ANTHONY, W. A./FARKAS, M. (2006): The choose-get-keep model of psychiatric rehabilitation: A synopsis of recent studies. In: *Rehabilitation Psychology* 51 (3), 247–256.

ROTHDEUTSCH-GRANZER, C./WEIß, W./GAHLEITNER, S. B. (2015): Traumapädagogik – eine junge Fachrichtung mit traditionsreichen Wurzeln und hoffnungsvollen Perspektiven. In: GAHLEITNER, S./FRANK, C./LEITNER, A. (Hg.): *Ein Trauma ist mehr als ein Trauma.* Weinheim/Basel: Beltz, 171–186.

SCHAEFER, J. D./CASPI, A./BELSKY, D. W./HARRINGTON, H./HOUTS, R./HORWOOD, L. J./HUSSONG, A./RAMRAKHA, S./POULTON, R./MOFFITT, T. E. (2017): Enduring mental health: prevalence and prediction. In: *Journal of abnormal psychology* 126 (2), 212–224.

STÄNDIGE KONFERENZ DER KULTUSMINISTER DER LÄNDER IN DER BUNDESREPUBLIK DEUTSCHLAND (2000): *Empfehlungen zum Förderschwerpunkt emotionale und soziale Entwicklung. Beschluss der KMK vom 20.03.2000.* Online verfügbar unter: http://www.kmk.org/fileadmin/veroeffentlichungen_beschluesse/2000/2000_03_10-FS-Emotionale-soziale-Entw.pdf (zuletzt abgerufen am 30.10.2019).

STÄNDIGE KONFERENZ DER KULTUSMINISTER DER LÄNDER IN DER BUNDESREPUBLIK DEUTSCHLAND (2000): *Empfehlungen zum Förderschwerpunkt Unterricht kranker Schülerinnen und Schüler (Beschluss der Kultusministerkonferenz vom 10.03.2000).* Online verfügbar unter: http://www.kmk.org/fileadmin/Dateien/veroeffentlichungen_beschluesse/1998/1998_03_20-FS-Kranke-Schueler.pdf (zuletzt abgerufen am 30.10.2019).

STÄNDIGE KONFERENZ DER KULTUSMINISTER DER LÄNDER IN DER BUNDESREPUBLIK DEUTSCHLAND (2011): *Inklusive Bildung von Kindern und Jugendlichen mit Behinderungen in Schulen (Beschluss der Kultusministerkonferenz vom 20.10.2011).* Online verfügbar unter: http://www.kmk.org/fileadmin/veroeffentlichungen_beschluesse/2011/2011_10_20-Inklusive-Bildung.pdf (zuletzt abgerufen am 30.10.2019).

STÄNDIGE KONFERENZ DER KULTUSMINISTER DER LÄNDER IN DER BUNDESREPUBLIK DEUTSCHLAND (KMK) (2019): *Sonderpädagogische Förderung in allgemeinen Schulen (ohne Förderschulen) 2017/2018.* Online verfügbar unter: https://www.kmk.org/fileadmin/Dateien/pdf/Statistik/Dokumentationen/Aus_So-Pae_Int_2017.pdf (zuletzt abgerufen am 30.10.2019).

STEFFEN A./AKMATOV M. K./HOLSTIEGE J./BÄTZING J. (2018): *Diagnoseprävalenz psychischer Störungen bei Kindern und Jugendlichen in Deutschland: eine Analyse bundesweiter vertragsärztlicher Abrechnungsdaten der Jahre 2009 bis 2017.* Berlin: Zentralinstitut für die kassenärztliche Versorgung in Deutschland. Online verfügbar unter: https://www.versorgungsatlas.de/fileadmin/ziva_docs/93/VA_18-07_Bericht_PsychStoerungenKinderJugendl_V2_2019-01-15.pdf (zuletzt abgerufen am 30.10.2019).

STEIN, R. (2019): *Grundwissen Verhaltensstörungen.* 6. Aufl. Baltmannsweiler: Schneider.

STEIN, R./KRANERT, H.-W./WAGNER, S. (2016): *Inklusion an beruflichen Schulen. Ergebnisse eines Modellversuchs in Bayern.* Bielefeld: wbv.

STEIN, R./MÜLLER, T. (2014): Psychische Störungen aus sonderpädagogischer Perspektive. In: *Sonderpädagogische Förderung heute* 59 (3), 232–244.

STENGLER, K./BECKER, T./RIEDEL-HELLER, S. G. (2014): Teilhabe am Arbeitsleben bei Menschen mit schweren psychischen Erkrankungen. In: *Fortschritte der Neurologie Psychiatrie* 82 (1), 43–53.

STENGLER, K./RIEDEL-HELLER, S. G./BECKER, T. (2014): Berufliche Rehabilitation bei schweren psychischen Erkrankungen. In: *Zentralblatt für Arbeitsmedizin, Arbeitsschutz und Ergonomie* 64 (4), 287–297.

STRÖMER, N. (2018): Einleitung: Diagnostik als Beziehungsgestaltung – einige theoretische Impulse. In: RÖMER, S. (Hg.): *Diagnostik als Beziehungsgestaltung. Beziehungen eingehen, reflektieren und gestalten – Diagnostik in Dialog und Kooperation.* Berlin: Frank/Timme, 19–34.

TECHNIKER KRANKENKASSE (TKK) (2018): *Gesundheitsreport 2018. Arbeitsunfähigkeiten.* Hamburg: Techniker Krankenkasse.

UNITED NATIONS (1994): *Standard Rules on the Equalization of Opportunities for Persons with Disabilities.* Technical report. New York: UN.

WEBER, A./PESCHKES, L./DE BOER, W. (2015): *Return to work – Arbeit für alle: Grundlagen der beruflichen Reintegration.* Stuttgart: Gentner.

WEIG, W. (2005): Rehabilitation psychisch Kranker (RPK). In: FRIEBOES, R.-M./ZAUDIG, M./NOSPER, M. (Hg.): *Rehabilitation bei psychischen Störungen.* München/Jena: Urban/Fischer, 310–315.

WEIG, W./BRÄUNING-EDELMANN, M./BRIEGER, P./STENGLER, K. (2011): Psychiatrische Rehabilitation. In: MÖLLER, H. J./LAUX, G./KAPFHAMMER, H.-P. (Hg.): *Psychiatrie, Psychosomatik, Psychotherapie.* Berlin u.a.: Springer, 1129–1142.

WIES, J./KOCH, U. (1989): Tagesstrukturierende Beschäftigungsangebote für psychisch Kranke im außerstationären Bereich. In: HIPPIUS, H./LAUTER, H./PLOOG, D./BIEBER, H./HOUT, L. (Hg.): *Rehabilitation in der Psychiatrie.* Berlin/Heidelberg: Springer, 303–315.

WORLD HEALTH ORGANIZATION (WHO) (2011): *WHO Guidelines on Health-Related Rehabilitation. Rehabilitation Guidelines.* Genf: WHO.

ZABECK, J. (2013): *Geschichte der Berufserziehung und Ihrer Theorie.* Paderborn: Eusl.

STEPHAN GINGELMAIER, HANNAH ILLICHMANN
UND NICOLA-HANS SCHWARZER

Die Frage nach Bindungsstabilität in der Adoleszenz – eine Grundlegung auch für den Kontext beruflicher Bildung

Während im Kleinkindalter in der Regel die Eltern die primären Bindungspersonen darstellen, kommen mit zunehmendem Alter vermehrt Freunde und auch Liebespartner als Bindungsfiguren hinzu (vgl. ALLEN 2016). Diese 'neuen' Bindungsbeziehungen und auch die bereits bestehenden Bindungsbeziehungen zu den Eltern beruhen zunehmend auf Wechselseitigkeit, das heißt auf einem Geben und Nehmen, welches in beide Richtungen erfolgt (vgl. HOWE/WELLING 2015).

Die Bindungsbeziehung zu den Eltern betreffend ist das Streben nach Autonomie, in Form von emotionaler Unabhängigkeit bei gleichzeitiger Verbundenheit, ein zentrales Thema in Bezug auf Bindung in der Adoleszenz (vgl. ebd.). Es geht darum, ein Gleichgewicht zwischen diesen beiden Polen herzustellen. Das Gelingen oder Nichtgelingen dessen kann als Indikator für die Bindungsqualität betrachtet werden (vgl. ALLEN/MCELHANEY/LAND/KUPERMINC/MOORE/O'BEIRNE-KELLY/KLIMER 2003).

Im Gegensatz zum Kleinkindalter, in dem Exploration hauptsächlich durch physische Exploration der Umwelt stattfindet, bedeutet Exploration in der Adoleszenz, der oben genannten emotionalen Unabhängigkeit näher zu kommen. Eine sichere Basis stellen auch für einen/eine Adoleszente/n verlässliche Bindungsbeziehungen dar. Diese müssen das Streben eines Adoleszenten nach emotionaler und geistiger Autonomie zulassen und unterstützen (vgl. HOWE/WELLING 2015).

Außerdem verändert sich die Bindungsbeziehung zu den Eltern auch insofern, als sie mit zunehmendem Alter stärker verbal dargestellt wird und weniger physisch, z.B. mit dem Aufsuchen körperlicher Nähe als Schutz (vgl. ALLEN 2016).

Literaturrecherchen in deutschsprachigen Standardwerken zum Thema Bindung und in PSYNDEX bzw. PubPsych zu den Stichworten a) Bindung, Bindungstheorie, b) berufliche Bildung, Ausbildung, Berufsausbildung und c) Adoleszenz, Jugend, Jugendliche ergaben für keine der möglichen Kombinationen aus a), b) und c) einen Treffer.

Gefunden wurde die Studie von TAUBNER, CURTH, UNGER und KOTTE (2014). Diese stammt aus dem Kontext der Bindungsforschung, legt ihren Schwerpunkt aber auf die Bedeutung des Mentalisierens (das in direkter Verbindung zur Bindungstheorie steht). In der Studie kann der Stellenwert des Mentalisierens für die Arbeit in einem großen Berufsbildungswerk sowohl für die Mitarbeitenden als auch für die Jugendlichen gezeigt werden. Die beforschten Jugendlichen hatten alle emotional-soziale Förderbedarfe und/oder Förderbedarfe mit dem Förderschwerpunkt Lernen.

Die Bindungstheorie war in ihrer theoretischen Ausrichtung lange eng auf die früheste und frühe Kindheit fokussiert, weil sich in dieser Phase über den Kontakt zu den Bindungspersonen Bindungsmuster und innere Arbeitsmodelle (vgl. BOWLBY 1973) aufbauen. Erst seit wenigen Jahren aber wird auch die Frage nach der Entwicklung von Bindung "über die Lebensspanne" (HOWE/WELLING 2015) aufgeworfen. Aufgrund der relativen Neuheit des Themas möchte dieser Beitrag Grundlagen für zweierlei Fragestellungen bieten:

- Wie entwickelt sich Bindungsstabilität im Hinblick auf Bindungsqualität, Bindungsrepräsentationen und Bindungsobjekte vom Kindesalter bis zum Ende der Adoleszenz?
- Wie entwickelt sich Bindungsstabilität im Hinblick auf Bindungsqualität, Bindungsrepräsentationen und Bindungsobjekte innerhalb der Adoleszenz?

Allgemein rät KOBAK (2016), dass zur Untersuchung von Bindung in der Adoleszenz entwicklungsspezifische Gegebenheiten ebenfalls in Betracht gezogen werden. Da die Adoleszenz eine Zeit ist, die viel Wandel mit sich bringt, wird die Anmerkung KOBAKS als relevant für die vorliegende Arbeit gesehen, da die Betrachtung entwicklungsspezifischer Gegebenheiten mögliche Einflüsse von Stabilität und Wandel erbringen kann. Aus diesem Grund wird in diesem Beitrag immer wieder auf Entwicklungsgegebenheiten der Adoleszenz Bezug genommen werden.

1 Bindungsstabilität im Hinblick auf Bindungsqualität, Bindungsrepräsentationen und Bindungsobjekte

Im Weiteren wird anhand von Studien zum Thema Bindungsstabilität beschrieben, ob und in welchem Ausmaß bei Proband*innen aus unterschiedlichen Familien- und Umgebungskontexten Bindungsstabilität besteht, und welche möglichen Faktoren auf dieses Bestehen oder Nicht-Bestehen von Kontinuität einen Einfluss haben könnten. Dabei sind die Unterkapitel so aufgeteilt, dass im Unterkapitel 1.1 die *Bindungsstabilität vom Kleinkindalter bis zum Ende der Adoleszenz* und im Unterkapitel 1.2 die *Bindungsstabilität innerhalb der Adoleszenz* behandelt wird. Eine Aufteilung in diese beiden Bereiche wird für sinnvoll erachtet, da zunächst betrachtet werden soll, welche Auswirkungen frühe Bindungserfahrungen in Beziehungen und die Umgebung in der Kindheit auf Bindung in der Adoleszenz haben. Anschließend soll in einem weiteren Schritt die Adoleszenz im Speziellen hinsichtlich der dort bestehenden Dynamik im Bindungsgefüge diskutiert werden. In beiden Unterkapiteln wird zunächst auf die Stabilität an sich eingegangen. In einem weiteren Abschnitt werden mögliche Faktoren, die Bindungsstabilität beeinflussen könnten, ebenfalls größten Teils anhand von aktuellen Studien, beschrieben.

Die Erforschung der Bindungs(dis)kontinuität von der frühen Kindheit bis zum Ende der Adoleszenz ist insofern für diese Arbeit wichtig, als die explizite Bedeutung von Bindung für die soziale und emotionale Entwicklung eines Individuums darin eingeordnet werden kann und damit beispielsweise auch für die Berufsausbildung Adoleszenter eine Rolle spielt. Denn wenn Bindungsrepräsentationen unter bestimmten Umständen veränderbar sind, kann davon ausgegangen werden, dass bei negativen Auswirkungen bestimmter Bindungsumgebungen in der frühen Kindheit auf den sozialen und emotionalen Bereich eines Individuums frühe Interventionen erfolgreich sein können und Sinn machen. Ähnliches kann dann aber auch für Bindungs(dis)kontinuität innerhalb der Adoleszenz gelten. Wenn Bindungsrepräsentationen während der Adoleszenz durch bestimmte Umstände veränderbar sind, muss dies bedeuten, dass im Falle negativer Auswirkungen der früh erworbenen Bindungsmuster auf die soziale und emotionale Entwicklung spezifische bindungsbasierte Interventionsmöglichkeiten während der Adoleszenz zum Einsatz kommen können.

1.1 Bindungsstabilität im Hinblick auf Bindungsqualität, Bindungsrepräsentationen und Bindungsobjekte vom Kindesalter bis zum Ende der Adoleszenz

Bindung kann, als theoretisches Konstrukt betrachtet, nach AINSWORTH (1978) und BOWLBY (1973) sowohl als offen gezeigtes Verhalten als auch als Repräsentationsmodell enger Beziehungen gesehen werden. In der Literatur zur Bindungstheorie wird die Verbindung zwischen dem Bindungsverhalten von Kleinkindern und dessen späteren Bindungsrepräsentationen oftmals betont (vgl. LEWIS/FEIRING/ROSENTHAL 2000).

In einigen älteren Forschungsarbeiten wurde davon ausgegangen, dass das Bindungsverhalten im Kleinkindalter ein Prädikator für spätere Bindungsrepräsentationen ist. So stellte eine Gruppe von Bindungstheoretikern (vgl. SROUFE/EGELAND/KREUTZER 1990) die Hypothese auf, Bindungsverhalten im Kleinkindalter sei ein Kennzeichen für einen spätere intime Beziehungen voraussagenden Prototyp (vgl. SROUFE 1983, zitiert nach LEWIS/FEIRING/ROSENTHAL 2000). Unterstützt wurde seine Hypothese unter anderem von SROUFE, EGELAND und KREUTZER (1990) oder ELICKER, ENGLUND und SROUFE (1992), welche von einem Zusammenhang zwischen früh gezeigtem Bindungsverhalten und Sozialkompetenz sowie Psychopathologie in der Adoleszenz ausgingen. Bei diesen Studien fehlte jedoch die Überprüfung der tatsächlichen Kontinuität von Bindungsverhaltensmustern und Bindungsrepräsentationen, denn die Bindungsklassifikation der Proband*innen wurde nur im Kleinkindalter untersucht und nicht in der Adoleszenz. Hier wurden lediglich Faktoren wie Psychopathologie oder Sozialkompetenz erhoben (vgl. ELICKER/ENGLUND/SROUFE 1992; LEWIS/FEIRING/ROSENTHAL 2000; SROUFE/EGELAND/KREUTZER 1990).

Um das Bestehen oder Nichtbestehen von Bindungsstabilität zu beschreiben, ist ein Blick auf die inneren Arbeitsmodelle notwendig. Denn wie bereits kurz erwähnt entstehen innere Arbeitsmodelle im Laufe der Entwicklung und werden mit zunehmendem Alter zu breiteren Interpretationsfiltern erweitert, mit Hilfe derer Individuen ihre Erfahrung von neuen Beziehungen ausbauen. Der Ausbau erfolgt dergestalt, dass die Arbeitsmodelle zu Erfahrungen in der Vergangenheit und Erwartungen, die aus sicheren oder unsicheren Bindungen herrühren, passen (vgl. THOMPSON 2016).

In Bezug auf Paarbeziehungen geht THOMPSON davon aus, dass sich Kinder zum einen neue Partner aussuchen, welche aus früheren Bindungen entstandenen Erwartungen entsprechen, und sich zum anderen auch passend zu ihren

Erwartungen aus vergangenen Bindungsbeziehungen verhalten. Auf diese Weise tragen sie gleichzeitig dazu bei, die eigenen Erwartungen an enge Beziehungen zu bestätigen (vgl. ebd.). Dieser Zusammenhang spricht für eine gewisse Stabilität von Bindung in Beziehungsgefügen und allgemein von einer Stabilität der Bindungsqualität von der Kindheit bis in die Adoleszenz hinein. Dem gegenüber steht die Annahme ALLENS (2016) und BRISCHS (2014), dass die inneren Repräsentationen von Adoleszenten weder genau an die Qualität früherer Bindungserfahrungen gebunden sind noch diese genau wiederspiegeln müssen. ALLEN (vgl. 2016) argumentiert, dass sowohl emotionale als auch kognitive Faktoren die Entwicklung der Bindungsrepräsentationen voranbringen und innere Arbeitsmodelle verändern können. Mit Hilfe zunehmender kognitiver Fähigkeiten können vergangene Erfahrungen mit individuellen Fürsorgepersonen in ein übergreifendes Arbeitsmodell von Bindung integriert werden.

Zu einem übergreifenden Arbeitsmodell von Bindung weist JULIUS (2014) in seiner Forschungsarbeit darauf hin, dass eine übergreifende Bindungsrepräsentation alle weiteren Beziehungen beeinflusst, indem das bestehende Arbeitsmodell, in welches vergangene Erfahrungen integriert wurden, vorerst auf diese übertragen wird.

Im Gegensatz hierzu vermutet BEETZ (2013), dass bei Adoleszenten mit auffälligem Verhalten in verschiedenen Kontexten – im Fall der Studie von BEETZ waren dies Familie und Peers – multiple internale Arbeitsmodelle bestehen. Die Annahme von BEETZ wäre zumindest kongruent mit einer frühen Annahme der Bindungstheorie, "that children form separate internal working models based on experiences within different attachment relationships" (RUBIN/DWYER/KIM/BURGESS/BOOTH-LAFORCE/ROSE-KRASNOR 2004: 332). Nach BOWLBY (1969) bilden Kinder also auf Grundlage der jeweiligen Bindungsbeziehung unterschiedliche innere Arbeitsmodelle aus.

Adoleszente sind in der Lage, eine beständigere Wahrnehmung des Selbst als abgesondert von Interaktionen mit bestimmten Fürsorgepersonen herzustellen. Sie können über Bindung im Allgemeinen nachdenken und auch auf metakognitiver Ebene dieses Denken ausführen. Im Speziellen können sie die Beziehung zu den Eltern reflektieren und es kommt teilweise zu einer Entidealisierung derselben (vgl. ALLEN 2016).

Den emotionalen Bereich betreffend versuchen Adoleszente in dieser Lebensphase nicht nur, sich weniger auf die Eltern einzulassen, sie führen auch den lebenslangen Prozess weiter, sich selbst und ihre eigenen emotionalen Reaktionen zu regulieren. Durch die zunehmende Fähigkeit der Selbstregulation sind Adoleszente auch, genau wie auf der kognitiven Ebene, mehr und mehr in der Lage, die Beschaffenheit der Bindungsbeziehung zu den Eltern neu zu bewerten. Denn je weniger ein Individuum von jemandem abhängig ist, desto mehr kann die Beziehung auch kritisch und 'objektiv' reflektiert werden (vgl. ebd.).

ALLEN weist darauf hin, dass durch diese zunehmende Fähigkeit des Reflektierens und Bewertens somit Bindungsbeziehungen nicht über Jahre hinweg gleichbleiben müssen, sondern durchaus eine Neuorientierung möglich ist.

Nach BOWLBY (1973), welcher innere Arbeitsmodelle als eine Art Netzwerk aus unterschiedlichen Wegen und Abzweigungen beschreibt, haben sowohl sichere und unsichere Erwartungen in Bezug auf Bindung eine Auswirkung auf die Anpassung und zukünftige Beziehungen. Des Weiteren gibt es auf den Pfaden jedoch auch die Möglichkeit des Wandels. So können zum Beispiel Veränderungen, die mit den Bezugspersonen bzw. der Fürsorgeumgebung zusammenhängen, zu einer Abänderung des inneren Arbeitsmodells führen (vgl. BOWLBY 1973; KOBAK 2016).

Generell sind nach BOWLBY (1973) innere Arbeitsmodelle dynamische Konstrukte, die sich, um anpassungsfähig zu bleiben, bei grundlegender Veränderung der Fürsorgeumgebung verändern sollten. Daraus folgt, dass Bindungsklassifikationen über die Entwicklung hinweg konstant bleiben sollten, wenn das ursprüngliche Arbeitsmodell bestärkt wird und sich verändern, wenn Veränderung zur Anpassung notwendig ist (vgl. ebd.; WEINFIELD/WHALEY/EGELAND 2004).

Mit zunehmendem Alter sind Kinder auch besser in der Lage, sich selbst zu beschützen. Trotzdem wird das Bindungssystem nicht aufgegeben. Vielmehr werden kognitiv-emotionale Repräsentationen in Beziehungen von frühen Bindungserfahrungen geprägt und leiten nach BOWLBY (1969) ein Individuum, insbesondere in Bezug auf Beziehungen.

Diese von ALLEN (2016) genannte mögliche Neuorientierung und von BOWLBY (1973) beschriebene mögliche Abänderung innerer Arbeitsmodelle implizieren, dass sich die Bindungsklassifikation verändern kann.

Die Frage ob, oder wie stark, nun frühe Bindungserfahrungen die Bindungsqualität über den Entwicklungszeitraum vom Kleinkindesalter bis zum Ende

　　© Frank & Timme　Verlag für wissenschaftliche Literatur

der Adoleszenz beeinflussen und inwiefern es zu Veränderungen kommt, wird im Folgenden anhand der gefundenen Studien zu diesem Bereich beleuchtet. Am Ende des Kapitels werden mögliche Faktoren genannt, welche in den Untersuchungen zu Kontinuität bzw. Diskontinuität der Bindung beitragen. Auf mögliche Gründe für (Dis-)kontinuität wird eingegangen, da es in der vorliegenden Arbeit neben der Bedeutung von Bindung für die soziale und emotionale Entwicklung von Adoleszenten auch darum geht, zu diskutieren, welche Rückschlüsse aus dieser Bedeutung auf mögliche vorbeugende Maßnahmen fehlangepasster sozialer und emotionaler Entwicklung von Adoleszenten z.B. im Rahmen von Berufsausbildungen gezogen werden können. Um diesen Schritt gehen zu können, wird es als notwendig erachtet, möglichen, der Bedeutung von Bindung zugrundeliegenden, Faktoren Beachtung zu schenken.

Eine Untersuchung von GROH, ROISMAN, BOOTH-LAFORCE, FRALEY, OWEN, COX und BURCHINAL (2014) zur Stabilität von Bindungssicherheit vom Kleinkindesalter bis zum Alter von 18 Jahren bestätigt die oben genannte Annahme der Veränderbarkeit von Bindungen vom Kleinkindesalter bis zum Ende der Adoleszenz. Ihre Ergebnisse zeigten, dass die Bindungssicherheit von der Kindheit bis zur späten Adoleszenz nicht besonders stabil ist (vgl. GROH et al. 2014). Zu erwähnen ist jedoch, dass bei ihrer Studie nur die Bindungssicherheit zur Mutter im Kindesalter untersucht wurde. Es könnte sein, dass die Bindungssicherheit zum Vater eine höhere Vorhersagekraft der Bindungsstabilität hat.

Ebenfalls wenig Stabilität konnten LEWIS, FEIRING und ROSENTHAL (2000) feststellen. Untersucht wurden 84 Proband*innen, wobei auf ein Gleichgewicht in Geschlecht und sozioökonomischem Status geachtet wurde. Sie führten eine Langzeitstudie durch, bei welcher die Bindungsklassifikation der Proband*innen mit 12 Monaten durch den FST und mit 18 Jahren anhand des Adult Attachment Interviews erhoben wurde. Außerdem wurden im Alter von 13 Jahren bindungsspezifische Kindheitserinnerungen der Proband*innen dokumentiert (vgl. ebd.). Konkret kamen LEWIS, FEIRING und ROSENTHAL (2000) zu folgenden Ergebnissen:

Anhand der Erhebungen a) mit einem Jahr und b) mit 18 Jahren konnte keine signifikante Konstanz der Bindungsklassifikation der Proband*innen festgestellt werden. Das heißt die Klassifikation durch offen gezeigtes Bindungsverhalten mit einem Jahr entsprach bei den meisten Proband*innen nicht der Bindungsklassifikation mit 18 Jahren (vgl. ebd.).

Die Autoren weisen ausdrücklich darauf hin, dass Bindung keine Art Charaktermerkmal ist, das über die Entwicklung eines Individuums hinweg besteht (vgl. ebd.). Auch WEINFIELD und Kolleg*innen (2004) betonen, dass Bindung keine statische, personenbezogene Eigenschaft ist, sondern über Anpassungsfähigkeit und Kontextsensibilität verfügt (vgl. WEINFIELD/WHALEY/EGELAND 2004).

MAIN, HESSE und KAPLAN (2005) bestätigen in ihrer Studie ebenfalls die Veränderbarkeit von Bindung unter bestimmten Umständen, wie z.b. einem plötzlich erlebten Trauma. Allerdings konnten sie bei ihrer Untersuchung von 42 Proband*innen, die alle aus stabilen Familienverhältnissen stammten, eine gewisse Stabilität der Bindung feststellen. Sicherheit bzw. Unsicherheit in der Bindung zur Mutter im Kindesalter, die mit dem Fremde-Situationstest (FST) erhoben wurden, sagten eine sicher-autonome bzw. unsichere Bindungsqualität der 19-jährigen Probanden*innen voraus. Die Bindung mit 19 Jahren ging aus dem AAI hervor (vgl. ebd.). Hinsichtlich vermeidender Bindung wurde festgestellt, dass Proband*innen, die mit einem Jahr die Nähe zur Mutter vermieden, auch mit 19 Jahren als vermeidend gebunden eingestuft wurden. Allerdings wurden auch Proband*innen, die mit einem Jahr sicher gebunden waren, zum Teil mit 19 Jahren als vermeidend gebunden eingestuft. Daher ist dieses Ergebnis nicht signifikant. Für desorganisierte Bindung kamen MAIN, HESSE und KAPLAN (2005) zu dem klaren Ergebnis, dass der Bindungsstatus von Kleinkindern mit desorganisierter Bindung im Gegensatz zu Kindern, die nicht desorganisiert sind, unsichere versus sicher-autonome Bindung mit 19 Jahren voraussagte.

Auch WATERS, WEINFIELD und HAMILTON (2000b) untersuchten die Stabilität von Bindungssicherheit. Dabei wählten sie Proband*innen, die zum Zeitpunkt der ersten Untersuchung mit 12 Monaten in einem wenig risikobehafteten Umfeld lebten und der Mittelklasse angehörten. Sie führten den FST im Alter von 12 Monaten durch und 20 Jahre später das AAI. Außerdem untersuchten sie die Auswirkung von stressigen Lebensereignissen auf die Stabilität von Bindungssicherheit. Diese Ergebnisse werden im nächsten Abschnitt erläutert (vgl. WATERS/MERRICK/TREBOUX/CROWELL/ALBERSHEIM 2000a).

Die Bindungsstabilität an sich betreffend stellten sie fest, dass die frühe Bindungssicherheit zur Mutter mit der Bindungsklassifikation im Alter von 21 Jahren in Verbindung stand. Bei 64 % der Proband*innen bestand eine Übereinstimmung zwischen der Klassifikation mit 12 Monaten und den Ergebnissen des AAIs (vgl. ebd.).

© Frank & Timme   Verlag für wissenschaftliche Literatur

Die Stabilität der Bindungssicherheit von Proband*innen aus einem sehr risikobehafteten Umfeld (zum Zeitpunkt des Kleinkindalters) untersuchten WEINFIELD, WHALEY und EGELAND (2004). Kinder aus dem für diese Studie gewählten Umfeld sind sehr oft bindungsrelevanten negativen Lebensereignissen ausgesetzt und wachsen unter unübersichtlichen, mitunter bedrohlichen Lebensumständen auf (vgl. ebd.).

Erhoben wurde das Bindungsverhalten der Individuen im FST im Alter von 12 und 18 Monaten sowie anhand des AAI mit 19 Jahren. Im Vergleich zu Individuen aus einem wenig risikobehafteten Umfeld war die Bindungssicherheit nicht signifikant kontinuierlich (vgl. ebd.). Es könnte sein, dass es in einer Umgebung, in der es herausfordernd ist, ein gutes Funktionieren innerhalb der Bindungsbeziehung zu haben, schwieriger ist, Bindungssicherheit aufrechtzuerhalten. Denn im Vergleich hierzu wurde bei Proband*innen aus sicherer Umgebung Kontinuität festgestellt (vgl. HAMILTON 2000). Kleinkinder mit desorganisierter Bindung wurden in der Adoleszenz als eher unsicher gebunden eingeschätzt (vgl. WEINFIELD/WHALEY/EGELAND 2004).

HAMILTON (2000) untersuchte ebenfalls die Bindungsstabilität vom Kleinkindalter bis zur Adoleszenz. Sie wählte jedoch Proband*innen, von welchen fast die Hälfte in einer herkömmlichen Familienkonstellation mit beiden Elternteilen aufwuchs. Der andere Teil entstammte weniger verbreiteten Familienkonstellationen, wie nichtehelichen Lebensgemeinschaften, Wohngemeinschaften, Kommunen oder Haushalten mit alleinerziehenden Müttern. Bei ihrer Untersuchung stand die Bindungsklassifikation eines Individuums, welche im Kleinkindalter beim FST erhoben wurde, in signifikantem Zusammenhang mit der anhand des AAI erhobenen Bindungsklassifikation in der Adoleszenz. In Zahlen behielten 23 von 30 (77 %) der Proband*innen ihre Bindungsklassifikation aus dem Kleinkindalter bis in die Adoleszenz hinein bei. Von diesen 77 % blieben 16 Individuen stabil unsicher und 7 Individuen stabil sicher gebunden (vgl. ebd.).

Mögliche Variablen, die Bindungs(dis)kontinuität vom Kleinkindalter bis in die Adoleszenz hinein bedingen

Nachdem im vorherigen Abschnitt Forschungsergebnisse zu der Frage, ob Bindung vom Kleinkindesalter bis in die Adoleszenz stabil ist, vorgestellt wurden, werden in diesem Abschnitt mögliche Gründe für Veränderungen der inneren Arbeitsmodelle von Bindung und der Bindungsklassifikationen vorgestellt.

Nach BOWLBY (1969) und seinem Konzept der inneren Arbeitsmodelle von Bindung sollten diese, in Bezug auf Veränderung, bei von Kontinuität geprägter Fürsorgeumgebung und bei stetigen bestärkenden Beziehungserfahrungen zunehmend Widerstandsfähigkeit gegenüber Veränderung entwickeln (vgl. ebd.; WATERS/GROSSMANN/GROSSMANN 2005). Denn BOWLBY (1969) geht davon aus, dass sich innere Arbeitsmodelle bei zuvor genannten Umständen verfestigen und somit weniger beeinflussbar gegenüber Veränderungen sind (vgl. HAMILTON 2000). Ein Veränderungsfaktor muss nach diesem Konstrukt also aus der direkten Fürsorgeumgebung stammen.

Neben diesem Konstrukt äußert HAMILTON (2000) die Möglichkeit, die Umwelt als maßgeblich für Bindungsstabilität oder deren Veränderung zu betrachten. Hierbei bezieht er Bindungsstabilität darauf, dass ein Umfeld in der Regel relativ stabil ist und damit die Bindungskontinuität eher durch die Umwelt als durch Eigenschaften einer Person beeinflusst wird (vgl. ebd.).

HAMILTON weist darauf hin, dass es in der Praxis schwierig ist, das eine von dem anderen zu trennen. Dennoch wird es in der hier vorliegenden Arbeit als wichtig erachtet, bei der Betrachtung von möglichen Einflussfaktoren auf Veränderungen der Bindung diese beiden Perspektiven zu kennen (vgl. ebd.).

Welche fürsorge- und kontextabhängigen Faktoren zu einer stabilen bzw. sich verändernden Bindungsqualität beitragen, untersuchten BOOTH-LAFORCE, GROH, BURCHINAL, ROISMAN, OWEN und COX (2014). Im Speziellen überprüften sie die Faktoren Sensibilität der Mutter gegenüber dem Kind, negative, stressige Lebensereignisse und die Verfügbarkeit des Vaters zuhause. Diejenigen Proband*innen, deren Bindung sich von sicher zu unsicher entwickelte, erfuhren im Vergleich zu stabil sicher gebundenen Proband*innen abnehmende und allgemein weniger Responsivität von Seiten der Mutter; der Vater war tendenziell weniger zuhause und sie waren einer Zunahme an negativen Lebensereignissen ausgesetzt. Umgekehrt erfuhren diejenigen Proband*innen, deren Bindung sich vom Kleinkindalter bis zum 18. Lebensjahr von unsicher zu sicher entwickelte, zunehmende Responsivität der Mutter (vgl. ebd.).

Zusätzlich wurde in dieser Studie betrachtet, welche der o.g. Faktoren zu Stabilität im Hinblick auf Bindungssicherheit beitragen bzw. diese voraussagen können. Im Vergleich zu den stabil sicher gebundenen Proband*innen war der Vater der stabil unsicher gebundenen Proband*innen weniger zuhause verfügbar und ihre Mutter brachte ihnen weniger Responsivität entgegen (vgl. ebd.).

LEWIS, FEIRING und ROSENTHAL (2000) konnten in ihrer Untersuchung, deren Hauptergebnis oben bereits genannt wurde, keine Bindungsstabilität zwischen dem ersten und 18. Lebensjahr feststellen. Ein Faktor, welchen sie als möglichen Einflussfaktor auf Bindungsstabilität untersuchten, war die Scheidung der Eltern. Die Betrachtung von Scheidung wurde vorgenommen, weil dies eine Art und Weise darstellt, mit Hilfe derer man die Fürsorgeumgebung eines Individuums betrachten kann. Denn die Familie ist der Ort, an welchem Kinder normalerweise die meiste Zeit verbringen. Kommt es hier zu gravierenden Veränderungen wie z.b. die Scheidung der Eltern, tangiert dies unweigerlich auch die Kinder, da sie fester Bestandteil des Familiengefüges sind. Die Ergebnisse zeigten eine Verbindung von Scheidung mit Diskontinuität von Bindung. Wenn die Proband*innen von einer Scheidung betroffen waren, zeigten sie im Alter von 18 Jahren eher eine unsichere Bindung, unabhängig von ihrem Bindungsstatus mit 12 Monaten. Aus diesem Ergebnis kann darauf geschlossen werden, dass Faktoren wie familiärer Stress und Risiken in der Umwelt eines Individuums die (Dis-)Kontinuität der Bindung beeinflussen. Es hängt nach LEWIS, FEIRING und ROSENTHAL (2000) immer von der Fürsorgeumgebung ab, ob sich Bindungsveränderung oder -stabilität im Laufe des Kindes- und Adoleszentenalter durchsetzen.

LEWIS', FEIRINGS und ROSENTHALS (2000) Annahme, dass Stressfaktoren eine Diskontinuität der Bindungsqualität vorhersagen bzw. zu Diskontinuität führen können, bestätigt eine Untersuchung von MAIN, HESSE und KAPLAN (2005). Sie kamen bei ihrer oben beschriebenen Langzeitstudie unter anderem zu dem Ergebnis, dass ein in der Zeitspanne vom ersten bis zum 19. Lebensjahr erlebtes Trauma mit hoher Wahrscheinlichkeit zu einer Veränderung des Bindungsstatus führt. Unter den teilnehmenden Proband*innen mit diskontinuierlicher Bindung wurde dreimal so oft ein Trauma erlebt wie bei denjenigen, die über den untersuchten Zeitraum hinweg stabil in ihrer Bindung waren. Allerdings veränderte sich unerwarteterweise die Bindung eines Teilnehmers, welcher ein Trauma erlebte, von unsicher-vermeidend zu sicher gebunden. Die Erklärung des Teilnehmers war ein sich grundlegend veränderndes Verhalten und Gefühl gegenüber der eigenen Familie. Bei den während der Studie erlebten Traumata handelte es sich allerdings auch nicht um Misshandlungen von Seiten der Eltern, sondern z.B. um Tod oder schwere Erkrankung eines Familienmitgliedes. Im Falle des Ersteren wäre eine Entwicklung von unsicher-vermeidender zu sicherer Bindung sehr unwahrscheinlich (vgl. ebd.).

Auch WEINFIELD, WHALEY und EGELAND (2004), deren Ergebnisse in Bezug auf die Stabilität von Bindungssicherheit oben bereits genannt wurden, untersuchten Faktoren, die Bindungskontinuität und -diskontinuität beeinflussen könnten bzw. mit Veränderungen in der Bindung in Beziehung stehen. Sie untersuchten drei Bereiche: *Erfahrungen und Eigenschaften des Kindes, Erfahrungen und Eigenschaften der Mutter* und *Beobachtungen der Familie*. Als signifikante Faktoren fanden sie das *Temperament des Kindes, Lebensstress der Mutter, das Funktionieren der Familie in der Voradoleszenz* und *Misshandlung des Kindes*. Diese decken viele Alterszeiträume der Proband*innen ab (vgl. ebd.).

Konkret stellten sie Folgendes fest: Bezüglich der Eigenschaften des Kleinkindes war bei denjenigen Proband*innen, die sich von sicher zu unsicher entwickelten, mehr Stimulation nötig, um eine Reaktion hervorzurufen (im Gegensatz zu den konstant sicher gebundenen). Außerdem hatten sie eine kürzere Konzentrationsspanne und wehrten sich bei direkter Interaktion mehr gegen die Mutter. Hierbei ist zu beachten, dass diese Ergebnisse sich aus Berichten der Mütter speisten. Es könnte sein, dass die Wahrnehmungen teilweise mehr den Eigenschaften der Mütter selbst als dem beobachtbaren Verhalten des Kindes entsprechen (vgl. ebd.).

Bei den Erfahrungen des Kindes stand Misshandlung in Zusammenhang mit einer Veränderung der Bindung von sicher zu unsicher. Proband*innen, die sich von unsicher zu sicher veränderten, erlebten seltener Misshandlung als diejenigen, die sicher gebunden blieben (vgl. ebd.).

Eigenschaften der Mutter, wie Persönlichkeit, Erziehungsverhalten und psychische Erkrankungen wie Depressionen, wirkten sich nicht signifikant auf Veränderungen der Bindung aus – wobei WEINFIELD (2000) in ihrer Studie zu Bindungsstabilität von der frühen Kindheit bis zur Adoleszenz feststellte, dass sich entstehende oder abklingende Depressionen bei der Mutter positiv oder negativ auf Veränderungen in der Bindung auswirken können.

Bei den Erfahrungen war Stress im Leben der Mutter ein deutlicher Einflussfaktor. Im Vergleich zur Gruppe der stabil sicher gebundenen Proband*innen berichteten die Mütter der Proband*innen aus der sich von sicher zu unsicher entwickelnden Gruppe ein hohes Maß an Stress. WEINFIELD, WHALEY und EGELAND (2004) nehmen an, dass in einem ohnehin stressigen Umfeld, wie es bei den Teilnehmer*innen dieser Studie der Fall ist, zusätzlicher Stress im Leben der Mutter ihre gesamte Energie in Anspruch nehmen und somit ihre Kapazität zur Aufrechterhaltung einer konstanten, emotional positiven und sensiblen Beziehung mit ihrem Kind herabsenken könnte. Die Fürsorgeumgebung des Kindes betreffend wurde ein Einfluss der Interaktion innerhalb der Familie festgestellt. Beobachtungen ergaben, dass bei der Gruppe, deren Bindung sich von sicher zu unsicher entwickelte, die Interaktion innerhalb der Familie im Alter von 13 Jahren signifikant niedriger war als bei der Gruppe, die konstant sicher gebunden blieb. Das könnte WEINFIELD (2000) zufolge bedeuten, dass in der sich von sicher zu unsicher entwickelnden Gruppe eine Veränderung in der Familieninteraktion geschehen ist und dabei Sicherheit und autonomes Denken weniger gefördert wurden.

Bei der Interaktion innerhalb der Zweierbeziehung von Mutter und Kleinkind unterschieden sich die Gruppen nicht signifikant. Als möglicher Grund wird in Erwägung gezogen, dass zugrundeliegende Abweichungen, welche mit Veränderungen in der Bindung zusammenhängen, nicht erfasst wurden. Die Autoren sehen es aber als wahrscheinlicher an, dass Veränderungen in der Zweierbeziehung im frühen Kleinkindesalter noch nicht greifen, das heißt sie führen hier noch nicht zu Veränderungen in der Bindung (vgl. ebd.).

Genau wie WEINFIELD, WHALEY und EGELAND (2004) erforschten WATERS et al. (2000a) stressige Lebensereignisse, von welchen die Mutter berichtete, als mögliche Korrelate mit Veränderung in der Bindungsklassifikation der Proband*innen. Konkret untersuchten sie zunächst, ob sicher und unsicher gebundene Kinder mit derselben Wahrscheinlichkeit ihre Bindungsklassifikation wechseln. Dies war der Fall. Mit der darauffolgenden Untersuchung kamen sie zu dem Ergebnis, dass diejenigen Proband*innen, deren Mütter von einem oder mehreren bindungsrelevanten stressigen Lebensereignissen berichteten, mit höherer Wahrscheinlichkeit ihre Bindungsklassifikation änderten (44 % änderten sie) als diejenigen, deren Mütter keine stressigen Lebensereignisse zu berichten hatten (21,9 % änderten sie). Von den oben genannten 44 % der Proband*innen, die ihre Bindungsklassifikation wechselten und deren Mütter von stressigen Lebensereignissen berichteten, wechselten 66,6 % von sicherer zu unsicherer Bindung (vgl. WATERS et. al. 2000a).

WATERS et al. (2000a: 688) folgerten aus diesen Ergebnissen: "The portion of change in attachment classifications that proved correlated with attachment-related stressful life events provides important support for Bowlby's ideas about (1) the openness to change of attachment representations, and (2) the im-

portance of real-world experiences in such change". Sie spannen damit den Bo-
gen zu BOWLBYS (1969) Formulierung der Bindungstheorie, indem sie ihre oben
genannten Ergebnisse als Beweis für die Veränderbarkeit von Bindungsrepräsentationen und für die Wichtigkeit der Rolle, die reale Erfahrungen mit der
Umwelt dabei spielen, ansehen (vgl. ebd.).

HAMILTON (2000) untersuchte in ihrer Studie ebenfalls die Tragweite negativer Lebensereignisse in Bezug auf die Stabilität von Bindung. Abbildung 1 zeigt
die Ergebnisse, welche HAMILTON bei ihren Untersuchungen verzeichnen
konnte. Auffällig ist, dass fast alle Proband*innen, deren Bindungsklassifikation
stabil unsicher blieb, ein oder mehrere mit Bindung zusammenhängende stressige Lebensereignisse erfahren hatten. Auffällig war allerdings, dass auch die
Hälfte der stabil sicher gebundenen Proband*innen im Laufe ihrer Entwicklung
stressigen Lebensereignissen ausgesetzt waren. Nach gründlicher Überprüfung
konnte HAMILTON jedoch feststellen, dass die Erlebnisse bei dieser Gruppe weniger stressig waren. Zum Beispiel hatten drei der stabil sicher gebundenen Teilnehmer*innen eine Scheidung der Eltern miterlebt. Die Eltern berichteten jedoch, dass die Scheidungen beinahe frei von großen, aggressiven Auseinandersetzungen abliefen. Aus diesen Berichten der Eltern kann geschlossen werden,
dass für die betroffenen Adoleszenten weniger Stress einher ging als bei denjenigen der folgenden Beschreibung. Acht der geschiedenen Elternpaare der stabil
unsicher gebundenen Teilnehmer*innen berichteten von einem enormen elterlichen Konflikt, der die Scheidung begleitete; Beobachter bestätigten diese Berichte. Insgesamt wurde als häufigstes negatives Lebensereignis die Scheidung
der Eltern genannt, Substanzmissbrauch der Eltern stand an zweiter Stelle (vgl.
ebd.).

Infant-adolescent Attachment	Negative Life Events		
	None	One or More	Total
Secure-secure	3	4	7
Secure-insecure	1	4	5
Insecure-insecure	1	15	16
Insecure-secure	2	0	2

Abb. 1: nach HAMILTON (2000: 693) – Zusammenhang zwischen
negativen Lebensereignissen und Bindung

1.2 Bindungsstabilität im Hinblick auf Bindungsqualität, Bindungsrepräsentationen und Bindungsobjekte vom Kindesalter innerhalb der Adoleszenz

Wie bereits die Erforschung der Bindungsstabilität und -veränderung vom Kleinkindesalter bis in die Adoleszenz hinein zeigte, besteht kein wissenschaftlicher Konsens darüber, ob individuelle Bindungsunterschiede über diesen Entwicklungszeitraum hinweg stabil sind oder nicht. Dasselbe gilt, um es vorweg zu nehmen, auch für Bindung innerhalb der Adoleszenz (vgl. JONES/FRALEY/EHRLICH/STERN/LEJUEZ/SHAVER/CASSIDY 2018). Nach BOWLBY (1969) sind unterschiedliche Bindungen relativ stabil und werden mit fortschreitender Entwicklung zunehmend resistenter gegen Veränderung. Auf Grundlage dieser Annahme soll im Folgenden eine empirische Tendenz der aktuellen Forschungsergebnisse herausgearbeitet und auf mögliche Gründe dafür eingegangen werden.

Eine Variable in Bezug auf Bindung, die sich mit Eintritt in die Adoleszenz verändert, stellen die Bindungsobjekte dar (vgl. LARGO/CZERNIN 2011).

Als eine der zentralen Entwicklungsaufgaben der Adoleszenz gilt die "Gewinnung emotionaler Unabhängigkeit von den Eltern und anderen Erwachsenen", also die Ablösung von den Eltern oder anderen Bindungspersonen (ROSSMANN 2012: 155).

Diese Ablösung geschieht zum einen dadurch, dass die Eltern nach und nach nicht mehr die primären Bindungspersonen darstellen und sich stattdessen Freund*innen, mit fortschreitendem Alter vor allem Liebespartner*innen, als primäre Bindungsobjekte der Jugendlichen etablieren (vgl. HOWE/WELLING 2015; LARGO/CZERNIN 2011). Mit dieser Verschiebung der Bindungsobjekte geht gleichzeitig eine Verschiebung der Rolle der Bindungspersonen einher, wobei die Eltern bzw. Fürsorgepersonen als sekundäre Bindungsobjekte nunmehr lediglich bei großem Stress einen hohen Stellenwert haben und aufgesucht werden (vgl. HOWE/WELLING 2015). Dass die Fürsorgepersonen bei großem Stress weiterhin aufgesucht werden, bestätigt auch ALLEN (2016). Er hält fest: Wenn Adoleszente sehr in Not sind, steigt die Wahrscheinlichkeit stark an, dass sie sich an ihre Eltern bzw. Bezugspersonen wenden, um unterstützt zu werden (vgl. ebd.). Denn in Gefahrensituationen wird das Bindungssystem immer noch aktiviert und Bindungsverhalten gegenüber den ursprünglichen Bezugspersonen gezeigt (vgl. ebd.). Dadurch werden diese weiterhin als Bindungsfiguren genutzt (vgl. ROSENTHAL/KOBAK 2010).

TAUBNER (2017) ergänzt, dass die Fürsorgepersonen nicht den Status der primären Bezugsperson verlieren, sondern ihre Funktion sukzessive auf die Peers[1] und final auf Liebespartner übertragen wird. "Die primären Bindungsbeziehungen bestehen in der Adoleszenz [...] weiter [...]" (2017: 44).

Einig sind sich HOWE und WELLING (2015) und TAUBNER (2017) darin, dass Freund*innen und Liebespartner*innen eine immer größere Rolle spielen und mit ihnen im Hinblick auf emotionale Nähe und Gefühlsregulation wechselseitige Beziehungen des Gebens und Nehmens entstehen. Laut TAUBNER werden Peerbeziehungen in der Literatur jedoch als ad hoc Bindungsbeziehungen bezeichnet, welche zwar Elemente der Beziehung zu Fürsorgepersonen enthalten, ihr aber nicht gleichen. Sie dienen vielmehr dem Ausprobieren von Beziehungen, was sich bei Peerbeziehungen anbietet (vgl. HOWE/WELLING 2015; TAUBNER 2017), da sie nicht unbedingt von langer Dauer sein müssen und dadurch relativ auswechselbar sind. Im Falle, dass eine Freundschaft noch nicht so lang besteht, kann außerdem angenommen werden, dass die Trennungsangst geringer ist als bei lange bestehenden engen Freundschaftsbeziehungen (vgl. BROWN 2009; HOWE/WELLING 2015; TAUBNER 2017).

Gründe für diese Verschiebung sind zum einen der Entwicklungseinfluss an sich, dass Jugendliche enge emotionale Beziehungen zu Freund*innen und Liebespartner*innen aufbauen (vgl. BRISCH 2014). Zum anderen bewirkt die zunehmende Fähigkeit der selbständigen Emotionsregulation, dass weniger Fremdregulation gebraucht wird. Hauptfaktor für diese Fähigkeit ist die sich verbessernde zielkorrigierte Selbststeuerung, welche die Bewertung von Ereignissen und die darauffolgenden Emotionen beeinflusst (vgl. IN-ALBON 2013). Betrachtet man die Verschiebung der Bindungsobjekte aus ethologischer Perspektive, dient die Abwendung von den Eltern und die steigende Zuwendung zu Peers und potentiellen Partner*innen für Liebesbeziehungen der Sicherung der Fortpflanzung – wobei die Beziehungen zu Peers, wie oben bereits erwähnt, eher als spontan geschlossene, nicht unbedingt für die Dauer anhaltende Beziehungen angesehen werden, welche dazu dienen, die Affektregulations- und Beziehungsfähigkeit der Adoleszenten zu erweitern. Schließlich endet der Prozess der Transformation z.B. in einer festen Liebesbeziehung, wobei die Partnerin oder

---

1 In der vorliegenden Arbeit wird die Bezeichnung 'Peers' als Bezeichnung für Personen, die sich im gleichen Alter der entsprechenden Person befinden, verwendet.

der Partner an Stelle der Eltern die primäre Bindungsposition einnimmt (vgl. Taubner 2017).

Diese in der Adoleszenz vor sich gehende Dynamik der Verschiebung der Bindungsobjekte impliziert bereits, dass nur bedingt von einer Stabilität der Bindung über die Adoleszenz hinweg ausgegangen werden kann, daher ein weiterer Blick auf die empirische Lage.

Unter den aktuellen Studien zur Stabilität von Bindung während der Adoleszenz belegte eine Mehrzahl empirisch die Veränderbarkeit von Bindung in diesem Entwicklungszeitraum (vgl. Allen/McElhaney/Kuperminc/Jodl 2004; Buist/Deković/Meeus/van Aken 2002; Chopik/Moors/Edelstein 2014; Doyle/Lawford/Markiewicz 2009; Ruhl/Dolan/Buhrmester 2015).

Buist et al. (2002) widmeten sich der Erforschung der Dynamik der Bindungsqualität zu den beiden Elternteilen und zu den Geschwistern. Dabei wurde das Geschlecht der Proband*innen und der jeweiligen Bindungsperson beachtet. Bei der Bindung zu den Eltern nahm die Bindungsqualität zum gleichgeschlechtlichen Elternteil vom 11.–17. Lebensjahr langsam aber stetig ab. Dies könnte mit der in der Adoleszenz zentralen Entwicklungsaufgabe der Ablösung von den Eltern zusammenhängen. Denn die Adoleszenz ist in Bezug auf Bindung geprägt von einem Streben nach emotionaler Autarkie, nach Autonomie und insgesamt nach Unabhängigkeit von den Eltern und einer gleichzeitigen Abhängigkeit von ihnen als Regulationsressource bei überwältigendem Stress (vgl. Allen 2016). Dadurch kann es zu Verhandlungen mit den Bezugspersonen über Verhaltensautonomie (zum Beispiel darüber, wer das Verhalten des Adoleszenten bestimmt) (vgl. ebd.) und weiteren Schwierigkeiten bei der Kombination dieser beiden Dimensionen kommen (vgl. Buist et al. 2002). Mit diesen Ergebnissen stimmt die Studie von Chopik, Moors und Edelstein (2014) zum Teil überein: unsicher-ambivalente Bindung nahm zwischen dem 14. und 18. Lebensjahr zu, das heißt die Bindung wurde unsicherer. Dies impliziert eine Abnahme der Bindungsqualität. Allerdings erforschten sie, dass unsicher-vermeidende Bindung in demselben Zeitraum tendenziell sicherer wurde. Als möglichen Grund für diese Abnahme unsicher-vermeidender Bindung nennen Chopik, Moors und Edelstein (2014) die Entwicklung, mit zunehmendem Alter neue Bindungsbeziehungen einzugehen und potenzielle Liebespartner zu finden. Dies könnte zu einer natürlichen Abnahme von vermeidender Bindung führen (vgl. ebd.). Unsicher-ambivalente Bindung nahm zwischen dem 18. und 23. Lebensjahr ebenfalls ab; dies könnte mit demselben Vorgang begründet werden. In der Studie von BUIST et al. (2002) wurde nach dem 17. Lebensjahr nicht weiter geforscht. Auf Grundlage der Ergebnisse von CHOPIK, MOORS und EDELSTEIN (2014) könnte jedoch angenommen werden, dass die Bindungsqualität mit zunehmendem Alter bei diesen Proband*innen ebenfalls wieder zunahm. RUHL, DOLAN und BUHRMESTER (2015) kamen zwar zu dem Ergebnis, dass unsicher-vermeidende und unsicher-ambivalente Bindung im Zeitraum zwischen der 6. und 12. Klasse eher abnimmt, erhoben jedoch bei einer sehr sicheren Ausgangsbindung eine Abnahme der Sicherheit. Diese Abnahme könnte mit den oben genannten Herausforderungen bei der Ablösung von den Eltern zusammenhängen.

RUHL, DOLAN und BUHRMESTER (2015) nannten als möglichen Grund, dass sich die Eltern von unsicher gebundenen Kindern mehr darum bemühten, ihren Kindern als emotional sichere Basis zur Seite zu stehen, um mögliche Folgen zu unsicherer Bindung zu vermeiden und wieder eine bessere Bindungsbeziehung zu ihren Kindern zu haben. Daher könnte es zu einer Anpassung der Bindungsqualität hin zu sicherere Bindung gekommen sein.

Allerding ist hier anzumerken, dass es bei Untersuchungsgruppen aus einem risikobehafteten Umfeld, in welchem schwierige Familienverhältnisse herrschen, vermutlich nicht zu solch einer erfolgreichen Bemühung von Seiten der Fürsorgepersonen kommen würde.

ALLEN et al. (2004) untersuchten Bindungs(dis)kontinuität zwischen dem 16. und 18. Lebensjahr und mögliche Faktoren, die Stabilität und Veränderung beeinflussen könnten. Unter risikoarmen Umständen war Bindungssicherheit relativ stabil. Folgende Stressoren sagten jedoch eine Abnahme der Bindungssicherheit voraus: depressive Symptome, Armut sowie verstricktes und überpersonalisiertes Verhalten der Adoleszenten in Interaktion mit der Mutter. Konkret kam es zu einer Abnahme, wenn mindestens einer dieser Stressoren vorhanden war. ALLEN et al. (2004) nehmen an, dass die Bindungssicherheit sich verschlechtert, wenn oben genannte Stressoren die Kapazität der Affektregulierung Adoleszenter überwältigen und auch nicht so einfach durch die Eltern vermindert werden können.

Neben diesen Studien, welche eine Tendenz der Veränderbarkeit von Bindung während der Adoleszenz beschreiben, gibt es unter anderem eine sehr aktuelle Studie, deren Ergebnisse für Bindungsstabilität sprechen (vgl. JONES et al.

2018). Hierbei war die Bindung in der Adoleszenz zwar stabil, im Vergleich zu Bindung im Erwachsenenalter jedoch etwas weniger konstant (vgl. ebd.). Dies lässt sich dadurch in die zuvor genannten Ergebnisse integrieren, dass Bindung in der Adoleszenz die Tendenz hat, sich zu verändern.

JONES et al. (2018) untersuchten zusätzlich mögliche Faktoren, die einen Einfluss auf die Konstanz von Bindung haben könnten. Dabei waren das Erleben von Konflikt zwischen den Eltern und mit den Eltern sowie Trennung und Scheidung der Eltern Faktoren, die zu weniger Bindungsstabilität führten, mit einer Entwicklung hin zu größerer Bindungsunsicherheit.

2 Fazit

Zusammenfassend kann in Bezug auf Bindungsstabilität vom Kleinkindesalter bis zur Adoleszenz festgehalten werden, dass innere Arbeitsmodelle von Bindung unter bestimmten Umständen veränderbar sind. Sie können jedoch unter einer gewissen Stabilität der Fürsorgeumgebung auch durchaus konstant bleiben (vgl. HAMILTON 2000; WATERS/WEINFIELD/HAMILTON 2000b). Die (In-)Stabilität der Familienverhältnisse (vgl. MAIN/HESSE/KAPLAN 2005) und die Umgebung, in welcher ein Individuum aufwächst (vgl. BOOTH-LAFORCE et al. 2014), sind hierbei auffällig signifikante Faktoren, die sichere und auch unsichere Bindung aufrechterhalten können. Wenn es zu einer Veränderung der Bindung kommt, spielen vor allem Stressfaktoren aus dem Umfeld eines Individuums eine einflussreiche Rolle (vgl. MAIN/HESSE/KAPLAN 2005; WEINFIELD/WHALEY/EGELAND. 2004).

Die Veränderbarkeit der Bindung meint, dass auch bei negativen Bindungsvoraussetzungen im Kleinkindesalter die dabei entstehenden Bindungsmuster überarbeitbar sind und nicht für immer so bleiben müssen, wie dies z.B. die Studien von LEWIS, FEIRING und ROSENTHAL (2000) oder WEINFIELD, WALEY und EGELAND (2004) belegen.

Bei der Erarbeitung, ob Bindung während der Adoleszenz eher stabil oder eher veränderbar ist, lag ein klarer Schwerpunkt der Ergebnisse der untersuchten Studien auf einer gewissen Veränderbarkeit der Bindung während der Adoleszenz. In Anbetracht der mit der Adoleszenz einhergehenden entwicklungsbedingten Veränderungen, wie (körperliche) Reifung, (Schul-) und Berufsausbildung, Ablösung von den Eltern und die Fokussierung auf Peers sowie ggf.

bereits Liebespartner und die damit einhergehende Verschiebung der Bindungsobjekte, wird es als stringent betrachtet, dass Bindung während der Adoleszenz einen dynamischen Charakter hat.

Weiterführend wäre es dann als Forschungsdesiderat auch interessant, zu betrachten, wie stabil oder instabil sich Bindungsmuster bzw. die inneren Arbeitsmodelle von Bindung im weiteren Lebensverlauf, sprich über die Adoleszenz hinaus bis ins Erwachsenenalter, entwickeln – ob es zum Beispiel spezifische Phasen des Wandels gibt. Interessant dabei wäre im oben genannten Sinne auch, Verbindungen zur Berufsbiographie der Proband*innen zu suchen. Eine erste Andeutung wurde bei der Untersuchung der Studie von JONES et al. (2018) gemacht, wobei belegt wurde, dass Bindung im Erwachsenenalter eine stärkere Stabilität als in der Adoleszenz hat. Untersuchungen zu Bindungsstabilität und Wandel in der Bindung von der Adoleszenz bis ins Erwachsenenalter liegen unter anderem von FRALEY (2002) und ZHANG und LABOUVIE-VIEF (2004) vor.

Ein wichtiges Forschungsdesiderat, das, wie bereits berichtet, als bisher gänzlich unbearbeitet eingestuft werden kann, ist die empirische Suche nach Zusammenhängen zwischen Bindungsentwicklungen vor und in der Adoleszenz und der Berufsbildung (z.b. Suche nach der geeigneten Ausbildung, Fremd- und Selbstauswahl der angestrebten Ausbildung, Durchführung und Übergang nach der jeweiligen Ausbildung in die Arbeitsmärkte). Insbesondere für Jugendliche mit erschwerten Bildungsbiographien, psychosozialer Hochbelastung und Lernschwierigkeiten sollte aufbauend auf die Befunde dieser Arbeit untersucht werden, wie sich ihre Bindungsmuster auf die Berufsausbildung auswirken und ob eine Berufsausbildung im Umkehrschluss im Sinne der berichteten Flexibilität von Bindung in der Adoleszenz Effekte auf die Bindungsstabilität haben kann.

Literaturverzeichnis

AINSWORTH, M. D. S. (1978): *Patterns of attachment: a psychological study of the strange situation*. Hillsdale/N.J.: Erlbaum.

ALLEN, J. P. (2016): The Multiple Facets of Attachment in Adolescence. In: CASSIDY, J./SHAVER, P. R. (Hg.): *Handbook of attachment. Theory, research, and clinical applications*. New York: Guilford Press, 399–415.

ALLEN, J. P./MCELHANEY, K. B./KUPERMINC, G. P./JODL, K. M. (2004): Stability and change in attachment security across adolescence. In: *Child development* 75 (6), 1792–1805.

ALLEN, J. P./MCELHANEY, K. B./LAND, D. J./KUPERMINC, G. P./MOORE, C. W./O'BEIRNE-KELLY, H./KLIMER, S. L. (2003): A Secure Base in Adolescence. Markers of Attachment Security in the Mother-Adolescent Relationship. In: *Child development* 74 (1), 292–307.

BEETZ, A. (2013): *Bindung und Emotionsregulationsstrategien bei Jugendlichen mit und ohne emotionale Störungen und Verhaltensauffälligkeiten. Attachment and emotion regulation strategies in juveniles with and without emotional and behavioral disorders*. Lengerich: Pabst Science Publ.

BOOTH-LAFORCE, C./GROH, A. M./BURCHINAL, M. R./ROISMAN, G. I./OWEN, M. T./COX, M. J. (2014): V. Caregiving and contextual sources of continuity and change in attachment security from infancy to late adolescence. In: *Monographs of the Society for Research in Child Development* 79 (3), 67–84.

BOWLBY, J. (1969): *Attachment and loss*. Vol. 1. Attachment. New York: Basic Books.

BOWLBY, J. (1973): *Attachment and loss Vol. 2: Separation: anxiety and anger*. London: Hogarth.

BRISCH, K. H. (2014): *Bindung und Jugend. Individualität, Gruppen und Autonomie*. Stuttgart: Klett-Cotta.

BROWN, B. B. (2009): Peer Relations in Adolescence. In: LERNER, R. M./STEINBERG, L. D. (Hg.): *Handbook of adolescent psychology* (3rd ed.). Hoboken, NJ: Wiley Interscience, 74–103.

BUIST, K. L./DEKOVIĆ, M./MEEUS, W./VAN AKEN, M. A. G. (2002): Developmental Patterns in Adolescent Attachment to Mother, Father and Sibling. In: *Journal of Youth and Adolescence* 31 (3), 167–176.

CHOPIK, W. J./MOORS, A. C./EDELSTEIN, R. S. (2014): Maternal nurturance predicts decreases in attachment avoidance in emerging adulthood. In: *Journal of Research in Personality* 53, 47–53.

DOYLE, A. B./LAWFORD, H./MARKIEWICZ, D. (2009): Attachment Style With Mother, Father, Best Friend, and Romantic Partner During Adolescence. In: *Journal of Research on Adolescence* 19 (4), 690–714.

ELICKER, J./ENGLUND, M./SROUFE, L. A. (1992): Predicting peer competence and peer relationships in childhood from early parent-child relationships. In: PARKE, R. D. (Hg.): *Family-peer relationships. Modes of linkage.* Hillsdale, N.J.: Erlbaum, 77–106.

FRALEY, R. C. (2002): Attachment Stability From Infancy to Adulthood: Meta-Analysis and Dynamic Modeling of Developmental Mechanisms. In: *Personality & Social Psychology Review* 6 (2), 123–151.

GROH, A. M./ROISMAN, G. I./BOOTH-LAFORCE, C./FRALEY, R. C./OWEN, M. T./COX, M. J./BURCHINAL, M. R (2014): IV. Stability of attachment security from infancy to late adolescence. In: *Monographs of the Society for Research in Child Development* 79 (3), 51–66.

HAMILTON, C. E. (2000): Continuity and Discontinuity of Attachment from Infancy through Adolescence. In: *Child development* 71 (3), 690–694.

HOWE, D./WELLING, I. (2015): *Bindung über die Lebensspanne. Grundlagen und Konzepte der Bindungstheorie.* Paderborn: Junfermann.

IN-ALBON, T. (2013): *Emotionsregulation und psychische Störungen im Kindes- und Jugendalter. Grundlagen, Forschung und Behandlungsansätze.* Stuttgart: Kohlhammer.

JONES, J. D./FRALEY, R. C./EHRLICH, K. B./STERN, J. A./LEJUEZ, C. W./SHAVER, P. R./CASSIDY, J. (2018): Stability of Attachment Style in Adolescence. An Empirical Test of Alternative Developmental Processes. In: *Child development* 89 (3), 871–880.

JULIUS, H. (2014): *Bindung zu Tieren. Psychologische und neurobiologische Grundlagen tiergestützter Interventionen.* Göttingen: Hogrefe.

KOBAK, R. (2016): Attachment Disruptions, Reparative Processes, and Psychopathology: Theoretical and Clinical Implications. In: CASSIDY, J./SHAVER, P. R. (Hg.): *Handbook of attachment. Theory, research, and clinical applications.* New York: Guilford Press, 25–39.

LARGO, R. H./CZERNIN, M. (2011): *Jugendjahre. Kinder durch die Pubertät begleiten.* München: Piper.

LEWIS, M./FEIRING, C./ROSENTHAL, S. (2000): Attachment over Time. In: *Child development* 71 (3), 707–720.

MAIN, M./HESSE, E./KAPLAN, N. (2005): Predictability of attachment behaviour and representational processes at 1, 6 and 19 years of age: The Beverley Longitudinal Study. In: WATERS, E./GROSSMANN, K. E./GROSSMANN, K. (Hg.): *Attachment from infancy to adulthood. The major longitudinal studies.* New York: Guilford Press, 245–304.

ROSENTHAL, N. L./KOBAK, R. (2010): Assessing Adolescents' Attachment Hierarchies. Differences Across Developmental Periods and Associations With Individual Adaptation. In: *Journal of Research on Adolescence* 20 (3), 678–706.

ROSSMANN, P. (2012): *Einführung in die Entwicklungspsychologie des Kindes- und Jugendalters.* Bern: Hans Huber.

RUBIN, K. H./DWYER, K. M./KIM, A. H./BURGESS, K. B./BOOTH-LAFORCE, C./ROSE-KRASNOR, L. (2004): Attachment, Friendship, and Psychosocial Functioning in Early Adolescence. In: *The Journal of early adolescence* 24 (4), 326–356.

RUHL, H./DOLAN, E. A./BUHRMESTER, D. (2015): Adolescent Attachment Trajectories with Mothers and Fathers. The Importance of Parent-Child Relationship Experiences and Gender. In: *Journal of Research on Adolescence* 25 (3), 427–442.

SROUFE, L. A./EGELAND, B./KREUTZER, T. (1990): The Fate of Early Experience Following Developmental Change: Longitudinal Approaches to Individual Adaptation in Childhood. In: *Child development* 61 (5), 1363–1373.

TAUBNER, S. (2017): Bindung und Mentalisierung in der Adoleszenz. In: STRAUß, B./SCHAUENBURG, H. (Hg.): *Bindung in Psychologie und Medizin. Grundlagen, Klinik und Forschung – ein Handbuch*. Stuttgart: Kohlhammer, 41–53.

TAUBNER, S./CURTH, C./UNGER, A./KOTTE, S. (2014): Die Mentalisierende Berufsausbildung – Praxisbericht aus einer Pilotstudie an einem Berufsbildungswerk für lernbehinderte Adoleszente. In: *Praxis der Kinderpsychologie und Kinderpsychiatrie* 63, 738–760.

THOMPSON, R. A. (2016): Early Attachment and Later Development. Reframing the Questions. In: CASSIDY, J./SHAVER, P.R. (Hg.): *Handbook of attachment. Theory, research, and clinical applications*. New York: Guilford Press, 330–348.

WATERS, E./GROSSMANN, K. E./GROSSMANN, K. (2005): *Attachment from infancy to adulthood. The major longitudinal studies*. New York: Guilford Press.

WATERS, E./MERRICK, S./TREBOUX, D./CROWELL, J./ALBERSHEIM, L. (2000a): Attachment Security in Infancy and Early Adulthood. A Twenty-Year Longitudinal Study. In: *Child development* 71 (3), 684–689.

WATERS, E./WEINFIELD, N. S./HAMILTON, C. E. (2000b): The Stability of Attachment Security from Infancy to Adolescence and Early Adulthood. General Discussion. In: *Child development* 71 (3), 703–706.

WEINFIELD, N. S. (2000): Attachment from infancy to early adulthood in a high-risk sample: continuity, discontinuity, and their correlates. In: *Child development* 71 (3), 695–702.

WEINFIELD, N. S./WHALEY, G. J./EGELAND, B. (2004): Continuity, discontinuity, and coherence in attachment from infancy to late adolescence. Sequelae of organization and disorganization. In: *Attachment & human development* 6 (1), 73–97.

ZHANG, F./LABOUVIE-VIEF, G. (2004): Stability and fluctuation in adult attachment style over a 6-year period. In: *Attachment & human development* 6 (4), 419–437.

ROLAND STEIN UND HANS-WALTER KRANERT

Transition Schule-Beruf für Jugendliche mit psychischen Belastungen – ein Theoriemodell

1 Einleitung

Das Ende der allgemeinbildenden Schulzeit stellt alle jungen Menschen vor große Herausforderungen. Neben der Neuausrichtung ihrer sozialen Bezüge stellen sich über den Wechsel in das tertiäre Bildungssegment bzw. in das berufliche Bildungswesen der Sekundarstufe II auch Veränderungen auf Ebene des Lernens oder in der Wahrnehmung der eigenen Rolle ein – als Studierender oder als Auszubildender. Dies setzt allerdings voraus, dass die Frage 'Was will ich werden?' beantwortet ist und sich eine realisierbare erste Option eröffnet hat. Während jungen Menschen mit (Fach-)Hochschulzugangsberechtigung allerdings hinsichtlich dieses Prozesses gesellschaftlich ein Moratorium – Auslandsaufenthalt, Sprachreise, Freiwilligendienste – gewährt wird, um sich u.a. nachschulisch beruflich zu orientieren, wird von jungen Menschen am Ende der Sekundarstufe I gefordert, diese Frage bereits während der Schulzeit und damit in einer viel früheren biographischen Lebensphase zu diskutieren und letztendlich auch definitiv für sich zu klären. Die Nichterfüllung dieser normativ gesetzten Erwartung des Übergangs in das Segment der Berufsausbildung und damit die Einmündung in das vielfältig gestaltete Übergangssystem wird nach wie vor von außen – zumindest in Teilen – oft vorschnell als Scheitern gewertet und/ oder von den Betroffenen selbst als solches wahrgenommen. Entsprechend bedeutsam ist daher dieser Transitionspunkt und wird in Wissenschaft und Praxis zum Gegenstand anhaltender Diskussionen und Konzeptentwicklungen (vgl. GAUPP/GEIER/LEX/REIßIG 2011). Aktuelle Facetten dieser Diskussion sind unter anderem (vgl. BMBF 2019):

- die Stärkung vorberuflicher Bildung (Weiterentwicklung und Unterstützung der Berufsorientierung und Berufswahl; Gestaltung einer

'inklusiven' Berufsorientierung) (vgl. etwa GEBHARDT/SCHÖNENBER-
GER/BRÜHWILER/SALZMANN 2015; JOCHMARING/NENTWIG/SPONHOLZ
2019; SCHRÖDER 2018);

- Fragen des Übergangsmanagements (regionales Management; Ju-
gendberufsagenturen; Matching und regionale Disparitäten; Benachteiligungen im Übergangsgeschehen) (vgl. etwa AUTORENGRUPPPE
BIBB/BERTELSMANN STIFTUNG 2011; CHRISTE 2016; LINDMEIER 2014);
- die zukünftige Gestaltung des Übergangssystems (Bedeutung, Funktion, Weiterentwicklung oder auch Abschaffung) (vgl. etwa BEICHT
2009; BOJANOWSKI 2012; EHLERT/HOLTMANN/MENZE/SOLGA 2018).

Der nachfolgende Beitrag will zu diesem Diskurs beitragen, indem er – ausgehend vom Erwartungshorizont an junge Menschen in dieser sensiblen Lebensphase – ein Theoriemodell der Transition als ernst genommener Ko-Konstruktion zwischen Mensch und Umwelt entwickelt, welches als Grundlage künftiger
Forschungs- und Konzeptentwicklung herangezogen werden kann. Dabei wird
insbesondere die Personengruppe der Menschen mit psychischen Belastungen
in den Blick genommen, welche in den bisherigen Diskussionslinien allenfalls
implizit mitgedacht wurde. Das Theoriemodell orientiert sich auf dieses Prob-
lemfeld, soll jedoch im Sinne der Grundlegung darüber hinausreichen.

2 Jugendliche mit psychischen Belastungen am Übergang Schule-Beruf

Der Übergang Schule-Beruf ist Gegenstand einer Vielzahl empirischer Untersuchungen in den vergangenen Jahrzehnten. Dabei wurde vor allem der Übergang aus der Sekundarstufe I ins Berufsleben eingehend thematisiert. Die vorliegenden Erkenntnisse lassen sich um folgende Themenfeder gruppieren:

- umfassende, quantitative Analyse des Übergangsgeschehens (vgl.
etwa AUTORENGRUPPE BILDUNGSBERICHTERSTATTUNG 2018; BIBB 2019;
GRANATO/MILDE/ULRICH 2018; LANDESHAUPTSTADT MÜNCHEN 2017;
MÖLLER/WALWEI 2017);
- Übergangsverläufe ausgewählter Zielgruppen (vgl. etwa BEICHT 2017;
BMBF 2008; DJI 2010; EULENBERGER 2013; GAUPP/LEX/REIßIG 2008);

- Karrieremuster bzw. nachschulische Bildungs- und Erwerbsbiographien (vgl. etwa BURGERT 2011; EBERHARD et al. 2013; FRIEDRICH/ROHR-BACH-SCHMIDT 2011; GAUPP/GEIER/LEX/REIßIG 2011; HILLER 1999; SIEG-LEN 2019);
- Prozesse der Entkoppelung (vgl. etwa BERNHARDT 2010; FUCHS/GEL-LERMANN/KUTZNER 2018; MÖGLING/TILLMANN/REIßIG 2015);
- subjektives Erleben und Strategien zur Bewältigung des Übergangs (vgl. etwa GAUPP 2013; GROßKURTH/LEX/LICHTWADT/MÜLLER/TILLMANN 2015; HEMMING/TILLMANN/REIßIG 2018; LANDBERG 2016; MANSEL/HUR-RELMANN 1992);
- Aufdecken von benachteiligenden Faktoren (vgl. etwa BENNER 2017; DIEHL/FRIEDRICH/HALL 2009; ENGGRUBER/RÜTZEL 2014; HOFMANN-LUN 2011; NEUENSCHWANDER/FREY/NÄGELE 2017);
- Analyse vorhandener Unterstützungssysteme (vgl. etwa BAETHGE/BUSS/RICHTER 2017; MAIRHOFER 2017; KOHLRAUSCH/RICHTER 2016).

Fokussiert werden innerhalb dieses Spektrums vor allem jugendliche Schulabgänger aus dem allgemeinbildenden Schulsystem sowie aus Förderschulen, welche als benachteiligt eingeordnet werden können (wie beispielsweise fehlender Schulabschluss, Migrationserfahrung oder Beeinträchtigung und Behinderung). Eine systematische Analyse des Übergangsgeschehens aus dem Blickwinkel von jungen Menschen mit psychischen Belastungen steht noch aus (vgl. NIE-HAUS/KAUL 2012). MARGRAF und PINQUARDT (2016) wiesen in einer quantitativen Vergleichsstudie u.a. nach, dass Schülerinnen und Schüler mit dem Förder-schwerpunkt emotionale und soziale Entwicklung unabhängig vom schulischen Lernort einen übermäßig optimistischen Blick auf ihre eigne Zukunft haben. Diese Autoren schlussfolgern daraus, dass dies aus Sicht der Jugendlichen 'funktional' sein mag, um den Übergang ins Erwachsenenleben für sich selbst bewältigen zu können: "Positive expectancies are related to individual's well-being and also function as a driving force motivating someone to engage in purposeful actions" (ebd.: 396). Aus den Erkenntnissen ziehen die beiden AutorInnen bereits erste Schlussfolgerungen für die Aufgabe der schulischen Berufsorientierung, ohne den tatsächlichen Übergang ins Berufsleben selbst zu untersuchen. Daneben finden sich sehr vereinzelt Aspekte der beruflichen Orientierung oder des Übergangs für besondere Zielgruppen wie beispielsweise Jugendliche mit ADHS (vgl. FEIND/GÖTZMANN/BÄRBEL 2014), Autismus (vgl. JACOBS 2004; SENG

2017), Delinquenz (vgl. Schumann 2003) oder Traumata (vgl. Basedow 2017). Den Zusammenhang zwischen dem als problematisch eingestuften Verhalten Jugendlicher (Alkoholkonsum) und dem Übergang thematisieren Silbereisen, Schönpflug und Otremba (1989). Für Störungsbilder wie Aggression, Angst, Störung des Sozialverhaltens oder Depression lassen sich hingegen in gängigen Literaturdatenbanken keine Publikationen mit dem Fokus auf Transitionen finden – dies gilt zugleich für Suchanfragen mit Oberbegriffen wie 'psychische Störung' oder 'emotional-sozialer Förderbedarf'. Demgegenüber finden andere Transitionsprozesse bereits in der Forschung Berücksichtigung: beispielsweise Übergänge innerhalb des allgemeinbildenden Schulsystems, also vor der ersten Schwelle (vgl. Mays 2014) oder Aspekte nach der ersten Schwelle wie beispielsweise die Bewältigung einer Berufsausbildung an unterschiedlichen Lernorten (vgl. Henkelmann 2014; Stein/Kranert/Wagner 2016; Kranert/Eck/Ebert/ Tutschku 2017).

Der Terminus Psychische Belastung wird in diesem Beitrag als übergreifende Kategorie herangezogen (vgl. Kranert 2020). Hierunter werden verschiedene Begriffe und Kategorien subsumiert wie sonderpädagogischer Förderbedarf im Bereich der emotionalen und sozialen Entwicklung (vgl. KMK 2011), psychische Auffälligkeiten als subjektive Belastungswahrnehmung (vgl. Hölling/Schlack/ Petermann/Ravens-Sieberer/Mauz 2014; Klipker/Baumgarten/Göbel/Lampert/ Hölling 2018), psychische Auffälligkeiten und psychosoziale Beeinträchtigungen (vgl. Hölling et. al. 2014) sowie auch die psychiatrische Kategorie der psychischen Störung (vgl. Ihle/Esser 2002; Steffen/Akmatov/Holstiege/Bätzing 2018). Zusammenhänge zwischen den einzelnen Konzepten konnten beispielsweise bereits Schmid, Fegert, Schmeck und Kölch (2007) zeigen. Trotz der Differenzen der Konzepte im Detail wird diese umfassende Kategorie herangezogen, da die zugrundeliegenden Phänomene primär aus pädagogischer Perspektive betrachtet werden. Zugleich ermöglicht diese Terminologie einen Forschungszugang zu dem ordnungspolitisch hoch komplex strukturierten Feld des Schul- und Sozialrechts im Übergangsgeschehen Schule-Beruf (vgl. Kranert 2020), auch um die unterschiedlichen Begrifflichkeiten der Institutionen, Akteure und Professionen im Feld zusammenzudenken. Und schließlich werden auf diesem Wege Aspekte der Prävention einer Verfestigung von Problematiken und der Frühintervention mit gedacht (vgl. auch Hölling et. al. 2014). In einem interaktionistisch ausgerichteten Verständnis wird zudem psychische Belastung hier als Ausdruck einer Störung der Interaktion zwischen dem Einzelnen und seiner jeweiligen Umwelt respektive seiner Lebenssituation interpretiert (vgl. STEIN 2019).

Die Transition Schule-Beruf begründet bei vielen Jugendlichen Gefühle des Unbehagens oder der Ungewissheit. Bei Vorliegen einer psychischen Belastung kann der Übergang jedoch zu erheblichen, weiteren Verunsicherungen führen, die sich je individuell in Gefühlen der Orientierungs- und Hilflosigkeit oder des Ausgeliefert-Seins an institutionell verankerte Hilfesysteme ausdrücken können. Beobachtbare Verhaltensweisen sind beispielsweise sozialer Rückzug, Demotivierung, Vermeidungsverhalten oder aber auch ausagierende, kompensatorisch zu interpretierende Handlungen. Zeitgleich wird das Jugendalter "als Phase einer erhöhten Vulnerabilität für verschiedene psychische Probleme" eingestuft (GROEN/PETERMANN 2011: 75); so zeigt sich beispielsweise in dieser Altersspanne ein erhöhtes Depressionsrisiko für Mädchen (vgl. ebd.). Neben ihren individuellen emotionalen und sozialen Beeinträchtigungen erschwert häufig ihr mangelndes "soziales Kapital" (BOURDIEU 1983) den Zugang zum Ausbildungsmarkt; sie haben dadurch ungleiche Zugangschancen zu den materiellen und immateriellen Ressourcen, die im Wesentlichen durch die 'Erziehungs- und Sozialisationsfunktion der Familie' zur Verfügung gestellt werden (vgl. HURREL-MANN 2001: 107). Auch können innerfamiliäre Beziehungen und damit auch die Lebensqualität des Umfeldes durch die Situation des Jugendlichen belastet sein (vgl. MYSCHKER/STEIN 2018). Zugleich treten potentielle Ausbildungsbetriebe dieser Gruppe mit Vorbehalten entgegen. Trotz der demographischen Entwicklung sind Unternehmen beispielsweise in Fragen der sozialen Kompetenzen ihrer Bewerber deutlich weniger zu Kompromissen bei der Besetzung von Ausbildungsstellen bereit als bei Aspekten schulischer Bildung (vgl. DUMMERT/FREI/LE-BER 2014).

Verunsicherungen ergeben sich jedoch nicht nur bei den Betroffenen selbst, sondern auch in ihrer Lebenswelt. So zeigt etwa SOMERSALO (2002) einen Zusammenhang eines 'poor classroom climate' zu psychischen Problematiken, insbesondere bei heranwachsenden Mädchen. Ähnliche Befunde ergeben sich aus der Schulklimaforschung (vgl. ACHERMANN/PECORARI/WINKLER METZKE/STEIN-HAUSEN 2006), die problematische Folgen bei starker Konkurrenz unter Schülern, bei mangelnder Anerkennung in der Gruppe, bei zu starker Lehrerkontrolle, bei mangelnden Mitbestimmungsmöglichkeiten sowie bei starkem Leistungsdruck aufzeigt.

Es wird somit deutlich, dass der Übergang Schule-Beruf für die hier betrachtete Personengruppe mit psychischen Belastungen mit mehrfachen Benachteiligungen verbunden ist. Als wesentliche Faktoren lassen sich dabei identifizieren:

- Schulische Bildungsbiographie: Die Personengruppe weist zum Teil Biographien mit Brüchen und Wechsel von Systemen auf. Eine veränderte Perspektive auf die Bedeutung von schulischem Lernen und schulischer Leistung kann sich daraus ergeben; ein Schulabschluss ist nicht durchgehend erreichbar (vgl. RICKING/SCHULZE/WITTROCK 2002; RICKING 2014).

- Soziales Netzwerk: Ein potentiell belastetes Lebensumfeld kann die notwendige Unterstützung für den Prozess der Berufswahl und des Übergangs evtl. nicht in dem geforderten Maß bereitstellen, obwohl diese Ressource als zentral angesehen wird (vgl. GEBHARDT et al. 2015.

- Funktionsfähigkeit: In Abhängigkeit von der Wahrnehmung der eigenen Belastungen im Erleben und Verhalten können unterschiedliche pädagogisch-therapeutische Konzepte indiziert sein, um das (Wieder-)Herstellen eines Funktionsgleichgewichts im Sinne der ICF (WHO 2005) zu erreichen. Beispielhaft sei hier das Stufenmodell nach MYSCHKER und STEIN (2018) genannt, das gestuft von Leistungsentlastung über Leistungsaufbau bis hin zur Selbstständigkeit und Bewährung reicht. Dessen Indikation basiert auf dem erheblichen Maß der Einschränkung psychischer Gesundheit. Für den geforderten Übergang wäre das Erreichen eines Mindestmaßes an Leistungsfähigkeit erforderlich.

Die genannten Kernfaktoren haben sicherlich für die einzelnen Heranwachsenden mit psychischer Belastung unterschiedliche Bedeutung, zumal sich diese an den diversen Lernorten – allgemeine Schule oder Förderschule (vgl. KMK 2019) – und auch in unterschiedlichsten individuellen Konstellationen wiederfinden lassen. Dennoch zeigen die skizzierten Aspekte bereits deutliche Hemmschwellen für die Einmündung in berufliche Bildungsprozesse auf. Zwar liegen zur beruflichen Ersteingliederung ausdifferenzierte Konzeptionen, Maßnahmenpakete und individuelle Unterstützungskataloge vor (vgl.

etwa BIERMANN 2008; STEIN/ORTHMANN BLESS 2009; BOJANOWSKI/KOCH/RATSCHIN-SKI/STEUBER 2013) – die jedoch offensichtlich nur bedingt erfolgreich sind. Die Gründe hierfür sind vielfältig und dürften sicherlich auch im hemmenden Umweltfaktor Ausbildungsmarkt liegen. Das aktuelle Rehaprozessdatenpanel zu den angebotenen Leistungen in Trägerschaft der Bundesagentur für Arbeit verdeutlicht nochmals die Brisanz unter dem Fokus von Behinderung (REIMS/TOPHOVEN/TISCH/JENTZSCH/NIVOROZHKIN/KÖHLER/RAUCH/THOMSEN 2018: 55):

"Etwa ein Fünftel der Personen im Bereich der Ersteingliederung weist eine psychische Behinderung auf. Diese Gruppe ist in den letzten Jahren gewachsen. [...] Die verschiedenen Übergänge von Menschen mit psychischen Behinderungen entsprechend der Krankheit und damit individuell zu gestalten, ist eine besondere Herausforderung".

3 Transition Schule-Beruf als Feld multipler normativer Erwartungen

In den bisherigen Forschungsvorhaben wird die gesellschaftliche Grundkonstruktion des Übergangs Schule-Beruf nach der Sekundarstufe I kaum als solche aufgegriffen respektive kritisch diskutiert. Implizit findet sich diese Betrachtungsweise beispielsweise bei der Diskussion des Konstruktes der 'Ausbildungsreife' (vgl. RATSCHINSKI/STEUBER 2012; SCHULTE 2017), der Bedeutung des Übergangssystems (vgl. BEICHT 2009; BOJANOWSKI 2012) oder bei Fragen nach Bildungsgerechtigkeit wieder (vgl. LINDMEIER 2015). Nachfolgend wird daher versucht, das Übergangsgeschehen als 'Feld multipler normativer Erwartungen' zu skizzieren. Hierzu werden vornehmlich zwei Perspektiven in den Mittelpunkt gerückt: auf der einen Seite das (berufliche) Bildungssystem, auf der anderen Seite die Anforderungen des Jugendalters. In einer ersten zusammenfassenden Übersicht präsentiert sich das Feld folgendermaßen:

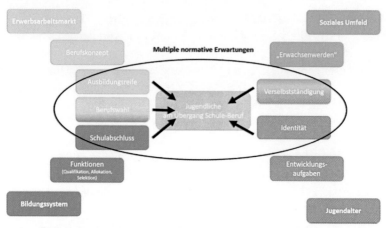

Abb. 1: Übergang Schule-Beruf als Feld multipler normativer Erwartungen; eigene Abbildung.

Abb. 1 verdeutlicht, dass sich Jugendliche am Übergang Schule-Beruf in einer multiplen normativen Erwartungslage wiederfinden. So definiert sich die soziale Teilhabe in unserem gesellschaftlichen Kontext im Wesentlichen über Erwerbsarbeit (vgl. JAHODA 1983; GASPAR/HOLLMANN 2015). Die sich darauf entfaltende Vorstellung einer Erwerbsarbeitsgesellschaft ist gekennzeichnet durch die Elemente des Wettbewerbs und der Leistung (vgl. PALLEIT 2018). Als spezifisch deutsche Konzeption ist dabei das System der Beruflichkeit anzusehen (vgl. BÜCHTER/MEYER 2010; SEIFRIED/BECK/ERTELT/FREY 2019), welches auf eine lange Traditionsgeschichte verweisen kann (vgl. SAILMANN 2018). Demzufolge werden Tätigkeiten in spezifische Konstellationen gebündelt und strukturiert – dem Beruf. Dieser ist über ein gesondert konstruiertes, standardisiertes und stratifiziertes Bildungssystem zugänglich (vgl. GEORG/SATTEL 2006). Die Zugangsvoraussetzungen hierfür – zumindest im dualen System – werden jedoch vornehmlich von Seiten der Ausbildungsbetriebe definiert und ergeben sich relational in Bezug auf die wirtschaftliche Lage sowie auch auf die Nachfragesituation (vgl. PROTSCH/GERHARDS/MOHR 2017). In einer Phase der erhöhten Ausbildungslosigkeit wurde das Konzept der 'Ausbildungsreife' entwickelt (BUNDESAGENTUR FÜR ARBEIT 2009), welches wesentliche Erkenntnisse aus einem früheren Expertenmonitoring aufgreift (vgl. EHRENTHAL/EBERHARD/ULRICH 2005) und durch die Kategorien Ausbildungsreife, Berufseignung und Vermittelbarkeit strukturiert. Damit ergibt sich über das Konzept der Ausbildungsreife eine erste normative

Anforderung an die Heranwachenden, was jedoch in der Praxis nur bedingt tragfähig ist, wie beispielsweise ENGGRUBER und ULRICH in ihrer Studie (2014) nachweisen konnten. Dennoch besteht diese Erwartungshaltung fort, obwohl auch auf theoretischer Ebene eine kontroverse Debatte hierzu geführt wird (vgl. RATSCHINSKI/STEUBER 2014; SCHULTE 2017). Beispielsweise ist dabei zu bedenken, dass der Begriff der 'Reifung' als 'endogenistische' Theorie im Sinne einer stark anlagebedingten Entwicklung aus psychologischer Sicht hier sehr kritisch und als nicht passend gesehen werden muss (vgl. MONTADA 2002: 34f.; RESCH 1996: 5ff.).

Das Konzept der Ausbildungsreife ist aufs engste verknüpft mit der Frage des Schulabschlusses. Einerseits wurde bei der Entwicklung dieses Konzeptes auf die Bildungsstandards der KMK für Hauptschulen zurückgegriffen (vgl. BUNDES-AGENTUR FÜR ARBEIT 2009: 17), andererseits weist die starke Abschlussorientierung verschiedenster berufsorientierender Angebote (vgl. KMK 2017a) auf die angenommene, enge inhaltliche Verflechtung im Übergangsgeschehen unter der Prämisse von 'Abschluss = Anschluss' hin. Die Grenzen dieser Überlegungen zeigten jedoch bereits GENTNER und MEIER (2012) in ihrer Analyse auf. Zugleich ist die Vermittlung von Kenntnissen und Fertigkeiten für das Erreichen des Schulabschlusses eine zentrale Funktion des Bildungssystems Schule. Neben der Enkulturation und der gesellschaftlichen Integration kommt der Schule im Hinblick auf das Berufsleben vor allem eine zentrale qualifikatorische und allokatorische Funktion zu (vgl. FEND 2009). Dabei trägt die Schule über das Erreichen des Bildungsabschlusses und damit über ihre Qualifikationsfunktion "für die Erzeugung eines 'Humankapitals' im Sinne der Berufsfähigkeit der jüngeren Generation [...], das für die internationale Wettbewerbsfähigkeit einer Wirtschaft zentral ist", bei (ebd.: 52); zugleich werden darüber Chancen im beruflichen Kontext eröffnet bzw. minimiert im Sinne der Allokationsfunktion. Somit ergibt sich mit der Forderung nach Erreichen bildungsgangadäquater Abschlüsse eine weitere normative Erwartung an die Jugendlichen, die allerdings im Hinblick auf ihre Funktionalität ausgesprochen begrenzt ist.

Beide Aspekte – Ausbildungsreife und Schulabschluss – sind des Weiteren mit der normativen Erwartung der Berufswahl am Ende der Sekundarstufe verknüpft. Sie ist Bestandteil und zentrales Ergebnis von berufsorientierenden Angeboten, welche inzwischen in allen Schularten Eingang gefunden haben (vgl. KMK 2017b). Zwar ergibt sich aus dem Grundgesetz (Art. 12 (1)) die Freiheit der Berufswahl; auf institutioneller Ebene konstituiert sich dies allerdings als

Notwendigkeit bzw. als Zwang zur Wahl (vgl. BEINKE 2006). "Wer sich diesen Pressionen zu entziehen versucht, muss entweder weitere Bildungsbemühungen auf sich nehmen oder akzeptieren, dass ihm das Etikett des Gescheiterten aufgedrängt wird" (ebd.: 46). Der normative Anspruch wird deutlich. Dies gilt zumal für Risikogruppen, für die oft nur ein eingeschränktes Berufsspektrum vorgehalten wird.

Solche Erwartungen werden an den Einzelnen in einer besonders sensiblen Lebensphase herangetragen – eben dem Jugendalter. Es "vollzieht sich der Übergang zum künftigen Erwachsenen, der differenzierte soziale Positionen und Rollen einnimmt, die ihn formen und einen eigenen Lebensweg gestalten lassen" (SILBEREISEN/WEICHOLD 2012: 252). In diesem Zeitraum finden tiefgreifende Veränderungen der Physis sowie des Erlebens und Verhaltens und der Lebensumwelten statt, woraus zugleich zahlreiche Entwicklungsaufgaben erwachsen (vgl. MONTADA/LINDENBERGER/SCHNEIDER 2012: 54). Die Identitätsentwicklung ist als solch eine spezifische und zugleich sehr zentrale Entwicklungsaufgabe des Jugendalters hervorzuheben; sie ist insbesondere für die Ausprägung von Lebenszielen und Werthaltungen von besonderer Bedeutung. Identität "als einzigartige Persönlichkeitsstruktur, verbunden mit dem Bild, das andere von dieser Persönlichkeitsstruktur haben" (OERTER/DREHER 2008: 303) ist somit das Ergebnis der Auseinandersetzung mit der eigenen Rolle und Position in Verbindung mit dem eigenen Umfeld und seinen spezifischen Prägungen. Im Unterschied zum strukturierten Selbst betont der Begriff der Identität die soziale Bedeutung dieser Strukturen (vgl. LINDENBERGER/STAUDINGER 2012: 301). Jugendliche stehen dabei vor drei Aufgaben: sich selbst zu erkennen, sich zu verwirklichen und sich selbst zu gestalten (vgl. STEIN 2019: 100) – und zugleich befinden sie sich im Spannungsfeld von vier wesentlichen Umwelten: Familie, peergroup, Schule und Beruf (vgl. OERTER/DREHER 2008: 317). Nach HOLODYNSKI und OERTER (2012: 513) ist diese Herausforderung der Identitätsentwicklung die "wichtigste Aufgabe während dieser Lebensepoche [des Jugendalters] im Aufbau einer eigenständigen Identität mit einem bewussten, konsistenten Selbstkonzept".

Hinsichtlich ihrer Entwicklung ist das Modell der psychosozialen Entwicklung nach ERIKSON (2003) bedeutsam. Er formuliert acht krisenhafte Stufen, in denen je alterstypische Spannungsfelder gemeistert werden sollen. Dabei ist der Krisenbegriff von ERIKSON wertfrei gemeint; mit ihm soll die Bedeutung der Herausforderung betont, nicht aber Krisen als (drohende) Katastrophen dargestellt werden (vgl. ebd.: 96). Für das Jugendalter formuliert ERIKSON dabei als fünfte Stufe der Entwicklung die Identität: In dieser Phase nimmt der Jugendliche verschiedene Herausforderungen wahr; nicht nur er selbst und sein Körper verändern sich durch Reifeprozesse, auch wird von ihm erwartet, selbstständiger zu werden, Werte zu integrieren, seine Fähigkeiten wahrzunehmen und Zukunftsperspektiven zu entwickeln. Diese und viele weitere Komponenten müssen daher nach ERIKSON (1973: 107) in eine zentrale, konsistente Identität integriert werden:

"Das Gefühl der Ich-Identität ist also das angesammelte Vertrauen darauf, dass der Einheitlichkeit und Kontinuität, die man in den Augen anderer hat, eine Fähigkeit entspricht, eine innere Einheitlichkeit und Kontinuität (also das Ich im Sinne der Psychologie) aufrechtzuerhalten. Dieses Selbstgefühl, das am Ende jeder der Hauptkrisen erneut bestätigt sein muss, wächst sich schließlich zu der Überzeugung aus, dass man auf eine erreichbare Zukunft zuschreitet, dass man sich zu einer bestimmten Persönlichkeit innerhalb einer nunmehr verstandenen sozialen Wirklichkeit entwickelt".

Die konkrete Entwicklung der Identität wird durch das breit anerkannte Identitäts-Status-Modell von MARCIA (1980) systematisch beschrieben. Dieses unterscheidet vier verschiedene Stadien der Identität, welche aus der jeweiligen Ausprägung der drei Dimensionen Krise, Verpflichtung und Exploration entstehen (vgl. OERTER/DREHER 2008: 305f.). Ersteres meint

"das Ausmaß an Unsicherheit, Beunruhigung oder auch Rebellion, welches mit der Auseinandersetzung verbunden ist. Verpflichtung kennzeichnet den Umfang des Engagements und der Bindung in dem betreffenden Lebensbereich, und Exploration erfasst das Ausmaß an Erkundung des in Frage stehenden Lebensbereiches mit dem Ziele einer besseren Orientierung und Entscheidungsfindung" (ebd.: 305).

Hieraus ergibt sich der je unterschiedliche Status der übernommenen Identität, der diffusen Identität, des Moratoriums oder der erarbeiteten Identität. Die Stadien der diffusen Identität oder des Moratoriums sind im Jugendalter am stärksten verbreitet; diese beschreiben jenen Prozess der Auseinandersetzung mit unterschiedlichsten Anforderungen in einer komplexen und pluralen Lebenssituation (vgl. HANNOVER/GREVE 2012: 554). Eine besondere Variante sind 'Bastelexistenzen' (vgl. HITZLER/HONER 1994) oder eine "kulturell adaptive Diffusion" (OERTER/DREHER 2002: 298).

Jugendliche müssen sich folglich vor dem Hintergrund einer sich komplex verändernden Lebenswelt behaupten, selbstverwirklichen und weiterentwickeln; dabei stehen ihre individuelle Ontogenese und insbesondere die persönlichen Ziele und Wertvorstellungen in einem dynamischen Wechselwirkungsprozess zu eben jener Lebensumwelt. Die Identitätsentwicklung selbst als der "Prozess des Hinterfragens und der Integration kristallisiert sich um fundamentale Probleme, wie die berufliche Zukunft, die Partnerbeziehungen und um religiöse und politische Standpunkte" (OERTER/DREHER 2008: 304). Die Frage der Transition aus der Schule in den Beruf ist dadurch einerseits identitätsstiftend, andererseits wirkt der Prozess der Weiterentwicklung der eigenen Identität auf diesen Übergangsprozess zurück. Damit kommt der Erwartung, in dieser Lebensphase zu einer erarbeiteten Identität mit selbst gewählter Festlegung auf einen Beruf und Wertpositionen zu gelangen, wiederum ein normativer Charakter zu.

Damit in Verbindung stehen zugleich normative Erwartungen des sozialen Umfeldes, wie dies beispielsweise im Modell der Entwicklungsaufgaben nach HAVIGHURST (1972) zum Ausdruck kommt. Diese werden als zentrale Lernaufgabe für das Jugendalter gefasst, welche Ausdruck des Spannungsverhältnisses von individuellen Bedürfnissen einerseits und gesellschaftlichen Anforderungen andererseits sind. Neben der Berufsentscheidung sind dies vor allem die Übernahme der Geschlechtsrolle, der Aufbau vertiefter Beziehungen, die emotionale Unabhängigkeit von den Eltern sowie das Erstreben sozial verantwortlichen Verhaltens (vgl. OERTER/DREHER 2008: 280f.). Die damit einhergehende Verselbstständigung ist eine zentrale Ausdrucksform des Erwachsenwerdens. Hierbei nimmt die Peergroup eine bedeutsame Rolle ein, welche sich zum System der Familie in einem Verhältnis zwischen Rivalität und Komplementarität positioniert (vgl. DEUTSCHER BUNDESTAG 2017). Von beiden Seiten werden somit an den Jugendlichen normative Erwartungen herangetragen, die jedoch zugleich für die individuelle Identitätsarbeit wertvoll sind. "Peergroups als eigenständige Handlungs- und Erfahrungsräume besitzen insgesamt eine immense

Bedeutung für die Bewältigung biografischer Herausforderungen, gesellschaftlicher Erwartungen und Übergängen im Jugendalter" (ebd.: 216).

Der Übergang Schule-Beruf von Heranwachsenden vollzieht sich somit in einem Feld multipler normativer Erwartungen. Daraus ergibt sich ein krisenhaftes Erleben dieser biographisch sensiblen Phase durch den Jugendlichen (vgl. KRANERT/STEIN 2019). Mit Krise ist nach ERIKSON (2003: 96), wie bereits oben angedeutet wurde, ein zunächst wertneutraler 'Wendepunkt' im Leben zu verstehen, welcher eine "Periode vermehrter Verletzlichkeit und eines erhöhten Potentials" beschreibt. Aus den sich daraus ergebenden Entwicklungsprozessen kann der Einzelne gestärkt oder belastet hervortreten. Mögliche Konsequenzen für die pädagogische Arbeit reflektiert beispielsweise Bollnow (1984). Auch für ihn gehört die Krise "notwendig zum Wesen des menschlichen Lebens" (ebd.: 36). Für das pädagogische Handeln fordert er daher, dass "der Erzieher sie [die Krise, Anm. d. Verf.] nicht herbeiführen oder beherrschen kann, er kann nur helfend dabei sein, [...] er kann zu helfen versuchen, die Krise in ihrem Sinn klar zu begreifen und bis ans Ende durchzuhalten" (ebd.: 37f.).

Im Übergang Schule-Beruf lässt sich jedoch ein multiples Krisenszenario identifizieren, welches einer pädagogischen Antwort bedarf. Eine ontogenetische Lebenskrise entwickelt sich für den Jugendlichen aus den Anforderungen der Berufswahl. Die persönliche Entwicklung hat aber ebenso ihre selbstverständliche und "normative Krise in der Adoleszenz" (ebd.: 19). Somit ist das Jugendalter mit all seinen Entwicklungsaufgaben, insbesondere die Herausarbeitung der eigenen Identität, als altersadäquate Entwicklungskrise zu kennzeichnen. Bei Vorliegen einer psychischen Belastung jedoch kommt ein weiteres Krisenmoment hinzu – die Individualkrise. Diese beschreibt in einem interaktionistischen Verständnis die spezifischen Wechselwirkungsprozesse, welche sich durch die Person selbst mit ihren psychischen Belastungen, durch ihre Umwelt sowie durch die sich im Prozess zwischen Person und Umwelt entwickelnden Interaktionen und die dabei auftretenden Bewertungen konstituieren. Dadurch ergibt sich ein weiteres Moment der subjektiv erlebten Verunsicherung. Alle drei krisenhaften Momente stehen dabei in einem interdependenten Verhältnis zueinander (vgl. Abb. 2).

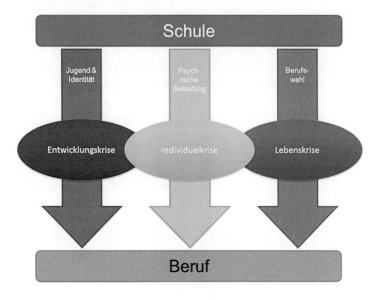

Abb. 2: Übergang Schule-Beruf als multiples Krisenszenario (KRANERT/STEIN 2019: 217)

Ein Scheitern an dieser biographisch bedeutsamen Stelle – kein oder unzureichender Schulabschluss, keine abgeschlossene Berufswahlentscheidung und/oder kein Ausbildungsplatz – führt in der Regel zur Einmündung in das Übergangssystem (vgl. KONSORTIUM BILDUNGSBERICHTERSTATTUNG 2006). Dieses bietet einerseits durchaus Entwicklungschancen (vgl. BEICHT 2009), andererseits ist es auch ein individueller Marker für ein Scheitern, für ein Nichterfüllen normativer Anforderungen. Die Zuschreibung erfolgt – zumindest über die Kategorie der Ausbildungsreife – primär aus einer personzentrierten Perspektive. Die Entwicklungskrise Beruf ist damit zunächst nicht gelungen, die Bearbeitung der Lebenskrise Identität dauert an, ebenso wie unter Umständen die Individualkrise; von einem Misslingen des Übergangs dürften Rückwirkungen auf dieses System zu erwarten sein (vgl. KRANERT/STEIN 2019).

4 Transition als Ko-Konstruktion – eine theoretische Annäherung

Übergänge und ihre Bewältigung – insbesondere im Kontext von Bildungsprozessen – sind bereits seit längerem Forschungsgegenstand unterschiedlicher Wissenschaftsdisziplinen. So werden Transitionsprozesse sowohl aus anthropologischer, soziologischer, pädagogischer als auch aus psychologischer Perspektive theoretisch begründet, erörtert und erforscht. Anthropologisch liegen Wurzeln der Transitionsforschung beispielsweise bei VAN GENNEP (2005), der bereits Anfang des 20. Jahrhunderts von Übergängen als ritualisierten Statuspassagen sprach. Diese Theorie wurde von TURNER (2005) durch den Aspekt der Krise erweitert. Auch die Kapitaltheorie nach BOURDIEU (vgl. etwa BOURDIEU 1983; BOURDIEU/STEINRÜCKE/BOLDER 2015) und der Humankapitalansatz nach BECKER (1993) bieten Ansatzpunkte für eine Transitionstheorie. Soziologisch analysiert z.B. ELIAS (1987) Transitionen in ihren Aus- und Wechselwirkungen zum Beziehungsgeflecht der Beteiligten, während ELDER (1985) den Aspekt des sozialen Kontextes und der historischen Einbettung ausführt. STRAUSS wiederum betont den normativen Kontext und die Interaktion der in diesem Umfeld stehenden Individuen (vgl. STRAUSS/GLASER 1971). Aus pädagogischer Perspektive ist hier u.a. der Ansatz nach AUFENANGER (1992) von Bedeutung, der ausgehend von der Entwicklungsbedürftigkeit und Bildsamkeit des Menschen zentrale Anliegen der Entwicklungspädagogik – Autonomie und Systematik pädagogischen Handelns – in den Fokus rückt. In diesem Kontext hebt er die Bedeutung von Transformationen früherer Errungenschaften (auch im Sinne von Kompetenzen) in neue Strukturen hervor (vgl. ebd.: 90), was insbesondere auch beim Übergang ins Berufsleben von Relevanz sein dürfte. Psychologisch ist besonders auf das bereits angesprochene achtstufige Modell der psychosozialen Entwicklung nach ERIKSON (1973) hinzuweisen. Dieses betont in seiner theoretischen Struktur, dass die Entwicklung des Kindes in Wechselbeziehung mit seinen sozialen Systemen steht, welche einen direkten Einfluss auf die Bewältigung der spezifischen Herausforderungen der jeweiligen Stufe haben. Des Weiteren findet sich im Stufenmodell der Entwicklungsaufgaben nach HAVIGHURST (1948) der Charakter von Übergängen sowohl im Sinne des Übergangs von Stufe zu Stufe als auch inhaltlich z.B. in Bezug zur Identitätsentwicklung oder der Berufswahl in der Adoleszenz. Weitere Wurzeln der Transitionsforschung liegen z.B. bei LEWIN

(1951), WYGOTSKI (1987) und KAGAN (2010). Auch die ökologische Systemtheorie von BRONFENBRENNER (1981; 1990) kann Hinweise auf eine Transitionstheorie liefern; er spricht dabei von ökologischen Übergängen (Chronosystemen). BOWLBY (1975) wiederum verweist auf individuelle Einflüsse der Bindung für Übergänge, während FILIPP (1995) den Fokus auf Bildungsübergänge richtet. LAZARUS (1995) beschreibt durch sein Stressmodell einen Erklärungsrahmen für Belastungsreaktionen und -bedingungen, der auch für das Feld der Transitionen relevant ist. COWAN (1991) führt den Einfluss der Identität auf Übergänge im Kontext der Familienentwicklung ein. Orientiert an ELIAS formuliert WELZER (1993) eine Identitätstheorie, die auf die aktive Rolle der Person, welche gerade eine Transition vollzieht, besonders hinweist: Die Person erlebt permanent sogenannte Passagen, die auch mehrfach gleichzeitig ablaufen können und einzelne Transitionen beschreiben. Sie beeinflussen sich gegenseitig und führen zu einem komplexen Geschehensverlauf. Überblicksartig akzentuiert damit der soziologisch-anthropologische Forschungsstrang bei Übergängen den Aspekt des "Wechsels zwischen Kulturen", der im Sinne von Kontinuität möglichst störungsfrei bewältigt werden soll (GRIEBEL/NIESEL 2015: 33). Demgegenüber stehen psychologisch-pädagogische Theoriemodelle, welche Übergänge als Impuls zur individuellen Entwicklung einstufen; daraus resultierende Diskontinuitäten sind dementsprechend von der Person zu bewältigen (vgl. ebd.).

Im Kontext des hier thematisierten Übergangs Schule-Beruf erscheint das Transitionsmodell des Staatsinstituts für Frühpädagogik, München (IFP) besonders bedeutsam (vgl. GRIEBEL/NIESEL 2004; 2015). Dieses wurde im Hinblick auf den biografischen Übergang von der Kindertagesstätte zur Schule entwickelt und basiert auf einem mehrdimensionalen Theorieansatz, der vornehmlich einer psychologischen Forschungstradition zuzuordnen ist. Demzufolge werden Diskontinuitäten im Übergang identifiziert, welche jedoch eine Veränderung auf mehreren Ebenen erfordern: auf Ebene der Person, ihrer Beziehungen sowie ihrer Lebensumwelt selbst. Zugleich steht die Person mit ihrer Lebensumwelt gegenüber den jeweiligen Erwartungen und Normen an diesem Transitionspunkt in Interaktion und Kommunikation – Transition wird dadurch als kokonstruktiver Prozess verstanden. Diese Interaktion der Person mit ihrer Umwelt kondensiert sich im je eigenen Erleben der Situation. Auf Basis des Erlebens folgen Versuche der Bewältigung: "Transitionen sind Lebensereignisse, die [die] Bewältigung von Diskontinuitäten auf mehreren Ebenen erfordern, Prozesse beschleunigen, intensiviertes Lernen anregen und als bedeutsame biografische

Erfahrungen von Wandel in der Identitätsentwicklung wahrgenommen werden" (GRIEBEL/NIESEL 2015: 37f.). Solche Bewältigungsversuche werden auch als 'Coping' beschrieben und können bewertungszentriert, problemzentriert oder emotionszentriert erfolgen (vgl. STÖBER/SCHWARZER 2000: 195f.). Dieses Erfordernis zu handeln macht eine Art 'Transitionskompetenz' notwendig, welche jedoch grundsätzlich nicht alleine in der Person zu verorten, sondern als Kompetenz des gesamten sozialen Systems zu interpretieren ist (vgl. GRIEBEL/NIESEL 2015). Die daraus resultierenden Konsequenzen für die Ausgestaltung des Transitionsprozesses finden entsprechend im Theoriemodell ihren Niederschlag. Im Einzelnen sind dies die Berücksichtigung aller Akteure, das Verständnis von Transition als eines prozesshaften Geschehens, die Bewältigung von Entwicklungsaufgaben auf individueller, interaktionaler und kontextueller Ebene sowie die Identifikation und Entwicklung von erforderlichen Übergangskompetenzen und -strategien (vgl. ebd.: 116ff.). Insbesondere bei den Entwicklungsaufgaben wird der Aspekt der "notwendigen Passung" zu den individuellen Voraussetzungen hervorgehoben (GRIEBEL/NIESEL 2004: 38).

Die erfolgte Bewältigung einer Transition definieren GRIEBEL und NIESEL (2004: 130) als "erfolgreiche Reorganisation der Passung zwischen dem Einzelnen und seiner Umwelt", die in einer "Erweiterung des Verhaltenspotenzials, Erweiterung des sozialen Netzes und damit [in einer] Erschließung von Ressourcen, Erhöhung des Selbstwertgefühls und des Wohlbefindens" zum Ausdruck kommt.

Das skizzierte Transitionsmodell nach GRIEBEL und NIESEL (2004; 2015) bildet aus mehreren Erwägungen heraus eine zielführende Basis für die theoretische Grundlegung des Übergangs Schule-Beruf:

* Die Transition vom allgemeinbildenden Schulsystem hinein in das System der beruflichen Bildung stellt ebenfalls einen Bildungsübergang dar, ist jedoch zugleich auch ein zentraler biografischer Übergang im Jugendalter, der grundlegende Veränderungsprozesse in Gang setzt, welche sowohl vom Heranwachsenden als auch von seinem Umfeld – wenn auch in unterschiedlichem Maße – bewältigt werden müssen. Hinsichtlich der Person, ihrer Beziehungen sowie ihrer Lebenswelt dürfte der Übergang ins Berufsleben ähnliche grundlegende Veränderungen mit sich bringen wie der Einstieg in das Schulleben.

- Die interaktionistische Perspektive auf den Transpositionsprozess korrespondiert mit der entsprechenden Sichtweise von psychischen Belastungen. Auch diese werden als Ergebnis sowie als Prozess von Interaktionen zwischen dem Heranwachsenden und seiner Lebensumwelt verstanden. Die sich daraus ergebende Konsequenz auf der Ebene des grundlegenden Verstehens dieses Phänomens wie auch auf der Ebene des pädagogischen Handelns findet dadurch auch Niederschlag in diesem Traditionsmodell.

- GRIEBEL und MINSEL (2007) konnten hinsichtlich erforderlicher 'Basiskompetenzen' Parallelen zwischen den Faktoren gelingender Übergänge und Schutzfaktoren im Sinne des Resilienzkonzeptes aufzeigen – auf allen drei Ebenen des ko-konstruktiven Prozesses. Der darin zum Ausdruck kommende Perspektivwechsel – von der Risikobelastung zur Ressourcenorientierung – ist auch für die Modellierung und Strukturierung der Transition Schule-Beruf von besonderer Bedeutung.

- Ein Transfer dieses Theoriemodells auf den Übergang Schule-Beruf, insbesondere bei jungen Menschen mit psychischen Belastungen, steht im Detail noch aus, ist jedoch durchaus möglich. Erste Überlegungen und Schlussfolgerungen hieraus finden sich bereits bei SCHULTZ (2010).

5   Transition Schule-Beruf als Ko-Konstruktion

Das hier zu entwickelnde Theoriemodell der Transition Schule-Beruf rekurriert auf verschiedene theoretische Vorlagen und modifiziert diese entsprechend bzw. setzt sie miteinander in Bezug. Im Einzelnen sind dies:

- die Transition als Ko-Konstruktion nach GRIEBEL und NIESEL (2004; 2015) (vgl. Kap. 4)
- die Entwicklung der Identität im Jugendalter nach ERIKSON (2003) und MARCIA (1980) (vgl. Kap.3)
- die Notwendigkeit zur Berufswahl (vgl. Kap. 3)
- sowie weitere normative Erwartungen an dieser Schwelle (vgl. Kap. 3).

In einer grafischen Zusammenschau lässt sich aus diesen Grundlagen sowie den bis hierher erfolgten Überlegungen heraus folgendes Transitionsmodell generieren (vgl. Abb. 4):

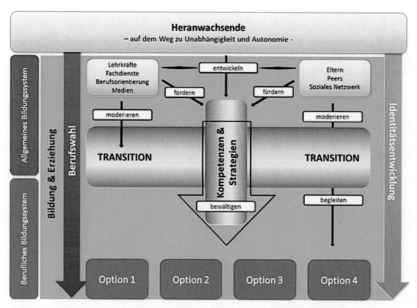

Abb. 3: Transition Schule-Beruf als ko-konstruktiver Prozess; eigene Abbildung.

Der/die Heranwachsende steht beim bevorstehenden Wechsel vom allgemeinen ins berufliche Bildungssystem an einem Wendepunkt seiner bisherigen Biographie – eine Lebenskrise im oben skizzierten Sinne konstituiert sich. Zur Bewältigung dieser Transition sind verschiedene Kompetenzen erforderlich, um sich in den anstehenden Veränderungsprozessen kognitiv, emotional und sozial aktiv einbringen zu können (vgl. NOHL 2012). Die Umsetzung in konkretes Handeln erfordert vom jungen Menschen den Einsatz von Strategien. Dabei gilt es, die wahrgenommenen Anforderungen des Übergangs zu beurteilen vor dem Hintergrund der eigenen Ressourcen; erst in der Folge ist eine Bewältigung im Sinne des coping möglich (vgl. HERZOG/MAKAROVA 2013). Hier können auch motivationale und volitionale Aspekte eine Rolle spielen, um von der Situationsbeurteilung zum proaktiven Umgang mit den Herausforderungen zu gelangen: die Bereitschaft und der Wille (vgl. etwa HECKHAUSEN 1989; ACHTZIGER/ GOLLWITZER 2009).

Die eigenen Ressourcen entwickelt der/die Jugendliche vornehmlich in einem Bildungs- und Erziehungskontext: einerseits über die institutionalisierte Form der allgemeinbildenden Schule, in der mit den Lehrkräften, mit spezifischem berufsorientierendem Unterricht sowie mit weiteren ergänzenden Angeboten Lern-und Entwicklungsmöglichkeiten – zumindest potentiell – vorhanden sind. Andererseits kann das außerschulische Umfeld hierbei unterstützend wirken. Dabei spielt neben der sozialisatorischen Wirkung der peers vor allem die familiäre Erziehung eine entscheidende Rolle. Insofern kommen hier maßgeblich Bedingungen des Umfeldes ins Spiel, die eine unterstützende Wirkung entfalten, aber auch gegenteilig beeinträchtigend und hemmend wirken können. In einem komplexen Wechselwirkungsprozess ergibt sich daraus eine individuell unterschiedlich entwickelte Resilienz, die jedoch zur Bewältigung dieser biographischen Phase auch aktiviert werden muss.

Bereits hier wird unmittelbar deutlich, dass diese Transition und ihre Bewältigung nicht als alleinig individuell zu verantwortender und zu realisierender Akt des Jugendlichen zu interpretieren, sondern als ko-konstruktiver Prozess gesehen werden muss. Demzufolge sind verschiedene Akteure zu berücksichtigen und ihr Einfluss auf das Übergangsgeschehen herauszustellen. Neben den Jugendlichen selbst sind vor allem die Eltern aktive Mitgestalter des Prozesses. Daneben sind die Lehrkräfte, die Ausbildungsbetriebe, externe Anbieter von Unterstützungsangeboten, aber auch die Berufsberatung der Agentur für Arbeit zentrale Partner in diesem Geschehen. Sie alle moderieren direkt oder indirekt den Übergangsprozess in das System der beruflichen Bildung für und mit dem Jugendlichen. Parallel dazu stellt die jeweilige Einbindung in soziale Netzwerke (direkte wie virtuelle) der Gleichaltrigenkultur – aber auch darüber hinaus – einen maßgeblichen und oft nicht leicht einzuschätzenden Umfeldfaktor dar.

Der Transitionsprozess Schule-Beruf erfordert aber auch die Bewältigung von Entwicklungsaufgaben auf unterschiedlichen Ebenen. In einer individuellen Betrachtungsweise steht hierbei vor allem die 'Entwicklungskrise' der Identitätserarbeitung (vgl. Kap. 3) im Fokus. Dabei gilt es beispielsweise zu betrachten, inwieweit dem Jugendlichen die Chance eingeräumt wird, ein förderliches Moratorium innerhalb dieses Prozesses konstruktiv zu durchlaufen und zu bewältigen (vgl. BOJANOWSKI 2012: 126). Zugleich sind die potentiellen Wirkmomente des Übergangsprozesses auf eben diese Entwicklungsaufgabe in den Blick zu nehmen. Darüber hinaus ergeben sich weitere Aufgaben auf der interaktionalen (z.b. Eingehen neuer sozialer Beziehungen) wie auch auf der kontextuellen Ebene (z.b. Einlassen auf veränderte Rahmenbedingungen) (vgl. SCHULTZ 2010: 96f.). Damit wird zugleich deutlich, dass vor diesen Herausforderungen nicht nur die Jugendlichen selbst stehen, sondern auch ihr soziales Umfeld. Auf eine Passung zwischen Entwicklungsaufgaben und individuellen Voraussetzungen ist dabei zu achten, was eine zwingend notwendige individualisierte Betrachtungsweise des Übergangsgeschehens zur Konsequenz hat.

In diesem Zusammenhang ist es folgerichtig auch notwendig, neben dem Berufsprinzip – zumindest temporär – alternative und vor allem gleichwertige Bezugspunkte für junge Menschen nach Abschluss der allgemeinbildenden Schule zu entwickeln. Dies wird durch die verschiedenen beruflichen Optionen im Modell symbolisch hervorgehoben, deren Nummerierung demgemäß keine Priorisierung darstellen soll.

Schließlich ist die Transition Schule-Beruf als prozesshaftes Geschehen zu begreifen. Es handelt sich um einen länger dauernden Vorgang der Reflexion, Motivation und (auch emotionsbezogenen sowie willensabhängigen) Entscheidung, welcher eine individualisierte Begleitung erfordert. REIßIG und GRAUPP (2007) zeigen beispielsweise anhand der Daten aus dem Übergangspanel des Deutschen Jugendinstitutes auf, dass sich die beruflichen Planungen junger Menschen rund um die erste Schwelle zum Teil gravierend verändern und mitnichten als linear zu kennzeichnen sind. Dies ist einerseits anzuerkennen, andererseits ist hierfür eine kontinuierliche Begleitung sicherzustellen, die in der Regel vom Elternhaus eingefordert wird. Bereits seit 2009 ist mit der Berufseinstiegsbegleitung jedoch auch ein professionelles und personales Angebot vorhanden, welches als außerschulischer "Kümmerer" (PESCHNER/SARIGÖZ 2015: 104) Jugendliche beim Übergang unterstützt und dadurch ergänzend bzw. kompensatorisch zur elterlichen Ressource wirkt. Jedoch ist die Anspruchnahme dieser Hilfestellung nach wie vor an den Besuch der entsprechenden Mittel- bzw. Förderschule gebunden, welche eben dieses Angebot vorhält (vgl. BUNDES-AGENTUR FÜR ARBEIT 2011).

Die mit der Transition Schule-Beruf in Verbindung mit dem Jugendalter einhergehenden 'Krisen' stellen auf einer Metaebene die Frage nach Kontinuität versus Diskontinuität in den jeweiligen Bewältigungsansätzen.

"Da Diskontinuitäten zum Wesen von Transitionen gehören, reichen Strategien zur Sicherung von Kontinuität nicht aus. Sie müssen um Strategien zur pädagogischen Nutzung von Diskontinuitäten ergänzt werden" (GRIEBEL/NIESEL 2015: 178).

So können eben diese Diskontinuitäten und ihre Bewältigung ein individueller Lernanlass und damit wesentlicher Entwicklungsimpuls sein; gleichzeitig bedarf es kontinuierlicher Variablen, wie beispielsweise der Präsenz der Herkunftsfamilie beim gleichzeitigen Wechsel des institutionalisierten Bildungssystems durch den Jugendlichen. Die anzustrebende Neujustierung des Gleichgewichts nach Bewältigung des Transitionsprozesses lässt nochmals deutlich werden, dass die Zielerreichung nicht allein vom Jugendlichen determiniert wird, "sondern dass die 'Kompetenz des sozialen Systems' entscheidend ist für die Schaffung von Kontinuitäten bzw. für die Bereitstellung von Ressourcen für die Nutzbarmachung von Diskontinuitäten" (ebd.: 179).

Es wird deutlich, dass Heranwachsende am Übergang Schule-Beruf mit einer Vielzahl normativer Erwartungen konfrontiert sind, welche sie in einen 'Krisenmodus' (vgl. Kap. 3) hineinführen. Gleichzeitig stehen sie an der Schwelle zum Erwachsenwerden, welche sich für sie primär durch ein Weniger an sozialer Abhängigkeit und ein Mehr an verwirklichter Autonomie auszeichnet. In dieser 'Grundparadoxie' bewegen sich Jugendliche, jedoch vor allem aber die pädagogische Praxis (vgl. BENNER 2012: 90): "[…] den Zu-Erziehenden zu etwas aufzufordern, das er noch nicht kann, und ihn als jemanden zu achten, der er noch nicht ist, sondern allererst vermittels eigener Selbsttätigkeit wird, kennzeichnet eine Besonderheit der pädagogischen Praxis […]". Für die Transition Schule-Beruf ergibt sich daraus die Konsequenz, dass auch diese als "pädagogisch zu betreuender, personaler Akt der Selbststeuerung unter nicht selbst gesetzten Bedingungen" begriffen wird (ECKERT 2013: 244). Die von außen gesetzten Bedingungen führen zu einer erwartbaren Lebenskrise; die Phase des Heranwachsens läutet eine ebenso absehbare Lebenskrise ein. Beide stehen in einem engen Wechselwirkungsprozess zueinander.

Das Moment der psychischen Belastung kann in dieser Übergangsphase des Lebens mit sich verändernden inhaltliche Anforderungen und differenten sozialen Systemen sowie einem hohen Maß an geforderter Eigeninitiative Auslöser einer 'Individualkrise' sein, welche Rückwirkungen auf die Bewältigung der bei-

den weiteren Krisenaspekte mit sich bringen kann und damit den Transitionsprozess als solchen zu beeinträchtigen vermag. Dies erfordert eine Berücksichtigung in der sensiblen (Mit-)Gestaltung dieses Übergangs im Sinne der dargestellten Ko-Konstruktion.

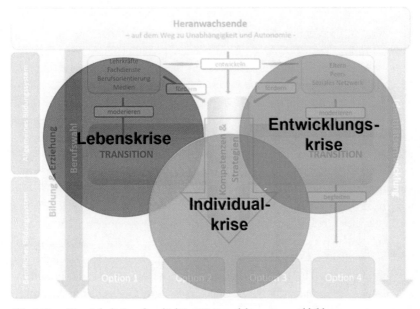

Abb. 4: Transition Schule-Beruf - subjektives Krisenerleben; eigene Abbildung.

6 Ausblick

Die Transition zwischen Schule und Beruf bei besonderem Blick auf psychische
Belastungen erweist sich als ein Feld, in dem vielfältige Fragen bestehen. Zum
einen gilt es, dieses Übergangsfeld stärker theoretisch auszuloten. Schon lange
gelten institutionelle Übergänge als krisenhafter Bereich, wie ihn schon BRON-
FENBRENNER (1990) (im Hinblick auf seine Gesamttheorie durchaus streitbar) als
'Chronosysteme' in den Blick genommen hatte. Erst in jüngerer Zeit nimmt eine
Transitionsforschung Fahrt auf. Das Übergangsmodell von GRIEBEL und NIESEL
(2004; 2015) kann, wie hier aufgenommen und für den betrachteten spezifi-

schen Übergang weitergedacht, eine tragfähige Grundlage darstellen. Ein ergänzender Blick auf die drei Krisen in dieser Phase angesichts der Zielgruppe erscheint bereichernd und wichtig. Auf Basis dieser Überlegungen wurde hier ein Modell dazu entwickelt.

Zugleich ist festzustellen, dass sich die Forschung für den Schwerpunkt psychische Belastungen als bedenklich lückenhaft erweist (vgl. KRANERT 2020). Neben weiteren Problemlagen liegt eine besondere Herausforderung in dem mit den institutionellen Übergängen verbundenen 'Etikettierungs'-, aber auch Begriffsproblem. Der in den fortschreitenden Bemühungen um mehr inklusive Beschulung erreichte Vorteil, institutionelle Einbahnstraßen zu reduzieren, wird erkauft mit der Gefahr des Diffundierens der 'Nicht-mehr-Bezeichneten' zwischen den Systemen und insbesondere an den Übergängen. Anforderungen des Datenschutzes und damit verbundene Schwierigkeiten der Nachvollziehbarkeit von Übergangskarrieren kommen erschwerend hinzu.

Gerade aus diesen Gründen stehen weitere empirische Forschungsbemühungen in diesem Feld dringend an, die als Basis einer theoretischen Grundlegung bedürfen. Die gewonnenen Erkenntnisse würden dazu dienen, zum einen konkreter diejenigen zu erfassen, welche trotz aller Bemühungen (zeitweise oder überdauernd) scheitern; zum anderen würden deren Probleme, aber auch Ressourcen deutlicher zu Tage kommen, woraus Möglichkeiten der Unterstützung entwickelt werden könnten, die sowohl an den Systemen und Institutionen ansetzen als auch, sofern möglich, an der Stärkung der betroffenen Menschen selbst.

Literaturverzeichnis

ACHERMANN, N./PECORARI, C./WINKLER METZKE, C./STEINHAUSEN, H.-C. (2006): Schulklima und Schulumwelt in ihrer Bedeutung für psychische Störungen bei Kindern und Jugendlichen – Einführung in die Thematik. In: STEINHAUSEN, H.-C. (Hg.): *Schule und psychische Störungen.* Stuttgart: Kohlhammer, 15–37.

ACHTZIGER, A./GOLLWITZER, P. M. (2009): Rubikonmodell der Handlungsphasen. In: BRANDSTÄTTER, V./OTTO, J. H. (Hg.): *Handbuch der Allgemeinen Psychologie – Motivation und Emotion.* Göttingen: Hogrefe, 150–156.

AUFENANGER, S. (1992): *Entwicklungspädagogik. Die soziogenetische Perspektive.* Weinheim: Deutscher Studien Verlag.

AUTORENGRUPPE BILDUNGSBERICHTERSTATTUNG (2014): *Bildung in Deutschland 2014. Ein indikatorengestützter Bericht mit einer Analyse zur Bildung von Menschen mit Behinderungen.* Bielefeld: Bertelsmann.

AUTORENGRUPPE BILDUNGSBERICHTERSTATTUNG (2018): *Bildung in Deutschland 2018. Ein indikatorengestützter Bericht mit einer Analyse zu Wirkungen und Erträgen von Bildung.* Bielefeld: wbv.

AUTORENGRUPPE BUNDESINSTITUT FÜR BERUFSBILDUNG/BERTELSMANN STIFTUNG (2011): *Reform des Übergangs von der Schule in die Berufsausbildung. Aktuelle Vorschläge im Urteil von Berufsbildungsexperten und Jugendlichen.* Bonn: BiBB.

BAETHGE, M./BUSS, K.-P./RICHTER, M. (2017): *Gutachten zum Übergang Schule-Beruf in Schleswig-Holstein – unter besonderer Berücksichtigung der Inklusion von Menschen mit Benachteiligungen und Behinderungen. Expertise im Auftrag des Ministeriums für Schule und Berufsbildung des Landes Schleswig-Holstein.* Universität Göttingen: SOFI.

BASEDOW, A. (2017): *Hör mal, ich bin da. Junge Menschen mit traumabezogenem Hintergrund am Übergang Schule und Beruf verstehen und unterstützen.* Coburg: ZKS.

BECKER, G. (1993): *Human capital: an theoretical and empirical analysis, with special reference to education.* Chicago: Univ. of Chicago Press.

BEICHT, U. (2009): Verbesserung der Ausbildungschancen oder sinnlose Warteschleife? Zur Bedeutung und Wirksamkeit von Bildungsgängen am Übergang Schule – Berufsausbildung. In: *BiBB Report* 11 (9). Online verfügbar unter: http://www.bibb.de/dokumente/pdf/a12_bibbreport_2009_11.pdf (zuletzt abgerufen am 30.10.2019).

BEICHT, U. (2017): *Ausbildungschancen von Ausbildungsstellenbewerbern und -bewerberinnen mit Migrationshintergrund. Aktuelle Situation 2016 und Entwicklung seit 2004.* Bonn: BIBB.

BEINKE, L. (2006): *Berufswahl und ihrer Rahmenbedingungen.* Frankfurt a. M.: Lang.

BENNER, D. (2012): *Allgemeine Pädagogik.* 7. Aufl. Weinheim: Beltz.

BENNER, I. (2017): *Bildungsbenachteiligung am Übergang Schule-Beruf. Theoretische Konzepte und Fallstudien aus Teilnehmendenperspektiven unter besonderer Berücksichtigung von "Geschlecht" und "sozialer Herkunft"*. Diss. Universität Gießen.

BERNHARDT, R. (2010): *Lebenslagen ehemaliger Förderschüler. Biografische Rekonstruktionen nachschulischer Lebensverläufe.* Bad Heilbrunn: Klinkhardt.

BIERMANN, H. (2008): *Pädagogik der beruflichen Rehabilitation.* Stuttgart: Kohlhammer.

BMBF (2019): *Berufsbildungsbericht 2019.* Bonn: BMBF.

BOJANOWSKI, A. (2012): Moratorium 2.0. Oder: Wie das Übergangssystem in Sozialisations- und Individuationsprozesse eingreift. In: RATSCHINSKI, G./STEUBER, A. (Hg.): *Ausbildungsreife. Kontroversen, Alternativen und Förderansätze.* Wiesbaden: Springer, 115–132.

BOJANOWSKI, A./KOCH, M./RATSCHINSKI, G./STEUBER, A. (2013): *Einführung in die Berufliche Förderpädagogik. Pädagogische Basics zum Verständnis benachteiligter Jugendlicher.* Münster: Waxmann.

BOLLNOW, O. (1984): *Existenzphilosophie und Pädagogik: Versuch über unstetige Formen der Erziehung.* Stuttgart: Kohlhammer.

BOURDIEU, P. (1983): Ökonomisches Kapital, kulturelles Kapital, soziales Kapital. In: KRECKEL, R. (Hg.*): Soziale Ungleichheiten.* Göttingen: Schwartz, 183–198.

BOURDIEU, P./STEINRÜCKE, M./BOLDER, J. (2015): *Die verborgenen Mechanismen der Macht.* Hamburg: VSA.

BOWLBY, J. (1975): *Bindung.* München: Kindler.

BRAUN, F./REIßIG, B. (2011): *Regionales Übergangsmanagement Schule – Berufsausbildung: Handlungsfelder und Erfolgsfaktoren.* München: DJI.

BRONFENBRENNER, U. (1989): *Die Ökologie der menschlichen Entwicklung. Natürliche und geplante Experimente.* Stuttgart: Fischer.

BRONFENBRENNER, U. (1990): Ökologische Sozialisationsforschung. In: KRUSE, L./GRAUMANN, C. F./LANTERMANN, E. D. (Hg.): *Ökologische Psychologie.* München: Beltz PVU, 76–79.

BÜCHTER, K./MEYER, R. (2010): Beruf und Beruflichkeit als organisierendes Prinzip beruflicher Bildung. In: NICKOLAUS, R./PÄTZOLD, G./REINISCH, H./TRAMM, T. (Hg.): *Handbuch Berufs- und Wirtschaftspädagogik.* Bad Heilbrunn: Klinkhardt, 323–326.

BUNDESAGENTUR FÜR ARBEIT (2009): *Nationaler Pakt für Ausbildung und Fachkräftenachwuchs – Kriterienkatalog zur Ausbildungsreife.* Nürnberg: Bundesagentur für Arbeit.

BUNDESAGENTUR FÜR ARBEIT (2011): *Fachkonzept Berufseinstiegsbegleitung im Auftrag der Bundesagentur für Arbeit (BA).* Online verfügbar unter: http://www.bildungsketten.de/fachkonzept-bereb (zuletzt abgerufen am 30.10.2019).

BUNDESINSTITUT FÜR BERUFSBILDUNG (BiBB) (2019): *Datenreport 2019. Informationen und Analysen zur Entwicklung der beruflichen Bildung.* Online verfügbar unter: https://www.bibb.de/dokumente/pdf/bibb_datenreport_2019.pdf (zuletzt abgerufen am 30.10.2019).

BUNDESMINISTERIUM FÜR BILDUNG UND FORSCHUNG (BMBF) (2008): *Von der Hauptschule in Ausbildung und Erwerbsarbeit: Ergebnisse des DJI-Übergangspanels.* Berlin: BMBF.

BURGERT, M. (2001): *Fit fürs Leben. Grundriss einer Pädagogik für benachteiligte Jugendliche in Schule, Ausbildung und Erwerbsarbeit.* Langenau/Ulm: Vaas.

CHRISTE, G. (2016): *Ausbildungschancen für alle. Neue Konzepte für den Übergang in Ausbildung.* Bonn: Friedrich-Ebert-Stiftung.

COWAN, P. A. (1991): Individual and family life transitions: A proposal for a new definition. In: COWAN, R./HETHERINGTHON, E. M. (Eds.): *Family Transitions: Advances in family research.* Hillsdale New Jersey: Routledge, 3–30.

DEUTSCHER BUNDESTAG (2017): *15. Kinder- und Jugendbericht. Bericht über die Lebenssituation junger Menschen und die Leistungen der Kinder- und Jugendhilfe in Deutschland.* Berlin.

DEUTSCHES JUGENDINSTITUT (DJI) (2010): *Stuttgarter Haupt- und Förderschüler/innen auf dem Weg von der Schule in die Berufsausbildung.* Stuttgart: DJI.

DIEHL, C./FRIEDRICH, M./HALL, A. (2009): Jugendliche ausländischer Herkunft beim Übergang in die Berufsausbildung: Vom Wollen, Können und Dürfen. In: *Zeitschrift für Soziologie* 38 (1), 48–67.

DIMDI (Deutsches Institut für medizinische Dokumentation und Information) (2004): *Internationale Klassifikation der Funktionsfähigkeit, Behinderung und Gesundheit.* FinalDraft. Köln.

DUMMERT, S./FREI, M./LEBER, U. (2014): *Berufsausbildung in Deutschland. Betriebe und Bewerber finden schwerer zusammen, dafür sind Übernahmen häufiger denn je.* IAB-Kurzbericht 20. Nürnberg: IAB.

EBERHARD, V./BEICHT, U./KREWERTH, A./ULRICH, J. (2013): *Perspektiven beim Übergang Schule – Berufsausbildung. Methodik und erste Ergebnisse aus der BIBB-Übergangsstudie 2011.* Bonn: BIBB.

ECKERT, M. (2013): Gelingende Übergänge ermöglichen – individuelle Bildungswege gestalten. In: BELLENBERG, G./FORELL, M. (Hg.): *Bildungsübergänge gestalten.* Münster: Waxmann, 239–244.

EHLERT, M./HOLTMANN, A. C./MENZE, L./SOLGA, H. (2018): Besser als ihr Ruf: Übergangsmaßnahmen erhöhen Ausbildungschancen bei leistungsschwachen Jugendlichen. In: *WZB Mitteilungen* 162, 41–43.

EHRENTHAL, B./EBERHARD, V./ULRICH, J. (2005): *Ausbildungsreife – auch unter den Fachleuten ein heißes Eisen – Ergebnisse des BIBB-Expertenmonitors.* Online verfügbar unter: https://www.bibb.de/dokumente/pdf/Expertenmonitor_Befragung_Ausbildungsreife_Ergebnisse_2005.pdf (zuletzt abgerufen am 30.10.2019).

ELDER, G.H. jr. (1985): *Life Course Dynamics: Trajectories and Transitions.* O.A.: Cornell University Press.

ELIAS, N. (1987): *Die Gesellschaft der Individuen.* Frankfurt a. M.: Suhrkamp.

ENGGRUBER, R./ULRICH, J. G. (2014): *Schwacher Schulabschluss–und dennoch rascher Übergang in Berufsausbildung. Einflussfaktoren auf die Übergangsprozesse von*

Hauptschulabsolventen/-absolventinnen mit Konsequenzen für deren weitere Bildungswege. Bonn: BIBB.

ENGRUBER, R./RÜTZEL, J. (2014): *Berufsausbildung junger Menschen mit Migrationshintergrund. Eine repräsentative Befragung von Betrieben.* Gütersloh: Bertelsmann.

ERIKSON, E. (1973): *Identität und Lebenszyklus. Drei Aufsätze.* Berlin: Suhrkamp.

ERIKSON, E. (2003): *Jugend und Krise.* Stuttgart: Klett-Cotta.

EULENBERGER, J. (2013): *Migrationsbezogene Disparitäten an der ersten Schwelle. Junge Aussiedler im Übergang von der Hauptschule in die berufliche Bildung.* Wiesbaden: Springer.

FASCHING, H./NIEHAUS, M. (2008): Berufsvorbereitung und berufliche Integration. In: GASTEIGER-KLICPERA, B./JULIUS, H./KLICPERA, C. (Hg.): *Sonderpädagogik der sozialen und emotionalen Entwicklung.* Göttingen: Hogrefe, 727–739.

FEIND, H.-D./GÖTZMANN, W./BÄRBEL, R. (2014): ADHS-Betroffene an der Schwelle zum Beruf am Beispiel einer beruflichen Rehabilitationseinrichtung. In: RÖSLER, M./RETZ, W./VON GONTARD, A./PAULUS, F. (Hg.): *Soziale Folgen der ADHS. Kinder – Jugendliche – Erwachsene.* Stuttgart: Kohlhammer, 39–56.

FEND, H. (2009): *Neue Theorie der Schule: Einführung in das Verstehen von Bildungssystemen.* Wiesbaden: Springer.

FILIPP, H. S. (1995): *Kritische Lebensereignisse.* Weinheim: Beltz.

FRIEDRICH, A./ROHRBACH-SCHMIDT, D. (2011): *BIBB-Übergangsstudie 2011. Version 1.0. Daten- und Methodenbericht.* Bonn: BIBB.

FUCHS, P./GELLERMANN, J./KUTZNER, S. (2018): *Die Ausbildungsverlierer? Fallstudien zu Entkoppelungsprozessen von Jugendlichen beim Übergang in das Erwerbsleben.* Weinheim/Basel: Beltz.

GASPAR, C./HOLLMANN, D. (2015): *Bedeutung der Arbeit. Ergebnisse der Befragung. Ein Kooperationsprojekt von GfK Verein und Bertelsmann Stiftung.* Online verfügbar unter: http://www. bertelsmann-stiftung. de/de/publikationen/publikation/did/bedeutung-der-arbeit/ (zuletzt abgerufen am 30.10.2019).

GAUPP, N. (2013): *Wege in Ausbildung und Ausbildungslosigkeit.* Düsseldorf: Hans-Böckler-Stiftung.

GAUPP, N./LEX, T./REIßIG, B. (2008): Ohne Schulabschuss in die Berufsausbildung: Ergebnisse einer Längsschnittuntersuchung. In: *Zeitschrift für Erziehungswissenschaft* 11 (3), 388–405.

GAUPP, N./GEIER, B./LEX, T./REIßIG, B. (2011): Wege in Ausbildungslosigkeit. Determinanten misslingender Übergänge in Ausbildung von Jugendlichen mit Hauptschulbildung. In: *Zeitschrift für Pädagogik* 57 (2), 173–186.

GEBHARDT, A./SCHÖNENBERGER, S./BRÜHWILER, C./SALZMANN, P. (2015): Relevanz, Nutzungshäufigkeit und eingeschätzte Nützlichkeit unterschiedlicher Unterstützungsangebote aus Sicht von Jugendlichen während des Berufsorientierungsprozesses. In: *bwp@ Berufs- und Wirtschaftspädagogik – online* 27, 1–24.

GENTNER, C./MEIER, J. (2012): Der Hauptschulabschluss als bildungspolitisches Postulat und die Wirklichkeit der Ausbildungsreife. In: RATSCHINSKI, G./STEUBER, A.

(Hg.): *Ausbildungsreife. Kontroversen, Alterativen und Förderansätze*. Wiesbaden: Springer, 53–85.

GEORG, W./SATTEL, U. (2006): Berufliche Bildung, Arbeitsmarkt und Beschäftigung. In: ARNOLD, R./LIPSMEIER, A. (Hg.): *Handbuch der Berufsbildung*. Wiesbaden: VS, 125–152.

GRANATO, M./MILDE, B./ULRICH, J.- G. (2018): *Passungsprobleme auf dem Ausbildungsmarkt – Eine vertiefende Analyse für Nordrhein-Westfalen. FGW-Studie Vorbeugende Sozialpolitik 08*. Düsseldorf: Forschungsinstitut für gesellschaftliche Weiterentwicklung e.V.

GRIEBEL, W./MINSEL, B. (2007): Transitionen, Resilienz und Basiskompetenzen in der frühkindlichen Bildung. In: *Kindesmisshandlung und-vernachlässigung* 10, 52–69.

GRIEBEL, W./NIESEL, R. (2004): *Transitionen. Fähigkeit von Kindern in Tageseinrichtungen fördern, Veränderungen erfolgreich zu bewältigen*. Weinheim: Beltz.

GRIEBEL, W./NIESEL, R. (2015): *Übergänge verstehen und begleiten. Transitionen in der Bildungslaufbahn von Kindern*. Berlin: Cornelsen.

GROEN, G./PETERMANN, F. (2011): *Depressive Kinder und Jugendliche*. Göttingen: Hogrefe.

GROßKURTH, H./LEX, T./LICHTWADT, N./MÜLLER, S./Tillmann, F. (2015): *Prekäre Übergangsverläufe. Entstehungsbedingungen risikobehafteter Übergänge*. München: Referat für Bildung und Sport.

HANNOVER, B./GREVE, W. (2012): Selbst und Persönlichkeit. In: SCHNEIDER, W./LINDENBERGER, U. (Hg.): *Entwicklungspsychologie*. Weinheim/Basel: Beltz, 543–561.

HAVIGHURST, R.J. (1948): *Developmental tasks and education*. Chicago/IL/US: University of Chicago Press.

HECKHAUSEN, H. (1989): *Motivation und Handeln*. Berlin: Springer.

HEMMING, K./TILLMANN, R./REIßIG, B. (2018): *Was geht? Hallesche Kinder- und Jugendstudie 2018*. DJI. Online verfügbar unter: https://www.dji.de/fileadmin/user_upload/bibs2018/HallescheKinderundJugendstudie2018_Abschlussbericht.pdf (zuletzt abgerufen am 30.10.2019).

HENKELMANN, T. (2014): Die Zunahme psychischer Krankheitsbilder im Berufsbildungswerk: Wie lässt sich dieser Umstand erklären und bewältigen? In: *Berufliche Rehabilitation* 28 (2), 110–119.

HERZOG, W./MAKAROVA, E. (2013): Berufsorientierung als Copingprozess. In: BRÜGGEMANN, T./RAHN, S. (Hg.): *Berufsorientierung. Ein Lehr- und Arbeitsbuch*. Münster: Waxmann, 73–83.

HILLER, G. G. (2010): Förder-und Sonderschulen in Deutschland – ein Überblick über die Bedingungen und Herausforderungen. In: *Sonderpädagogische Förderung heute* 55 (4), 398–417.

HITZLER, R./HONER, A. (1994): Bastelexistenz: über subjektive Konsequenzen der Individualisierung. In: BECK, U./BECK-GERNSHEIM, E. (Hg.): *Riskante Freiheiten. Individualisierung in modernen Gesellschaften*. Berlin: Suhrkamp, 307–315.

HOFMANN-LUN, I. (2011): *Förderschüler/innen am Übergang von der Schule ins Arbeitsleben. Beruflich-soziale Integration durch gesonderte Förderung?* München: DJI.

HÖLLING, H./SCHLACK, R./PETERMANN, F./RAVENS-SIEBERER, U./MAUZ, E. (2014): Psychische Auffälligkeiten und psychosoziale Beeinträchtigungen bei Kindern und Jugendlichen im Alter von 3 bis 17 Jahren in Deutschland – Prävalenz und zeitliche Trends zu 2 Erhebungszeitpunkten (2003–2006 und 2009–2012). In: *Bundesgesundheitsblatt* 57, 807–819.

HOLODYNSKI, M./OERTER, R. (2012): Emotion. In: SCHNEIDER, W./LINDENBERGER, U. (Hg.): *Entwicklungspsychologie*. Weinheim/Basel: Beltz, 497–520.

HOLTMANN, A. C./MENZE, L./SOLGA, H. (2018): *Unentdeckte Kompetenzen. Jugendliche ohne Mittleren Schulabschluss finden schwer einen Ausbildungsplatz. WZBrief Bildung 36.* Berlin: WZB.

HURRELMANN, K. (2001): *Einführung in die Sozialisationstheorie.* Weinheim: Beltz.

IHLE, W./ESSER, G. (2002): Epidemiologie psychischer Störungen im Kindes-und Jugendalter: Prävalenz, Verlauf, Komorbidität und Geschlechtsunterschiede. In: *Psychologische Rundschau* 53, 159–169.

JACOBS, K. (2004): Das Betriebspraktikum als wesentlicher Baustein des berufsvorbereitenden Unterrichts – Einige Gedanken zur Vorbereitung von Jugendlichen mit autistischen Lebenserschwernissen auf die Übergangsphase Schule/Arbeitsfeld. In: *Autismus* 58, 4–12.

JAHODA, M. (1983): *Wieviel Arbeit braucht der Mensch? Arbeit und Arbeitslosigkeit im 20. Jahrhundert.* Weinheim: Beltz.

JOCHMARING, J./NENTWIG, L./SPONHOLZ, D. (2019): Schulische und nachschulische Optionen am Übergang in die Arbeitswelt für Schülerinnen und Schüler mit sonderpädagogischem Unterstützungsbedarf. In: *Zeitschrift für Heilpädagogik* 70, 112–121.

KAGAN, S. L. (2010): Seeing transition through a new prism: pedagogical, programmatic and policy alignment. In: KAGAN, S. L./TARRANT, K. (Eds.): *Transitions for young children. Creating connections across early childhood systems.* Baltimore: Paul H. Brookes, 3–17.

KLIPKER, K./BAUMGARTEN, F./GÖBEL, K./LAMPERT, T./HÖLLING, H. (2018): Psychische Auffälligkeiten bei Kindern und Jugendlichen in Deutschland – Querschnittergebnisse aus KiGGS Welle 2 und Trends. In: *Journal of Health Monitoring* 3 (3), 37–45.

KOHLRAUSCH, B./RICHTER, M. (2016): Was fördert die nachhaltige Integration von Hauptschüler/innen in den Ausbildungsmarkt? In: *Arbeit* 25 (3–4), 147–168.

KÖLCH, M./FEGERT, J. (2013): Psychische Störungen bei Kindern und Jugendlichen. In: *KJug* 58 (3), 75–80.

KONSORTIUM BILDUNGSBERICHTERSTATTUNG (2006): *Bildung in Deutschland. Ein indikatorengestützter Bericht mit einer Analyse zu Bildung und Migration.* Bielefeld: wbv17.

KRANERT, H.-W./STEIN, R. (2019): Der Übergang ins Berufsleben von Heranwachsenden mit psychischen Belastungen – Forschungsstand und weitere Entwicklungslinien. In: GINGELMAIER, S./BLEHER, W./HOANZL, M./HERZ, B. (Hg.): *ESE Emotionale und Soziale Entwicklung in der Pädagogik der Erziehungshilfe und bei Verhaltensstörungen. Heft 1 – Gemeinsam & Verschieden: Was sind die Spezifika des Faches "ESE"?* Bad Heilbrunn: Klinkhardt, 210–223.

KRANERT, H.-W. (2020): Psychische Belastungen und berufliche Bildung – Aspekte für die Gestaltung passgenauer Angebote. In: STEIN, R./KRANERT, H.-W. (Hg.): *Inklusion in der Berufsbildung im kritischen Diskurs.* Berlin: Frank & Timme. Im Druck.

KRANERT, H.-W./ECK, R./EBERT, H./TUTSCHKU, U. (2017): *Inklusive Schulentwicklung an berufsbildenden Schulen. Ergebnisse aus dem Netzwerk Berufliche Schulen Mainfranken.* Bielefeld: wbv.

LANDBERG, M. (2016*): "und dann ist wieder alles im grünen Bereich". Berufliche Lebenslagen und Transitionen benachteiligter junger Erwachsener.* Jena: Friedrich-Schiller-Universität.

LANDESHAUPTSTADT MÜNCHEN (2017): *Münchner Bildungsbericht berufliche Bildung 2017.* München.

LAZARUS, R. S. (1995): Stress und Stressbewältigung – ein Paradigma. In: FILIPP, H. S. (Hg.): *Kritische Lebensereignisse.* Weinheim: Beltz, 198–229.

LEWIN, K. (1951): *Field theory in social science. Selected theoretical papers.* New York: Harper & Row.

LINDENBERGER, U./STAUDINGER, U. (2012): Höheres Erwachsenenalter. In: SCHNEIDER, W./LINDENBERGER, U. (Hg.): *Entwicklungspsychologie.* Weinheim/Basel: Beltz, 283–310.

LINDMEIER, C. (2014): Übergänge von jungen Erwachsenen mit Behinderung/Benachteiligung in die Erwachsenen- und Berufswelt barrierefrei gestalten – was heißt das? In: *Sonderpädagogische Förderung heute* 59 (1), 92–103.

LINDMEIER, B. (2015): Bildungsgerechtigkeit im Übergang: Jugendliche mit Unterstützungsbedarf im Grenzbereich zwischen Lernen und geistiger Entwicklung im Übergang von der Schule in die berufliche Bildung und Beschäftigung. In: *Sonderpädagogische Förderung heute* 60 (3), 308–322.

MAIRHOFER, A. (2017): *Angebote und Strukturen der Jugendberufshilfe. Eine Forschungsübersicht.* München: DJI.

MANSEL, J./HURRELMANN, K. (1992): Belastungen Jugendlicher bei Statusübergängen: Eine Längsschnittstudie zu psychosomatischen Folgen beruflicher Veränderungen. In: *Zeitschrift für Soziologie* 21 (5), 366–384.

MARCIA, J. E. (1980): Identity in adolescence. In: ADELSON, J. (Ed.): *Handbook of adolescent psychology.* New York: John Wiley & Sons, 159–187.

MARGRAF, H./PINQUART, M. (2016): Do adolescents with emotional and behavioral disturbances attending schools for special education have lower expectations regarding the transition to adulthood? In: *European Journal of Psychology Education* 31 (3), 385–399.

MAYS, D. (2014): *In Steps! – wirksame Faktoren schulischer Transition*. Bad Heilbrunn: Klinkhardt.

MÖGLING, T./TILLMANN, F./REIßIG, B. (2015): *Entkoppelt vom System. Jugendliche am Übergang ins junge Erwachsenenalter und Herausforderungen für Jugendhilfestrukturen*. Düsseldorf: Vodafone Stiftung Deutschland.

MÖLLER, J./WALWEI, U. (2017): *Arbeitsmarkt kompakt. Analysen, Daten, Fakten*. Bielefeld: IAB/wbv.

MONTADA, L. (2002): Fragen, Konzepte, Perspektiven. In: OERTER, R./MONTADA, L. (Hg.): *Entwicklungspsychologie*. Weinheim: Beltz PVU, 3–53.

MONTADA, L./LINDENBERGER, U./SCHNEIDER, W. (2012): Fragen, Konzepte, Perspektiven. In: SCHNEIDER, W./LINDENBERGER, U. (Hg.): *Entwicklungspsychologie*. Weinheim/Basel: Beltz, 37–60.

MYSCHKER, N./STEIN, R. (2018): *Verhaltensstörungen bei Kindern und Jugendlichen. Erscheinungsformen – Ursachen – hilfreiche Maßnahmen*. 8. Aufl. Stuttgart: Kohlhammer.

NEUENSCHWANDER, M./FREY, S./NÄGELE, C. (2017): Brückenangebote nach dem 9. Schuljahr – Effekte von Geschlecht, sozioökonomischem Status und Migrationshintergrund. In: FASCHING, H./GEPPERT, C./MAKAROVA, E. (Hg.): *Inklusive Übergänge: (inter)nationale Perspektiven auf Inklusion im Übergang von der Schule in weitere Bildung, Ausbildung oder Beschäftigung*. Bad Heilbrunn: Klinkhardt, 149–162.

NIEHAUS, M./KAUL T. (2012): *Zugangswege junger Menschen mit Behinderung in Ausbildung und Beruf*. Bonn: BMBF.

NOHL, M. (2012): Übergangskompetenzen – erste Überlegungen für den schulischen Raum. In: BOJANOWSKI, A./ECKERT, M. (Hg.): *Black Box Übergangssystem*. Münster: Waxmann, 159–170.

OERTER, R./DREHER, E. (2002; 2008): Jugendalter. In: OERTER, R./MONTADA. L. (Hg.): *Entwicklungspsychologie*. Weinheim/Basel: Beltz, 258–318/271–332.

PALLEIT, L./DEUTSCHES INSTITUT FÜR MENSCHENRECHTE, MONITORING-STELLE UN-BEHINDERTENRECHTSKONVENTION (2018): *Das Recht auf Arbeit für Menschen mit Behinderungen verwirklichen. Der Arbeitsmarkt muss inklusiv und für alle zugänglich sein*. Berlin: Deutsches Institut für Menschenrechte. Online verfügbar unter: https://nbn-resolving.org/urn:nbn:de:0168-ssoar-56230-3 (zuletzt abgerufen am 30.10.2019).

PESCHNER, J./SARIGÖZ, S. (2015): Berufseinstiegsbegleitung: Zentrales Strukturelement der Initiative Bildungsketten. In: SOLGA, H./WEIß, R. (Hg.): *Wirkung von Fördermaßnahmen im Übergangssystem*. Bielefeld: Bertelsmann, 101–116.

PROTSCH, P./GERHARDS, C./MOHR, S. (2017): *Welche Anforderungen stellen Betriebe an zukünftige Auszubildende mit mittlerem Schulabschluss? Stellenwert kognitiver und nichtkognitiver schulischer Leistungsmerkmale bei regional-beruflichen Rekrutierungsschwierigkeiten*. Bonn: BIBB.

QUEISSER, U. (2010): *Zwischen Schule und Beruf: zur Lebensplanung und Berufsorientierung von Hauptschülerinnen und Hauptschülern*. Bad Heilbrunn: Klinkhardt.

 © Frank & Timme   Verlag für wissenschaftliche Literatur

RATSCHINSKI, G./STEUBER, A. (2012): *Ausbildungsreife. Kontroversen, Alterativen und Förderansätze.* Wiesbaden: Springer.

REIMS, N./TOPHOVEN, S./TISCH, A./JENTZSCH, R./NIVOROZHKIN, A./KÖHLER, M./ RAUCH, A./THOMSEN, U. (2018): *Aufbau und Analyse des LTA-Rehaprozessdatenpanels: Eine Prozessdatenbasis zur Untersuchung beruflicher Rehabilitation in Trägerschaft der Bundesagentur für Arbeit – Modul 1 des Projekts "Evaluation von Leistungen zur Teilhabe behinderter Menschen am Arbeitsleben".* Berlin: BMAS.

REIßIG, B./GAUPP, N. (2007): Chancenungleichheit an der ersten Schwelle Schule – Ausbildung. Ergebnisse aus dem DJI-Übergangspanel. In: ECKERT, T. (Hg.): *Übergänge im Bildungswesen.* Münster: Waxmann, 143–162.

RESCH, F. (1996): *Entwicklungspsychopathologie des Kindes- und Jugendalters.* Weinheim: Beltz/PVU.

RICKING, H. (2014): Ursachen, Phänomene und Formen des Schulabsentismus. In: *Themenheft Schulverweigerung als sozialpädagogische Herausforderung für Jugendwerkstätten und Pro-Aktiv-Centren* 2, 3–13.

RICKING, H./SCHULZE, G./WITTROCK, M. (2002): Die Gefährdung von Schülern mit Beeinträchtigungen im Lernen und Verhalten durch unterrichtsmeidende Verhaltensmuster. In: SCHRÖDER, U./WITTROCK, M. (Hg.): *Lernbeeinträchtigung und Verhaltensstörung. Konvergenzen in Theorie und Praxis.* Stuttgart: Kohlhammer, 172–189.

SAILMANN, G. (2018): *Der Beruf. Eine Begriffsgeschichte.* Bielefeld: transcript.

SCHMID, M./FEGERT, J. M./SCHMECK, K./KÖLCH, M. (2007): Psychische Belastung von Kindern und Jugendlichen in Schulen für Erziehungshilfe. In: *Zeitschrift für Heilpädagogik* 58 (8), 282–290.

SCHMIDT, C. (2014): Anspruch und Grenzen eines inklusiven Berufsbildungssystems. In: *Sonderpädagogische Förderung heute* 59 (4), 391–404.

SCHRÖDER, R. (2018): Inklusion in der schulischen Berufsorientierung: Synergien und Herausforderungen. In: *Zeitschrift für Heilpädagogik* 69, 108–120.

SCHULTE, S. (2017): Ausbildungsreife – Ein Konstrukt zwischen perspektivischer Interpretation und berufsbiographischen Stigmatisierungselementen. In: BECKER, M./KAMMERMANN, L./SPÖTTL, G./BALZER, L.(Hg.): *Ausbildung zum Beruf. Internationaler Vergleich der berufsförmigen Ausbildungskonzepte für benachteiligte Jugendliche.* Frankfurt a. M.: Lang, 287–303.

SCHULTZ, A. (2010): Übergänge als Herausforderung für Jugendliche mit Verhaltensstörungen und ihre pädagogische Unterstützung. In: RICKING, H./SCHULZE, G. (Hg.): *Förderbedarf in der emotionalen und sozialen Entwicklung. Prävention, Interdisziplinarität und Professionalisierung.* Bad Heilbrunn: Klinkhardt, 90–100.

SCHUMANN, K. (2003): *Delinquenz im Lebensverlauf: Bremer Längsschnittstudie zum Übergang von der Schule in den Beruf bei ehemaligen Hauptschülern.* Weinheim: Juventa.

SEIFRIED, J./BECK, K./ERTELT, B.-J./FREY, A. (2019): *Beruf, Beruflichkeit, Employability.* Bielefeld: wbv.

SENG, H. (2017): Fähigkeiten und Potentiale auf dem Weg ins Berufsleben. In: RITT-MANN, B./RICKERT-BOLD, W. (Hg.): *Autismus-Therapie in der Praxis. Methoden, Vorgehensweisen, Falldarstellungen.* Stuttgart: Kohlhammer, 241–250.

SIEGLEN, G. (2019): *Ausbildung, Beschäftigung und Arbeitslosigkeit junger Berufseinsteiger in Nordrhein-Westfalen. IAB Regional NRW 1/2019.* Nürnberg: Institut für Arbeitsmarkt- und Berufsforschung.

SILBEREISEN, R./WEICHOLD, K. (2012): Jugend (12–19 Jahre). In: SCHNEIDER, W./LINDENBERGER, U. (Hg.): *Entwicklungspsychologie.* Weinheim/Basel: Beltz, 235–258.

SILBEREISEN, R./SCHÖNPFLUG, U./OTREMBA, H. (1989): Entwicklungsübergänge und Problemverhalten bei deutschen und türkischen Jugendlichen in Berlin. In: TROMMSDORF, G. (Hg.): *Sozialisation im Kulturvergleich.* Stuttgart: Enke, 122–155.

SOMERSALO, H. (2002): *School environment and children's mental well-being.* Academic dissertation, University of Helsinki. Online verfügbar unter: https://helda.helsinki.fi/bitstream/handle/10138/22517/schoolen.pdf?sequence=2 (zuletzt abgerufen am 30.10.2019).

STÄNDIGE KONFERENZ DER KULTUSMINISTER DER LÄNDER IN DER BUNDESREPUBLIK DEUTSCHLAND (Hg.) (2011*): Inklusive Bildung von Kindern und Jugendlichen mit Behinderungen in Schulen (Beschluss der Kultusministerkonferenz vom 20.10.2011).* Online verfügbar unter: http://www.kmk.org/fileadmin/veroeffentlichungen_beschluesse/2011/2011_10_20-Inklusive-Bildung.pdf (zuletzt abgerufen am 30.10.2019).

STÄNDIGE KONFERENZ DER KULTUSMINISTER DER LÄNDER IN DER BUNDESREPUBLIK DEUTSCHLAND (Hg.) (2017a): *Empfehlung zur Beruflichen Orientierung an allgemeinbildenden Schulen (Beschluss der Kultusministerkonferenz vom 07.12.2017).* Online verfügbar unter: https://www.kmk.org/fileadmin/Dateien/veroeffentlichungen_beschluesse/2017/2017_12_07-Empfehlung-Berufliche-Orientierung-an-Schulen.pdf (zuletzt abgerufen am 30.10.2019).

STÄNDIGE KONFERENZ DER KULTUSMINISTER DER LÄNDER IN DER BUNDESREPUBLIK DEUTSCHLAND (Hg.) (2017b): *Dokumentation zur Beruflichen Orientierung an allgemeinbildenden Schulen (Beschluss der Kultusministerkonferenz vom 07.12.2017).* Online verfügbar unter: https://www.kmk.org/fileadmin/Dateien/veroeffentlichungen_beschluesse/2017/2017_12_07-Dokumentation-Berufliche-Orientierung-an-Schulen.pdf (zuletzt abgerufen am 30.10.2019).

STÄNDIGE KONFERENZ DER KULTUSMINISTER DER LÄNDER IN DER BUNDESREPUBLIK DEUTSCHLAND (KMK) (2019): *Sonderpädagogische Förderung in allgemeinen Schulen (ohne Förderschulen) 2017/2018.* Online verfügbar unter: https://www.kmk.org/fileadmin/Dateien/pdf/Statistik/Dokumentationen/Aus_SoPae_Int_2017.pdf (zuletzt abgerufen am 30.10.2019).

STEFFEN A./AKMATOV M. K./HOLSTIEGE J./BÄTZING J. (2018): *Diagnoseprävalenz psychischer Störungen bei Kindern und Jugendlichen in Deutschland: eine Analyse bundesweiter vertragsärztlicher Abrechnungsdaten der Jahre 2009 bis 2017. Versorgungsatlas-Bericht Nr. 18 (7).* Berlin: Zentralinstitut für die kassenärztliche Versorgung in

Deutschland. Online verfügbar unter: https://www.versorgungsat¬las.de/the-men/alle-analysen-nach-datum-sortiert/?tab=6&uid=93 (zuletzt abgerufen am 30.10.2019).

STEIN, R. (2019): *Grundwissen Verhaltensstörungen.* 6. Aufl. Baltmannsweiler: Schneider.

STEIN R./KRANERT, H.-W./WAGNER, S. (2016): *Inklusion an beruflichen Schulen – Ergebnisse eines Modellversuchs in Bayern.* Bielefeld: Bertelsmann.

STEIN, R./MÜLLER, T. (2015; 2018): *Inklusion im Förderschwerpunkt emotionale und soziale Entwicklung.* 1./2. Aufl. Stuttgart: Kohlhammer.

STEIN, R./ORTHMANN BLESS, D. (Hg.) (2009): *Integration in Arbeit und Beruf bei Behinderungen und Benachteiligungen.* Baltmannsweiler: Schneider.

STÖBER, J./SCHWARZER, R. (2000): Angst. In: OTTO, J./EULER, H. A./MANDL, H. (Hg.): *Emotionspsychologie. Ein Handbuch.* Weinheim, 189–198.

STRAUSS, A./GLASER, B. G. (1971): *Status Passage: A Formal Theory.* Chicago: Aldine-Atherton.

TURNER, V. (2005): *Das Ritual. Struktur und Anti-Struktur.* Frankfurt u.a.: Campus-Verlag.

VAN GENNEP, A. (2005): *Übergangsriten.* Frankfurt u.a.: Campus-Verlag.

WELZER, H. (1993): *Transitionen. Zur Sozialpsychologie biographischer Wandlungsprozesse.* Tübingen: edition discord.

WORLD HEALTH ORGANIZATION (WHO) (2005): *Internationale Klassifikation der Funktionsfähigkeit, Behinderung und Gesundheit (ICF).* Geneva: WHO.

WYGOTSKI, L. (1987): *Ausgewählte Schriften. Band 2: Arbeiten zur psychischen Entwicklung der Persönlichkeit.* Köln: Pahl-Rugenstein.

RAMONA ECK UND HARALD EBERT

Transitionen gestalten: Schnittstelle zwischen Berufsschule, Jugendhilfe und Psychiatrie

Eine erfolgreiche Berufsausbildung und nachfolgend ein gelungener Übertritt in das Arbeitsleben sind grundlegende Faktoren zur gesellschaftlichen Teilhabe. Einen gradlinigen Übergang von der Schule in eine Ausbildung und danach in den Beruf zu vollziehen stellt sich aber gerade für junge Menschen mit psychischen Erkrankungen als außerordentlich schwierig dar. Als Gelingensfaktor einer Ausbildung kann somit die körperliche und seelische Gesundheit der Schülerinnen und Schüler bzw. der Auszubildenden angenommen werden. Damit gilt die (Berufs-)Schule als ein wesentliches Handlungssetting für Gesundheitsförderung und Prävention. Biographische Übergänge bzw. Übergänge zwischen verschiedenen Institutionen sind gerade für erkrankte Schülerinnen und Schüler mit Risiken und erneuten Belastungen verbunden, wenn diese nicht entsprechend begleitet oder unterstützt werden. Gründe dafür sind unter anderem institutionell begrenzte Zuständigkeitsbereiche sowie mangelnde Flexibilität und mangelnde Kooperation der Institutionen (vgl. ULLRICH 2006). Aufgrund der besonderen Belastungen, welche erkrankte Schülerinnen und Schüler erleben, ist eine planvolle Gestaltung und Begleitung der Übergänge zwischen den Systemen notwendig (vgl. HILLER 2007: 24 ff.; PEITZ/HOLTKAMP 2007: 49f.). Besonderer Unterstützung bedarf es an der Schnittstelle zwischen der (Kinder- und Jugend-)Psychiatrie, der (Berufs-)Schule, der Arbeitswelt und gegebenenfalls der Kinder- und Jugendhilfe. Bereits der Beginn einer (teil-)stationären Behandlung sowie die Entlassung aus einer Klinik zurück in Schule und Beschäftigung sowie in das häusliche Umfeld resp. in das Setting der Kinder- und Jugendhilfe werden von den jungen Menschen oftmals als krisenhaft und belastend erlebt. Es besteht enormer Handlungsbedarf bezüglich einer rechtskreisübergreifenden Kooperation, um einen professionell begleiteten Übergang zu gewährleisten. Hierbei müssten das Eigeninteresse der Institutionen und Berufsgruppen sowie die unterschiedlichen Ziele und Wahrnehmungsweisen der professionellen Akteure aufeinander abgestimmt und vernetzt werden. Dies könnte durch eine eigens dafür eingerichtete und personell entsprechend ausgestattete Koordinierungsstelle gelingen, welche einen entsprechenden, eindeutigen Handlungsauftrag besitzt.

1   Ausgangslage – Prävalenz

Etwa 10–20 % aller Kinder und Jugendlichen sind von einer psychischen Erkrankung betroffen (vgl. SCHULTE-KÖRNE 2016; KIELING et al. 2011). Der Kinder- und Jugendgesundheitssurvey zeigt eine stabile, hohe Prävalenz psychischer Störungen von 10 % in Deutschland. Bei jedem fünften Kind zwischen 3 und 17 Jahren können Hinweise auf psychische Störungen festgestellt werden (vgl. KURTH 2018). Hierzu gehören unter anderem depressive Störungen, Angststörungen, Störungen des Sozialverhaltens und hyperkinetische Störungen. Dies geht unter anderem aus repräsentativen empirischen Erhebungen wie der KIGGS-Studie und der Bella-Studie hervor. Jedoch ist nur ca. ein Drittel der psychisch erkrankten Kinder und Jugendlichen in ärztlicher Behandlung (vgl. KLASEN/MEYROSE/OTTO/REIß/RAVENS-SIEBERER 2017; REIß 2018). Gründe hierfür sind bspw. das fehlende Wissen über Versorgungsangebote oder die unzureichende Versorgungsstruktur.

Für den berufsbildenden Bereich gibt es bisher nur wenige Erkenntnisse resp. repräsentative Studien zu Prävalenzraten. Analog zu den genannten größeren Metaanalysen und empirischen Studien zeigt sich auch in einer auf die Don Bosco Berufsschule Würzburg und das Don Bosco Berufsbildungswerk begrenzten Untersuchung, dass erhebliche Verhaltensauffälligkeiten in der gesamten Breite sichtbar werden, insbesondere wenn man die unterschiedlichen Perspektiven von Lehrkräften, Ausbildenden und Schülerinnen und Schülern miteinbezieht (vgl. EBERT/STEIN/KRANERT/TULKE 2015). Die Don Bosco Berufsschule Würzburg und ihr Beratungszentrum verzeichnen auch aktuell eine zunehmende Präsenz psychischer Erkrankungen und psychosozialer Problemstellungen in den Bereichen Schule, Berufsorientierung, Berufsvorbereitung und Ausbildung. So zeigt das Krisen-Ranking der Don Bosco Berufsschule aus den Jahren 2008 bis 2016, dass der prozentuale Anteil psychischer Belastungen unter den Krisenfällen über die Jahre stetig angestiegen ist. Im Jahr 2016 hat von 611 Schülerinnen und Schülern ein Anteil von 23,2 % den Befund einer psychischen

Erkrankung. So deuten sowohl subjektive Eindrücke der Lehrkräfte und Selbsteinschätzungen der Schülerinnen und Schüler als auch wissenschaftliche Erkenntnisse auf eine Zunahme psychischer Belastungen von Schülerinnen und Schülern hin (vgl. dazu WEIGL 2016: 59).

Durch ihre Erkrankungen sind die Betroffenen nicht nur im häuslichen Rahmen und in sozialen Situationen, sondern auch im schulischen und beruflichen Kontext massiv beeinträchtigt. Krankheits- und/oder behandlungsbedingte Einschränkungen der Konzentrationsfähigkeit, der Motivation, des Affekts und des Sozialverhaltens wirken sich auf die schulische Leistungsfähigkeit sowie auf die Interaktion im Klassengefüge mit den Mitschülerinnen und -schülern aus (vgl. STEINHAUSEN 2006). Zudem können psychische Störungen das Risiko für Klassenwiederholungen, Schulabsentismus und -abbruch erhöhen (vgl. RICKING 2011; KNOLLMANN/AL-MOUHTASSEB/HEBEBRAND 2009) und jungen Menschen eine gelungene Schul- und Berufsausbildung und damit eine Teilhabe am gesellschaftlichen Leben erschweren. Im schulischen Kontext werden psychische Problematiken von Schülerinnen und Schülern häufig erst in Krisenfällen erkannt, wenn Probleme im Leistungsbereich und im sozialen Umfeld bereits bestehen und sich verfestigt haben. Verhält sich eine Schülerin oder ein Schüler infolge psychischer Probleme auffällig, fehlt schulintern oft das Wissen, wie die Problematik einzuschätzen ist und an welcher Stelle Hilfe organisiert werden kann. Hinzu kommt, dass anfängliche Unterstützungsbestreben durch Lehrkräfte oder die Schulsozialarbeit an fehlenden Kooperations- und Netzwerkverbindungen zu ambulanten und stationären Versorgungseinrichtungen der Kinder- und Jugendhilfe und -psychiatrie scheitern. Gleichzeitig hat die Schule häufig keine oder nur mangelnde Kenntnis darüber, inwiefern der Unterstützungsbedarf des jungen Menschen bereits durch Eltern oder Betreuer erkannt wurde und ob bereits Unterstützung organisiert wurde bzw. wird. Nicht selten nehmen die Schülerinnen und Schüler selbst oder ihre Eltern die Schweigepflicht der Institutionen bezüglich der Erkrankung ihrer Kinder in Anspruch. Aufgrund der Sorge vor Stigmatisierung wird dann kein Kontakt zur Schule gewünscht.

Es besteht das Risiko, dass aufgrund fehlender Absprachen und unzureichender Zusammenarbeit eine notwendige Versorgung nicht zeitnah und effektiv gewährleistet werden kann. Kann eine psychiatrische/psychotherapeutische Anbindung der jungen Menschen eingerichtet werden oder besteht sie bereits, mangelt es weiterhin an einem (kontinuierlichen) Austausch zwischen den beteiligten Institutionen, um die jungen Menschen in allen Lebensbereichen bestmöglich zu unterstützen. Fehlender Austausch und unklare Zuständigkeiten beeinträchtigen häufig eine gesunde Entwicklung und Teilhabe.

Ein bisher ungedeckter Bedarf ergibt sich zusätzlich bei Schülerinnen und Schülern, die nach einer Schul- und Arbeitsunfähigkeit aufgrund psychischer Erkrankung in die Schule bzw. die Berufsschule zurückkehren. Hat über längere Zeit kein Schulbesuch stattgefunden, fällt es den erkrankten Schülerinnen und Schülern oft schwer, wieder in den Schulalltag zurückzufinden. Gleichzeitig mangelt es in der Stammschule am nötigen Wissen und den zeitlichen und personellen Ressourcen, um die Schülerinnen und Schüler bei der Wiedereingliederung bestmöglich zu unterstützen. Auch wenn während der stationären Behandlung die Schule für Kranke besucht wurde, ist eine pädagogisch begleitete Rückführung seitens dieser Schule auf begründete Einzelfälle beschränkt, da hierfür kein Stundenkontingent zur Verfügung steht. Im Falle der Rückkehr in eine Beschäftigung ist zudem ein spezifisches Wissen für die fachlichen Erfordernisse und die Spielregeln des Arbeitsmarktes zwingend notwendig. Laut der Verordnung über die Errichtung und den Betrieb sowie Schulordnung der Schulen für Kranke in Bayern findet ausschließlich eine Benachrichtigung der Stammschule statt, nicht aber ein "besonderes Rückführungs- oder Überweisungsverfahren" (§ 9 KraSO). Aufgrund höherer Patientenfluktuationen und im Rahmen der Gesundheitsreform hat sich die durchschnittliche Dauer der stationären Krankenhausbehandlung und somit auch der Beschulung in der Schule für Kranke verkürzt. Damit hat sich der Durchgangscharakter der Schule für Kranke weiter verfestigt (vgl. WERTGEN 2009). Dies wirkt wiederum begrenzend auf die Möglichkeiten und Ressourcen für individuelle Reintegrationen seitens der Schule für Kranke. Dass sich auch Eltern erkrankter Schülerinnen und Schüler eine gezielte Unterstützung bei der Reintegration in das allgemeine Schulsystem wünschen und diese bisher eher als belastend und krisenhaft beschreiben, geht aus Befragungen von Eltern betroffener Schülerinnen und Schüler hervor (vgl. WEBER/STEINS/HAEP/BRENDGEN 2008). Hier zeigt sich ein enormer Handlungsbedarf.

2 Handlungsbedarf: Koordinierungsstelle

Um diesen Handlungsbedarfen zu begegnen, wird eine Koordinierungsstelle benötigt, die zwischen den Systemen aktiv wird. Durch ein die (Berufs-)Schule

© Frank & Timme   Verlag für wissenschaftliche Literatur

ergänzendes Case-Management könnten Unterstützungsmaßnahmen für junge Menschen schneller organisiert und aus einer Hand koordiniert werden. Durch präventive und interventive Maßnahmen im schulischen/ausbildungsbezogenen, gesundheitlichen und familiären Kontext sowie in Einrichtungen der Kinder- und Jugendhilfe soll die uneingeschränkte Teilhabe an der Gesellschaft gefördert werden. Voraussetzung dafür ist im Wesentlichen eine umfangreiche Netzwerkarbeit mit ambulanten und stationären psychiatrischen und psychotherapeutischen Versorgungseinrichtungen, mit der Kinder- und Jugendhilfe, den Schulen, Eltern und Ausbildungsbetrieben, der Agentur für Arbeit und den Jobcentern. Dieses Netzwerk wäre in der sozialräumlichen Versorgungsstruktur zu implementieren und sollte die verschiedenen Rechtskreise umschließen, um die Grenzen der Zuständigkeiten zu überwinden und Brüche an deren Schnittstellen zu vermeiden. Eine planvolle Zusammenarbeit zwischen (Berufs-) Schule, Kinder- und Jugendhilfe, (Kinder- und Jugend-)Psychiatrie, Ausbildungsbetrieben sowie den Jobcentern und der Agentur für Arbeit könnte eine umfassende und effektive Versorgung der jungen Menschen in unterschiedlichen Lebensbereichen gewährleisten und verhindern, dass junge Menschen zwischen den Zuständigkeitsgrenzen der verschiedenen Rechtskreise BayEUG, SGB II, SGB III, SGB V, SGB VIII, SGB IX und SGB XII aus dem institutionellen Blickfeld geraten. Insbesondere die Einbindung der Berufsschulen als bedeutender Lebensbereich der jungen Menschen ist Grundlage bei der Implementierung eines Netzwerkes und einer Kultur der gemeinsamen Zuständigkeit.

Ein solches umfassendes Modell besteht bisher weder an den Berufsschulen der Region Würzburg noch an den (Kinder- und Jugend-)Psychiatrien und Einrichtungen der Kinder- und Jugendhilfe. Durch die Fokussierung auf psychische Problemstellungen und durch die damit einhergehende Notwendigkeit umfassender Fachkenntnisse in diesem Bereich sowie die intensive Einzelfallarbeit besteht eine deutliche Abgrenzung zur Jugendsozialarbeit an Schulen und Schulsozialarbeit sowie zu anderen schulinternen Unterstützungs- und Beratungsangeboten. Bezüglich der Aktivitäten im externen Schulumfeld sollte die Zusammenarbeit mit Kooperationspartnern im Bereich psychische Gesundheit umfassend ausgebaut werden. Gezielte Bemühungen um eine regelhafte, umfassende Netzwerkarbeit mit dem Ziel, eine ganzheitliche, systemübergreifende Versorgung herzustellen, gibt es bisher im Einzugsgebiet Würzburg nicht. Die Versorgung der Schülerinnen und Schüler ist stark auf einzelne Systeme bezogen. Personelle und strukturelle Zuständigkeiten enden mit den Grenzen der verschiedenen Rechtskreise. Versorgung über die Rechtskreise hinaus ist deshalb momentan von individuellen Bemühungen und dem Engagement Einzelner abhängig. Diese scharfe Trennung soll durch den Aufbau des Netzwerkes überwunden werden, sodass junge Menschen nicht zwischen Systemen verloren gehen.

2.1   Personelle Ressourcen

Entscheidend für eine solche Koordinierungsstelle zwischen den Systemen ist die institutionelle Unabhängigkeit der Mitarbeiterinnen und Mitarbeiter. Jedoch sollten diese über umfassende Kenntnisse der verschiedenen Institutionen und der regionalen Versorgungsstruktur verfügen, da ein Schwerpunkt des Aufgabenbereiches auf dem unmittelbaren Case-Management und der Zusammenarbeit mit den Kooperationspartnern liegt. Interventiv könnten diese Mitarbeiterinnen und Mitarbeiter auch bei auftretenden Problematiken von Schülerinnen und Schülern, Eltern, Lehrkräften, Ausbildenden und der Schulsozialarbeit zur fachlichen Einschätzung und ggf. Diagnostik hinzugezogen werden. Nach einer gemeinsamen Clearingphase von Betroffenen und Fachdiensten können dann passgenaue Hilfen erschlossen und koordiniert werden. Um bei konkretem Handlungsbedarf auch beratend oder therapeutisch tätig zu werden, sollten Mitarbeiterinnen und Mitarbeiter angestellt werden, welche ein Studium der (Sozial-)Pädagogik oder Psychologie abgeschlossen haben und über eine therapeutische Weiterbildung verfügen bzw. sich in einer therapeutischen Aus- oder Weiterbildung befinden. So könnten junge Menschen von der ersten diagnostischen Einschätzung über die therapeutische bzw. psychiatrische Anbindung bis hin zur schulischen und beruflichen Wiedereingliederung von den Mitarbeiterinnen und Mitarbeitern der Koordinierungsstelle begleitet werden. Hierdurch würde eine personelle Kontinuität gewährleistet werden, die unterstützend wirkt. Schließlich führt in der Regel ein ständiger Wechsel des Unterstützungssettings zu Brüchen der personellen und inhaltlichen Kontinuität. Um diese zu kompensieren, bedarf es enormer Transfer- und Koordinierungsleistungen (vgl. dazu WEIG/BRÄUNING-EDELMANN/BRIEGER/STENGLER 2011: 1134).

Durch regelmäßige Sprechstunden und individuelle Gesprächstermine könnte eine psychosoziale Beratung und Begleitung der betroffenen Schülerinnen und Schüler vor Ort stattfinden. Gemeinsame Gespräche (Helferrunden) mit den Betroffenen, Eltern, Lehrkräften, Mitarbeitenden der Kinder- und Jugendhilfe, ambulanten/stationären Behandelnden und Ausbildenden wären regelmäßig zu organisieren. Schulinterne und -externe Bedingungen und Abläufe könnten mit Lehrkräften, der Schulleitung und der Schulsozialarbeit reflektiert und, wenn nötig, angepasst werden. Zudem könnten als weiterer bedeutender Tätigkeitsbereich Möglichkeiten einer sinnvollen Reintegration der Schülerinnen und Schüler in Schule und Ausbildung erörtert werden. Bei längeren krankheits-/behandlungsbedingten Ausfällen ist beispielsweise eine schrittweise Wiederaufnahme der Unterrichts- und Arbeitsstunden im Sinne der beruflichen Wiedereingliederung nach § 28 SGB IX denkbar. Zudem wäre es wünschenswert, im Rahmen eines Konsiliardienstes eine ärztliche Versorgung vor Ort anbieten zu können. Hierbei könnten Assistenzärzte der Kinder- und Jugendpsychiatrie und/oder der Erwachsenenpsychiatrie monatlich zum Konsil in die Schulen kommen.

2.2   Handlungsbedarf: mobile schulische Ressourcen

Ist es Schülerinnen und Schülern nicht möglich, den Unterricht in der Schule zu besuchen, beispielsweise aufgrund von Psychiatrieaufenthalt, Krankschreibung oder Fehlzeiten aus multiplen Gründen, fehlen die personellen und zeitlichen Ressourcen sowie unter anderem auch ein eindeutiger Handlungsauftrag seitens der Schule, aufsuchend tätig zu werden. Dies führt dazu, dass durch die fehlende Übernahme von Zuständigkeiten oder das Zuschieben von Verantwortlichkeiten junge Menschen häufig keine ausreichende Versorgung erhalten oder nicht am Unterricht partizipieren können.

Hier würden weitere schulische Ressourcen analog zum Modell der Stunden des mobilen sonderpädagogischen Dienstes (MSD) benötigt, welche flexibel abgerufen, durchgeführt und dokumentiert werden könnten. Dadurch könnten Lehrkraft gezielt zunächst über Medien (Telefon, Handy, Nachrichtendienste, soziale Netzwerke, E-Mail) und weiter aufsuchend Kontakt zu den Schülerinnen und Schülern aufnehmen. Unterrichtsmaterialien könnten den Schülerinnen und Schülern ebenso entweder durch aufsuchende Dienste oder aber online zur Verfügung gestellt werden. Entsprechend könnte auch die Wiedereingliederung zur Teilnahme am Unterricht in der Schule und zur Wiederaufnahme der Arbeit im Betrieb personell begleitet werden. Bei längeren krankheits-/behandlungsbedingten Ausfällen ist beispielsweise eine schrittweise Wiederaufnahme der

Unterrichts- und Arbeitsstunden im Sinne der beruflichen Wiedereingliederung nach § 28 SGB IX denkbar. Hier ist eine enge Zusammenarbeit mit dem Betrieb bzw. den Ausbildenden eines Betriebes grundlegend. Überdies könnten neben einer medialen Kontaktaufnahme Besuche im Betrieb sowie Arbeitsplatzanalysen stattfinden, um unterstützende Rahmenbedingungen zu generieren.

Befinden sich die Schülerinnen und Schüler dagegen noch nicht in einer Ausbildung oder wurde das bestehende Ausbildungsverhältnis aufgelöst, so muss zunächst nach einem individuell geeigneten Ausbildungsort und -weg gesucht werden. Hierfür ist der Austausch mit den Mitarbeiterinnen und Mitarbeitern der Agentur für Arbeit bzw. den Jobcentern grundlegend sowie die Nutzung von Maßnahmen und Konzepten der Berufsorientierung. Dabei gilt es nach individuellen Qualifizierungswegen und Unterstützungsmöglichkeiten zu suchen oder ggf. neue zu entwickeln.

Nehmen die Schülerinnen und Schüler bereits an einer berufsvorbereitenden Maßnahme teil, so könnte im Falle einer psychischen Erkrankung die entsprechende Lehrkraft – wie oben beschrieben (analog Ausbildung) – aufsuchend tätig sein, Unterrichtsmaterialien online oder über digitale Medien zur Verfügung stellen oder die Wiedereingliederung begleiten. Um auch hier individuell auf die Bedürfnisse der Schülerinnen und Schüler eingehen zu können, sind entsprechend gestufte schulische Angebote ('individuelle Stundenpläne') zu erarbeiten.

Insgesamt können sowohl im Kontakt mit Eltern als auch mit Schülerinnen und Schülern, Lehrkräften, Mitarbeitenden der Kinder- und Jugendhilfe und den Ausbildenden Programme zur Rückführung und Wiedereingliederung konzipiert werden. Dabei müssen individuell geeignete Lernbedingungen identifiziert werden, um so auch unter erschwerten Bedingungen eine gelungene Berufsausbildung zu fördern.

2.3   Handlungsbedarf: Information und Fortbildungen

Eine gesellschaftliche Teilhabe durch Bildung und eine erfolgreiche Ausbildung erfolgt im Kontext Berufsschule nicht nur durch Gesundheitsförderung bzw. -wiederherstellung, sondern wird zu einem wesentlichen Teil auch durch präventives Arbeiten getragen. Durch Aufklärung und Psychoedukation unter anderem im Rahmen von Fortbildungen, Projektwochen, Aktionstagen und Elternabenden kann ein Bewusstsein für psychische Erkrankungen geschaffen werden und damit der Blick für diesbezügliche Auffälligkeiten geschärft werden. Hierfür sind Maßnahmen und Veranstaltungen zur Information und Aufklärung in das Schulleben zu integrieren. Speziell für betroffene Lehrkräfte sollten Fortbildungen durchgeführt werden. Dabei wäre es sinnvoll, gewünschte Themen sowohl schulintern als auch schulübergreifend zu erheben. Unter anderem ist auch der Austausch mit Fachpersonal aus allen betroffenen Zuständigkeitsbereichen im Rahmen von Fachtagungen sinnvoll, um ein grundsätzlich besseres Verständnis sowie mehr Sensibilität im Umgang mit psychischer Erkrankung zu fördern. Für die professionellen Akteure der unterschiedlichen Systeme Kinder- und Jugendhilfe, Schule und (Kinder- und Jugend-)Psychiatrie sind Möglichkeiten zu schaffen, die jeweiligen Arbeitsgrundlagen der verschiedenen Dienste und Einrichtungen besser kennen zu lernen. Dies kann beispielsweise über Hospitationen erfolgen. Hinsichtlich eines präventiven Zugangs sollen in Zukunft Schülerinnen und Schüler mit Unterstützungsbedarf schneller identifiziert werden. Interventionen erfolgen, bevor Probleme sich verfestigt haben oder die Situation eskaliert.

3   Fazit

Aufgrund unklarer Zuständigkeiten und fehlenden Austausches zwischen den einzelnen Lebensbereichen (Familie/Wohneinrichtung, Ausbildung, Schule) und zwischen den zuständigen Versorgungsbereichen (Medizin, Psychiatrie, Jugendhilfe, Agentur für Arbeit/Jobcenter) erhalten psychisch belastete junge Menschen oft keine oder nur eine unzureichende Versorgung. An der Schnittstelle der Systeme besteht ein enormer Handlungsbedarf. Zudem bildet sich hier auch ein Forschungsdesiderat ab.

Durch die Einrichtung einer neuen Koordinierungsstelle zwischen den Systemen der (Berufs-)Schule, Kinder- und Jugendhilfe und (Kinder- und Jugend-)Psychiatrie könnte der steigenden Anzahl von Schülerinnen und Schülern mit psychischen Erkrankungen eine umfassendere Unterstützung zukommen. Somit könnte die uneingeschränkte berufliche und gesellschaftliche Teilhabe verbessert werden. Möglicherweise könnten durch eine Koordinierungsstelle im Sinne eines sozialpsychiatrischen Dienstes die Zahl und Dauer der stationären

Behandlungen sowie ambulante Behandlungsabbrüche reduziert werden. Maßgeblich hierfür wäre ein sowohl präventives als auch interventives und nachsorgendes Angebot im Netzwerk. Dabei sind sowohl aufsuchende Dienste als auch mediale und digitale Angebote zur Kommunikation nutzbar zu machen und im regionalen Netzwerk zu implementieren. Zielführend wirkt gerade im Sektor der beruflichen Bildung ein sozialraumorientierter Ansatz, da neben mehreren beruflichen Schulen, die in jeweils verschiedenen Berufsfeldern ausbilden, auch die Betriebe in der Region verteilt liegen. Die Schülerinnen und Schüler kommen aus einem Einzugsgebiet in die Berufsschulen, welches neben der Stadt auch mehrere Landkreise umfasst. Dafür sind dann wiederum unterschiedliche Kinder- und Jugendpsychiatrien und ab der Volljährigkeit die Psychiatrien der Unikliniken oder Bezirkskrankenhäuser zuständig. Deshalb ist es notwendig, ein breites Netzwerk im Sozialraum der Schülerinnen und Schüler zu implementieren. Neben der Sozialraumorientierung ist außerdem ein personenorientierter Ansatz zu verfolgen und im beruflichen Bildungssystem sowie an dessen Schnittstellen zu implementieren. Denn ausgehend von den individuellen Teilhabeeinschränkungen können schließlich individualisierte Unterstützungsleistungen gestaltet werden.

Durch mehr Verständnis für psychische Erkrankungen innerhalb des Ausbildungssystems, ein strukturiertes und organisiertes Case-Management sowie die sektorenübergreifende, interdisziplinäre Zusammenarbeit könnte die Anzahl der Schülerinnen und Schüler, denen die gegenwärtigen Systeme nicht gerecht werden, verringert werden. Damit werden auch eine Genesung und ein erfolgreicher Abschluss der Berufsausbildung gefördert. Gleichzeitig könnte so in einem übergeordneten Kontext auch ein Beitrag zur Verbesserung gesellschaftlicher Akzeptanz und zur Destigmatisierung von psychischer Erkrankung geleistet werden.

Literaturverzeichnis

AKTION PSYCHISCH KRANKE (APK) (2005): *Der personenzentrierte Ansatz in der psychiatrischen Versorgung. Individuelle Hilfeplanung (IBRP) und personenzentriert-integratives Hilfesystem – Manual, Hilfeplanung, Behandlungs– und Rehabilitationspläne.* Bonn: Psychiatrie.

EBERT, H./STEIN, R./KRANERT, H.-W./TULKE, A. (2015): Auffälligkeiten des Verhaltens und Erlebens in der Beruflichen Bildung – Eine Studie mit den Achenbach-Skalen. In: *Empirische Sonderpädagogik* 7 (4), 341–365.

HILLER, G. G. (2007): Lebenskunst im Jugendknast. Bildungsarbeit im Jugendstrafvollzug: Wer im Scheitern nicht allein gelassen ist, wird nicht kriminell. In: *SchuPs. Zeitung des Arbeitskreises Schule und Psychiatrie* 16, 24–34.

KIELING C./BAKER-HENNINGHAM, H./BELFER, M./CONTI, G./ERTEM, I./OMIGBODUN, O./ROHDE, L. A./SRINATH, S./ULKUER, N./RAHMAN, A. (2011): Child and adolescent mental health worldwide: evidence for action. In: *Lancet* 378, 1515–1525.

KLASEN, F./MEYROSE, A./OTTO, C./REIß, F./RAVENS-SIEBERER, U. (2017): Psychische Auffälligkeiten von Kindern und Jugendlichen in Deutschland. Ergebnisse der BELLA-Studie. In: *Monatsschrift Kinderheilkunde* 165 (5), 402–407.

KNOLLMANN, M./AL-MOUHTASSEB, K./HEBEBRAND, J. (2009): Schulverweigerung und psychische Störungen: Merkmale von schulverweigernden Kindern und Jugendlichen und ihren Familien einer kinder- und jugendpsychiatrischen Schulverweigererambulanz. In: *Praxis der Kinderpsychologie und Kinderpsychiatrie* 58 (6), 434–449.

KRANERT, H.-W./ECK, R./EBERT, H./TUTSCHKU, U. (2017*): Inklusive Schulentwicklung an berufsbildenden Schulen. Ergebnisse aus dem Netzwerk Berufliche Schulen Mainfranken.* Bielefeld: Bertelsmann.

KURTH, B.-M. (2018): *KiGGS Welle 2 – Erste Ergebnisse aus Querschnitt- und Kohortenanalysen. Journal of Health Monitoring 1.* Berlin: Robert Koch-Institut.

PEITZ, A./HOLTKAMP, J. (2007): Step In into Step Out. Unterricht mit suchtmittelabhängigen Jugendlichen – ein neues Arbeitsfeld an der Ruhrlandschule Essen. In: *SchuPs. Zeitung des Arbeitskreises Schule und Psychiatrie* 16, 49–50.

RedR (1999): *Krankenhausschulordnung (KraSO) vom 1. Juli 1999 (GVBl. S. 288, BayRS 2233-2-7-K), die zuletzt durch § 1 Nr. 248 der Verordnung vom 22. Juli 2014 (GVBl. S. 286) geändert worden ist.*

REIß, F. (2018): Wenn die Seele krankt – psychische Auffälligkeiten von Kindern und Jugendlichen in Deutschland. Ergebnisse aktueller Forschungen (BELLA-Studie und HBSC-Studie Hamburg). In: *punctum* 1 (18), 8–10.

RICKING, H. (2011): *Desintegration in Zeiten der Inklusion. Neue Erkenntnisse zum Dropout und ihre Konsequenzen für die schulische Förderung benachteiligter Schüler.* Oldenburg: diz.

RICKING, H./SCHULZE, G./WITTROCK, M. (2009): *Schulabbruch – Eine Herausforderung für Schule? Oder: Warum Heranwachsende nicht mehr in die Schule gehen.* Oldenburg: diz.

SCHULTE-KÖRNE, G. (2016): Psychische Störungen bei Kindern und Jugendlichen im schulischen Umfeld. In: *Deutsches Ärzteblatt* 113 (11), 183–190.

STEINHAUSEN, H.-C. (2006): *Schule und psychische Störungen.* Stuttgart: Kohlhammer.

STEINS, G./WEBER, P./WELLING, V. (2013): *Von der Psychiatrie zurück in die Schule – Reintegration bei Schulabsentismus. Materialien, Konzepte, Begründungen.* Wiesbaden: Verlag für Sozialwissenschaften/Springer.

ULLRICH, G. (2006): Psychosoziale Versorgung von Kindern und Jugendlichen: Synopse und Ausblick. In: PAWILS, S./KOCH, U. (Hg.): *Psychosoziale Versorgung in der Medizin. Entwicklungstendenzen und Ergebnisse der Versorgungsforschung.* Stuttgart: Schattauer, 276–290.

WEBER, P./WELLING, V./STEINS, G. (2012): Reintegration psychisch kranker Schülerinnen und Schüler aus der Psychiatrie in die Regelschulen. In: FREY, H./WERTGEN, A. (Hg.): *Pädagogik bei Krankheit. Konzeptionen, Methodik, Didaktik, Best-Practice-Beispiele.* Lengerich: Pabst Science Publishers, 104–114.

WEBER, P./STEINS, G./HAEP, A./BRENDGEN, A. (2008): Entwicklung weiterführender Maßnahmen. In: STEINS, G. (Hg.): *Schule trotz Krankheit. Eine Evaluation von Unterricht mit kranken Kindern und Jugendlichen und ihre Implikationen für die allgemeinbildenden Schulen.* Berlin: Pabst Science Publishers, 316–353.

WEIG, W./BRÄUNING-EDELMANN, M./BRIEGER, P./STENGLER, K. (2011): Psychiatrische Rehabilitation. In: MÖLLER, H.-J./LAUX, G./KAPFHAMMER, H.-P. (Hg.): *Psychiatrie, Psychosomatik, Psychotherapie.* Berlin: Springer, 1129–1142.

WEIGL, E. (2016): Kinder und Jugendliche mit psychischen Belastungen in der schulischen Wirklichkeit – heute. In: REXROTH, C. A./LUSTIG, T. (Hg.): *Schulvermeidung. Frühzeitig – interdisziplinär – gesamtgesellschaftlich.* Göttingen: V&R, 59–67.

HANS-WALTER KRANERT UND ROLAND STEIN

Förderbedarf emotional-soziale Entwicklung: Verhaltensstörungen als besondere Herausforderung für Berufsschulen – vom Erkennen zum Handeln

1   Einleitung

Nationale wie internationale Befunde zeigen, dass der Umgang mit Auffälligkeiten des Erlebens und Verhaltens bei jungen Menschen im Sinne von Verhaltensstörungen eine der besonderen pädagogischen Herausforderungen der kommenden Jahre darstellen wird (vgl. NLTS 2006; STEIN/ELLINGER 2018; STEIN 2019: 56ff.). Dies gilt auch für das Duale System beruflicher Bildung und dabei insbesondere für die Berufsschulen (vgl. STEIN/KRANERT/WAGNER 2016).

Aus Daten und Befunden im Rahmen der wissenschaftlichen Begleitung zweier größerer Modellversuche an Berufsschulen im Bundesland Bayern heraus[2] sollen in diesem Beitrag bezogen auf die Frage von jungen Menschen mit Förderbedarf in der emotional-sozialen Entwicklung Schlussfolgerungen zum einen für Notwendigkeiten und Möglichkeiten der Einschätzung und Diagnostik sowie zum anderen für pädagogisches Handeln im berufsbildenden Bereich entwickelt und diskutiert werden.

2   'Förderbedarf emotional-soziale Entwicklung' und 'Verhaltensstörungen'

Förderbedarf in der emotional emotional-sozialen Entwicklung ist eine schulische Kategorie für die Bedarfsbestimmung sonderpädagogischer Förderung im Sinne der KMK-Empfehlungen (vgl. KMK 1994; 2000; 2011). Sie betrifft Auffäl-

....

1   Die Autoren danken der Stiftung Bildungspakt Bayern, dem Europäischen Sozialfonds (ESF) sowie dem Heilpädagogischen Forum Würzburg für die Unterstützung der Wissenschaftlichen Begleitung durch den Lehrstuhl Sonderpädagogik V der Universität Würzburg.

ligkeiten des Erlebens und Verhaltens bei Kindern und Jugendlichen. Die Zahlen in diesem Förderschwerpunkt haben sich in den letzten 15 Jahren deutlich erhöht; während die Gesamt-Förderquote (in allen Schulformen) sich in dieser Zeit etwa verdreifacht hat und aktuell bei 1,18 % der Schülerinnen und Schüler liegt, hat sich auch die Förderschulbesuchsquote (derjenigen, die in speziellen Schulen gefördert werden) über diese 15 Jahre etwa verdoppelt und liegt mit Stand 2014 bei 0,52 % (vgl. KMK 2016; 2018).

Die kinder- und jugendpsychiatrische Referenzkategorie hierzu stellen 'psychische Störungen' dar. Epidemiologischen Studien und auch Metaanalysen der vergangen zwei Jahrzehnte folgend kann davon ausgegangen werden, dass es eine Prävalenzrate von etwa 18 % der Kinder und Jugendlichen gibt. Die Persistenzrate überdauernder Störungen in diesem Bereich wird auf 10 % geschätzt (siehe die Metaanalyse von IHLE und ESSER 2002 sowie im Überblick vgl. STEIN 2019); der Kinder- und Jugendlichen-Gesundheits-Survey (KiGGS) spricht ausgehend von seiner großen Studie von einer "Risikogruppe" von nach neuerem Stand etwa 18 % (HÖLLING/ERHART/RAVENS-SIEBERER/SCHLACK 2007; HÖLLING/ SCHLACK/PETERMANN/RAVENS-SIEBERER/MAUZ 2014; KLIPKER/BAUMGARTEN/GÖ- BEL/LAMPERT/HÖLLING 2018).

'Psychische Störungen' sind nicht mit der Attestierung emotional-sozialen Förderbedarfs identisch, aber es besteht eine enge Verbindung und eine große inhaltliche Schnittmenge zwischen beiden Kategorien aus unterschiedlichen Systemen (Schule, Kinder- und Jugendpsychiatrie), so dass von einer erheblichen 'Schere' zwischen attestiertem schulischem Förderbedarf zum einen (mit Quoten bei gut 1 %) und dem Auftreten gravierender psychischer Problematiken zum anderen (mit Prävalenzraten um 18 %) auszugehen ist, die vielleicht einen der Gründe der deutlichen Erhöhung der Förderbedarfsquoten in den letzten Jahren darstellt. Dabei stehen insbesondere Angstproblematiken, dissoziales Verhalten, Aufmerksamkeitsdefizit-Hyperaktivitätsstörungen (ADHS) sowie depressive Phänomene im Vordergrund, mithin also stark auch 'internalisierende' Problematiken, welche insbesondere die Betroffenen belasten und die nicht so leicht zu erkennen sind wie etwa Aggressivität oder Hyperaktivität (vgl. STEIN 2019: 56ff.). Auf Basis dieser Zahlen stellen Verhaltensauffälligkeiten dieser Art ein erhebliches Problem für unterschiedliche institutionelle Kontexte dar, sie sind hinsichtlich ihres inhaltlichen Spektrums breit und damit 'in sich heterogen' – und erfordern demzufolge aus dieser Unterschiedlichkeit heraus auch gezielte, differenzierte pädagogische Antworten.

Sie repräsentieren einerseits in ihrer Breite Herausforderungen für alle Pädagogen – und beinhalten zugleich andererseits ausgesprochen massive Probleme 'in der Spitze', die einer spezifischen Expertise bedürfen, wie sie Sonderpädagogen, Psychologen, Beratungslehrkräfte sowie – noch vertiefter – Sonderpädagogen mit spezifischer Expertise für Verhaltensstörungen mit einbringen können.

In der sonderpädagogischen Fachszene hat sich das Konzept 'Verhaltensstörungen' als pädagogische Kategorie etabliert (MYSCHKER 2009). Es dient hier als Klammer der Konzepte des Förderbedarfs zum einen sowie der psychischen Störungen zum anderen; es wird hier, anders als klassisch wie bei MYSCHKER (2009) auf die Person der 'Betroffenen' zentrierte Sichtweise, interaktionistisch verstanden (STEIN 2019): Zutage tretende Verhaltensauffälligkeiten bei jungen Menschen sind aus dieser Perspektive immer Signale für eine dahinter stehende Verhaltensstörung, die eine Störung im Person-Umwelt-Bezug darstellt: Irgendetwas in der Interaktion zwischen jungen Menschen und ihrem aktuellen Umfeld, den situativen Bedingungen und ihren Anforderungen verläuft nicht regelgerecht. Dies verschiebt den direkten Fokus weg von der Person hin zu den Interaktionsprozessen, wobei damit überdauernde, durchaus auch erhebliche Auffälligkeiten der Person selbst als Beiträge zu der Störung ebenso wenig ausgeschlossen werden wie belastende Charakteristika der aktuellen Lebenssituation und ihrer Bedingungen (wie etwa familiäre oder schulische Belastungen oder Probleme in und mit der Peer Group in der Freizeit). Die hinter den Auffälligkeiten des Erlebens und Verhaltens stehende Störung ergibt sich aus dieser Sicht über die jeweilige Interaktion eines Menschen, so wie er ist, mit situativen Anforderungen. Von besonderer Relevanz ist dabei das Erleben des Menschen im Hinblick auf diese Anforderungen und der Umgang damit im Sinne des Handelns. Die Forschung zu psychischen Störungen bei Kindern und Jugendlichen beschreibt und kategorisiert, unter Bezug auf die internationalen Klassifikationssysteme ICD-10 und DSM 5, die Auffälligkeiten, nicht die Verhaltensstörungen im hier betrachteten Sinne.

3 'Verhaltensstörungen' und Berufliche Bildung

Analysen zu Verhaltensauffälligkeiten in der Beruflichen Bildung müssen mit Blick auf das hier über Jahrzehnte gewachsene System besonderer Förderung erfolgen: Dieses konstituiert sich aus drei – zugleich miteinander verwobenen – 'Subsystemen': der 'regulären' Ausbildung (vollschuliche Bildungsgänge; duales System), dem System der Benachteiligtenförderung (BOJANOWSKI/KOCH/RATSCH-INSKI/STEUBER 2013) und drittens der Beruflichen Rehabilitation (vgl. BIERMANN 2008). Für alle drei 'Subsysteme' werden Verhaltensauffälligkeiten ganz grundsätzlich in ihrer gesamten Breite diskutiert (vgl. BIERMANN 2008; STEIN/ORTHMANN BLESS 2009; BOJANOWSKI et. al. 2013). Allerdings zeigen Analysen der Literatur, dass es bis dato kaum wirklich dezidierte Forschungsarbeiten gibt (vgl. STEIN/EBERT 2010; STEIN/KRANERT/TULKE/EBERT 2015).

Es finden sich nur sehr wenige einschlägige Studien, und auch ein Blick auf die jüngere Diskussion in den vergangenen fünf Jahren macht deutlich, dass dies nach wie vor kaum ein Thema für die Bildungsberichterstattung in der Beruflichen Bildung und ihrem Umfeld ist (vgl. BMBF 2014). Auf der anderen Seite, der sonderpädagogischen und ihrem Umfeld, erscheint der Kontext berufliche Bildung in jüngeren einschlägigen Arbeiten zu Verhaltensauffälligkeiten, etwa zu Gewalt und Aggressivität oder auch zu Angstproblematiken, kaum (vgl. SCHUBARTH 2010; STEIN 2019). Für die Berufliche Bildung selbst finden sich einige neuere, kleinere Arbeiten: So geht WOLFF (2013) von einer möglichen Erhöhung von Aggressionsproblematiken in Berufskollegs aus und diskutiert dies. Auf Basis einer Befragung von Berufsschülern in Stade sieht BAIER (2010) Berufsschulen nicht als übermäßig delinquenzbelastet, wohl jedoch Berufsvorbereitungs- und Berufsgrundbildungsjahre. Gerade aus dem Kontext der Berufsbildungswerke und der Beruflichen Rehabilitation heraus werden in jüngerer Zeit psychische Störungen – und damit auch Verhaltensauffälligkeiten – diskutiert, und verschiedene Berufsbildungswerke wenden sich verstärkt dem von diesen Störungen betroffenen Personenkreis zu. Den Anstieg psychischer Störungen in Berufsbildungswerken betrachtet HENKELMANN (2014) im Hinblick auf Hintergründe dieses Phänomens sowie auch Fragen des Umganges hiermit; auch Phänomene wie Autismus, Aufmerksamkeits- und Hyperaktivitäts-Impulsivitätsproblematiken, Psychosen, Persönlichkeitsstörungen, Drogen und Sucht oder Essstörungen geraten vermehrt in den Fokus der Aufmerksamkeit (vgl. BUNDESARBEITSGEMEINSCHAFT DER BERUFSBILDUNGSWERKE 2014). Im Kontext der Diskussion um eine verstärkt inklusive Ausrichtung des Beruflichen Bildungssystems werden Verhaltensauffälligkeiten als eine Dimension im Kontext heterogener Lerngruppen angeführt, jedoch nicht dezidiert fokussiert (vgl. etwa

ALBRECHT/ERNST/WESTHOFF/ZAURITZ 2014; SEVERING/WEIß 2014). In diesem Diskurs werden wiederum vollzeitschulische Angebote wie das Berufsvorbereitungsjahr bzw. das Berufsgrundschuljahr als besonders herausragend im Hinblick auf Aspekte der Heterogenität gesehen (vgl. BESAND 2014). Insgesamt fehlt es allerdings noch an differenzierteren Überblicksarbeiten zur Verbreitung dieser Problematiken und an genaueren empirischen Analysen.

4 Daten aus Modellprojekten an Berufsschulen

Im Rahmen von zwei Modellprojekten wurden über die Wissenschaftliche Begleitung Befunde zu Verhaltensauffälligkeiten durch die Autoren mit erhoben. Diese fokussierten einerseits primär die Ebene der Schüler, andererseits die Perspektive der Lehrkräfte auf diese Phänomene.

4.1 Schülerebene

Diese Perspektive wurde vornehmlich mit den Achenbach-Skalen erfasst, einem gut etablierten Screening-Instrument (vgl. DÖPFNER/BERNER/LEHMKUHL 1997; DÖPFNER/PLÜCK/KINNEN 2014). Die Normierung dieses Instruments reicht zwar nur bis zum Alter von 18 Jahren; dennoch bietet es sich wie kaum ein anderes an, da es inhaltlich differenziert und auf Basis breiter internationaler Studien über Jahre entwickelt wurde und zugleich – bei grundsätzlich analoger Itemstruktur – die Möglichkeit bietet, unterschiedliche Perspektiven abzufragen: hier zum einen das professionelle Personal im Hinblick auf psychische Problematiken bei den Jugendlichen ("Teacher's Report Form; TRF") – sowie zum anderen die Perspektive der jungen Menschen selbst auf ihr eigenes Verhalten und Erleben ("Youth Self Report; YSR"). Damit wird auch der interessante Vergleich beider Perspektiven möglich. Das Verfahren hat sich, auch im Hinblick auf seine Dimensionen, als ausreichend stabil und auch für empirische Studien als geeignet herausgestellt. Die Normierungsbegrenzung auf 18 Jahre wurde, auch aufgrund des Fehlens von adäquaten alternativen Instrumenten, bewusst in Kauf genommen und ist im Hinblick auf Limitationen zu bedenken. Eigene Folgeuntersuchungen der Autoren zeigen, dass auch in der Berufsschule relevante Aspekte des Belastungserlebens mit Hilfe dieses

Instrumentariums durchaus gezielt und treffend erhoben werden können, wobei jedoch eine Ergänzung um alterstypische Entwicklungsaufgaben mit Hilfe weiterer Items als notwendig erachtet wird (vgl. HOLTMANN/KRANERT/STEIN 2020).

Dieses Instrument ist im Modellversuch "Inklusive Berufliche Bildung in Bayern (IBB)" flächendeckend an über 600 Berufsschülern ohne und mit attestiertem sonderpädagogischem Förderbedarf eingesetzt worden (vgl. STEIN/KRANERT/WAGNER 2016). Ziel dieses Vorhabens mit 18 Tandemschulen war es, die Gelingensbedingungen von Inklusion im Hinblick auf sonderpädagogische Förderbedarfe im Lernen und in der emotional-sozialen Entwicklung auszuloten und darüber eine bestmögliche Förderung von Schülern mit solchem Förderbedarf zu ermöglichen.

Die beiden eingesetzten Instrumente der Achenbach-Skalen bestehen aus 113 (TRF) bzw. 112 (YSR) Items, deren größter Teil acht Syndromskalen zugeordnet werden kann: I. sozialer Rückzug, II. körperliche Beschwerden, III. Angst/Depressivität (TRF) bzw. ängstlich-depressiv (YSR), IV. soziale Probleme, V. schizoid/zwanghaft, VI. Aufmerksamkeitsstörung (TRF) bzw. Aufmerksamkeitsprobleme (YSR), VII. delinquentes Verhalten (TRF) bzw. dissoziales Verhalten (YSR) sowie VIII. aggressives Verhalten. Diese Syndromskalen können nochmals zu zwei übergeordneten Dimensionen zusammengestellt werden: "internalisierende Störungen" (I + II + III) sowie "externalisierende Störungen" (VII + VIII). Antworten zu den Items erfolgen auf einer dreistufigen Skala.

Zunächst wurden die Gruppen der Berufsschüler mit deklariertem Förderbedarf "emotional-soziale Entwicklung" mit der Gruppe ohne solchen Förderbedarf verglichen – erstens aus der Schülersicht selbst (YSR), zweitens aus Sicht der Lehrkräfte (TRF). Die sich signifikant zwischen beiden Gruppen unterscheidenden Skalen finden sich in Tab. 1. Zu bedenken ist, dass 17,5 % der betrachteten Schüler über der Altersnormierung der Achenbach-Skalen lagen (vgl. STEIN/KRANERT/WAGNER 2016: 99f.).

Skalen		Youth Self Report (YSR)	Teacher's Report Form (TRF)
Einzelskalen	sozialer Rückzug	p: 0.020*	p: 0.029*
	körperliche Beschwerden	p: 0.036*	n.s.
	ängstlich / depressiv	p: 0.000**	n.s.
	soziale Probleme	p: 0.013*	p: 0.014*
	schizoid / zwanghaft	p: 0.013*	p: 0.001**
	Aufmerksamkeitsprobleme	p: 0.003**	p: 0.022*
	dissoziales/delinquentes Verh.	p: 0.015*	p: 0.003**
	aggressives Verhalten	p: 0.001**	p: 0.013*
Gesamtskalen	internalisierende Störungen	p: 0.000**	n.s.
	externalisierende Störungen	p: 0.001**	p: 0.005**

Tab. 1: Vergleich der Gruppen mit (N=33) und ohne (N=369) Förderbedarf emotional-soziale Entwicklung auf Basis von t-Tests
Anmerkung: * Der Unterschied ist auf dem 0,05 Niveau signifikant / ** Der Unterschied ist auf dem 0,01 Niveau signifikant; n.s. nicht signifikant

Hier zeigen sich für die Selbsteinschätzungen (YSR) über die gesamte Breite der Dimensionen hinweg signifikante bis hochsignifikante Unterschiede zwischen den Gruppen; das ist jeweils mit problematischeren Werten für die Gruppe mit Förderbedarf verbunden. Weniger deutlich fällt dies für die Ergebnisse aus der Fremdbeurteilung (TRF) aus, aber auch hier erweisen sich sechs von acht Gruppenunterschieden als signifikant bis hochsignifikant ebenso wie die Unterschiede auf eine der beiden Sekundär- bzw. zusammenfassenden Skalen. Insbesondere hinsichtlich der internalisierenden Belastungen (ängstlich/depressiv) erkennen die pädagogischen Fachkräfte keine signifikanten Differenzen, was auf eine besondere Problemlage im Identifizieren hindeuten kann. Insgesamt zeigt sich ein deutlich unterschiedliches Belastungsprofil dieser Teilgruppe in der Schülerschaft, was angesichts des Förderbedarfs emotionale-soziale Entwicklung zumindest in Teilen auch zu erwarten war (vgl. Kap. 2). Mit Hilfe des Instrumentes der Achenbachskalen lassen sich diese Belastungen offensichtlich auch im berufsschulischen Kontext aufspüren.

Interessant sind allerdings auch Befunde für die Gesamtgruppe (vgl. Tabelle 2). Die Achenbach-Skalen erlauben für solche Zwecke, auf Basis der Normierungsdaten, im Hinblick auf ermittelte Fragebogenrohwerte für alle Syndromskalen und auch die beiden übergeordneten Dimensionen zwei 'cut-offs': die Abgrenzung von 'unauffälligen' zu 'grenzwertigen' Scores – sowie die prägnantere Bestimmung von Werten als 'auffällig' im klinischen Sinne. Zu bedenken ist der Charakter eines Screeninginstrumentariums, welches keine individuelle, dezidierte Diagnose intendiert. In Tab. 2 werden die Ergebnisse für die einzelnen Skalen dargestellt, zunächst aus Perspektive der jungen Menschen selbst (YSR), dann aus Perspektive des pädagogischen Personals (TRF). Die Spalte "jenseits unauffällig" umfasst sowohl die 'grenzwertigen' als auch die 'auffälligen' Werte; letztere werden in der rechten Spalte nochmals gesondert aufgeführt.

Skala	YSR / TRF	Gesamt	"jenseits unauffällig"		"auffällig"	
		N	N	%	N	%
Sozialer Rückzug	YSR	431	63	14,6 %	40	9,3 %
	TRF	440	14	3,2 %	8	1,8 %
Körperliche Beschwerden	YSR	430	69	16,0 %	41	9,5 %
	TRF	430	27	6,1 %	16	3,7 %
ängstlich / depressiv	YSR	429	65	15,2 %	45	10,5 %
	TRF	441	16	3,7 %	10	2,3 %
soziale Probleme	YSR	465	30	6,4 %	14	3,0 %
	TRF	440	17	3,9 %	14	3,2 %
schizoid / zwanghaft	YSR	430	71	16,6 %	63	14,7 %
	TRF	406	8	2,0 %	4	1,0 %
Aufmerksamkeitsprobleme	YSR	465	64	13,8 %	40	8,6 %
	TRF	442	11	2,5 %	5	1,1 %
dissoziales / delinquentes Verhalten	YSR	429	51	11,9 %	32	7,5 %
	TRF	441	18	4,1 %	8	1,8 %
aggressives Verhalten	YSR	429	24	5,6 %	13	3,0 %
	TRF	442	14	3,2 %	7	1,6 %
Internalisierende Störungen	YSR	431	152	35,3 %	99	23,0 %
	TRF	441	53	12,0 %	28	6,3 %
Externalisierende Störungen	YSR	429	98	22,8 %	64	14,9 %
	TRF	442	38	8,6 %	22	5,0 %

Tab. 2: Youth Self Report (YSR) und Teacher's Report Form (TRF) – Auffälligkeitsraten in der Gesamtstichprobe

© Frank & Timme   Verlag für wissenschaftliche Literatur

Hier tritt zweierlei zutage:

- zum einen erhebliche Unterschiede in der Beurteilung durch die Pädagogen einerseits und der Jugendlichen andererseits, wobei die Jugendlichen ein deutlich höheres Problempotenzial signalisieren, als dies von den Pädagogen wahrgenommen bzw. wiedergegeben wird – ein Befund, der durch andere eigene größere Erhebungen der Autoren im berufsbildenden Bereich bestätigt wird (vgl. STEIN/EBERT 2010; STEIN/KRANERT/TULKE/EBERT 2015);
- zum anderen teilweise erhebliche Raten 'jenseits unauffällig' bzw. 'auffällig', die ein Hinweis für ein dezidiertes Problempotenzial 'in der Fläche' sein könnten, das über die tatsächlich festgestellten Förderbedarfe deutlich hinausreicht. Dies wäre von erheblicher Bedeutung im Hinblick auf Bedarfe der Prävention und Frühintervention.

4.2 Ebene Lehrkräfte

Zur Ergänzung werden im Folgenden ausgewählte Befunde aus dem Modellversuch "Netzwerk Berufliche Schulen Mainfranken" herangezogen. Im Rahmen dieser regionalen, von der Robert-Bosch-Stiftung geförderten Schulentwicklungsplattform (vgl. KRANERT/ECK/EBERT/TUTSCHKU 2017) wurden Kooperationsstrukturen bezüglich inklusiver Beruflicher Bildung im Netzwerk von fünf allgemeinen Beruflichen Schulen sowie einer Berufsschule zur sonderpädagogischen Förderung in der Region Mainfranken untersucht und gemeinsam weiterentwickelt.

Bezogen auf eine inklusive Unterrichtsentwicklung rücken in den letzten Jahren die Einstellungen von Lehrkräften sowie ihre Selbstwirksamkeitserwartungen stark in den Fokus empirischer Forschung (vgl. etwa HEYL/SEIFRIED 2014; SCHEER/SCHOLZ/RANK/DONIE 2015; TRUMPA/JANZ/HEYL/SEIFRIED 2014; URTON/ HENNEMANN/WILBERT 2015). URTON, WILBERT und HENNEMANN (2014) referieren zahlreiche internationale Studien, die darauf hinweisen, dass die wahrgenommene Selbstwirksamkeit von Lehrkräften die Bereitschaft erhöht, Schüler mit sonderpädagogischem Förderbedarf im eigenen Unterricht zu beschulen; zudem wird eine positive Wirkung der Selbstwirksamkeit auf die Einstellungen von Lehrkräften zum Inklusionsprozess angenommen. Für das Segment der Beruflichen Bildung liegen hierzu erst einzelne Befunde vor (vgl. etwa DRIEBE/ GÖTZL/JAHN/BURDA-ZOYKE 2018; MIESERA/GEBHARD 2018).

In Tab. 3 findet sich eine zusammenfassende Übersicht zu Einstellungen und Selbstwirksamkeitserwartungen der in diesem Projekt befragten Lehrkräfte an allgemeinen Berufsschulen. Die Erhebung erfolgte anhand von insgesamt zwölf Aussagen, die anhand von drei prototypischen Fallvignetten auf einer vierstufigen Skala (1 = "stimme nicht zu" bis 4 = "stimme völlig zu") gewertet werden sollten.

Gesamtskala / Förderschwerpunkt (N =81)	Lernen		emotional-soziale Entwicklung			
			externalisierend		internalisierend	
	M	sd	M	sd	M	sd
Einstellung zum inklusiven Unterricht (Gestaltung und Effekte)	2.63*/***	.51	2.12*/**	.59	2.81**/***	.58
Selbstwirksamkeits-erwartung (bezogen auf die Gestaltung inklusiven Unterrichts)	2.99*	.57	2.79*/**	.66	3.01**	.60

Tab. 3: Gesamtskalen Einstellung und Selbstwirksamkeitserwartung – Lehrkräfte an allgemeinen Berufsschulen
Anmerkung: * bzw. ** bzw. *** – die mittlere Differenz ist auf einem Niveau von .05 (zweiseitig) signifikant

Insgesamt zeigen die Lehrkräfte eine kritische bis eher positive Einstellung in Bezug auf Inklusion; dabei unterscheiden sich jedoch die Mittelwerte signifikant voneinander, sofern verschiedene Zielgruppen betrachtet werden. Insbesondere der Frage des Unterrichtens von Schülern mit externalisierenden Verhaltensweisen (z.B. Aggression, Hyperaktivität) an ihrer Berufsschule stehen die Lehrkräfte verhalten gegenüber. Demgegenüber steht tendenziell eine positive Erwartung, Unterrichtsprozesse inklusiv gestalten zu können. Auch hier zeigen sich Unterschiede zwischen den Vignetten, wiederum zuungunsten des Förderschwerpunkts emotional-soziale Entwicklung (externalisierend). Die damit vorliegenden Befunde bestätigen in Teilen die Forschungsergebnisse aus dem allgemeinbildenden Bereich. So berichten beispielsweise BOSSE und SPÖRER (2014) bei Lehramtsstudierenden von neutralen bis hohen Werten hinsichtlich der inklusiven Einstellung sowie der Selbstwirksamkeitserwartung. Bei den Lehrkräften des Netzwerkes zeigt sich jedoch – zumindest in Teilaspekten – eine deutlich positivere Überzeugung bezüglich der eigenen Fähigkeiten im Vergleich zu den Einstellungskomponenten.

Darüber hinaus wurden die Lehrkräfte befragt, welche Formen der Unterstützung sie sich von der – in Bayern flächendeckend verfügbaren – Berufsschule zur sonderpädagogischen Förderung (vgl. KRANERT 2020) bei der Gestaltung eines 'inklusiven' Unterrichts wünschten. Hierzu wurden in Anlehnung an die von MELZER und HILLENBRAND (2015) eruierten Aufgabenprofile von Sonderpädagogen im allgemeinbildenden Schulsystem Fragen ausgewählt und wiederum an die Situation an Beruflichen Schulen adaptiert. Die Ergebnisse finden sich in Tab. 4:

Aufgabenbereiche (N = 108)	Items	Absolut	Prozent der Fälle
Administration	Fortbildungen organisieren	47	43.5
	an der Entwicklung eines Schulkonzepts mitwirken	15	13.9
gemeinsame Aufgaben	gemeinsam mit mir Unterricht planen	27	25.0
	gemeinsam mit mir Unterricht durchführen	45	41.7
Diagnostik	Förderplanung vorbereiten	32	29.6
	Lernvoraussetzungen diagnostisch klären	66	61.1
Beratung	mich beraten im Hinblick auf spezifische Lernbedürfnisse	64	59.3
	mich beraten im Hinblick auf individuelle Förderung	66	61.1
Kooperation	mit Eltern zusammenarbeiten	20	18.5
	mit außerschulischen Kooperationspartnern und Betrieben zusammenarbeiten	31	28.7
Unterstützung im Unterricht	mich in meinem Unterricht unterstützen	39	36.1
	einzelne Schüler im Unterricht unterstützen	67	62.0
spezifische Förderung	emotionale und soziale Basisfertigkeiten bzw. Lernstrategien an Schüler vermitteln	45	41.7
	Einzel- oder Kleingruppenförderung durchführen	67	62.0
Sonstiges		2	1.9
keine der genannten Unterstützungsformen		2	1.9

Tab. 4: Unterstützungswünsche von Lehrkräften an allgemeinen Berufsschulen an die Berufsschulen zur sonderpädagogischen Förderung (Mehrfachnennungen möglich)

Nahezu alle Lehrkräfte wünschen sich eine Unterstützung von Seiten dieser sonderpädagogischen Institution. Mit einer Häufigkeit von über 50 % werden dabei vor allem Formen der Unterstützung im Kontext von Diagnostik und Beratung, aber auch Unterstützung im Unterricht sowie spezifische Förderung genannt. Die Kooperation mit externen Partnern wird ebenso verhalten betrachtet wie die gemeinsame Unterrichtsgestaltung. Dies deckt sich nur zum Teil mit den Befunden von MELZER und HILLENBRAND (2015). Anstelle der dort hervorgehobenen Kooperation mit externen Partnern wird in der vorliegenden Befragung vor allem das Aufgabenfeld Diagnostik verbunden mit einer Unterstützungsleistung im Unterricht in den Fokus gerückt (vgl. ebd.: 235; KRANERT/STEIN 2017).

Die vorstehenden Befunde zeigen zum einen auf, dass das Phänomen Verhaltensauffälligkeiten auch im Kontext Beruflicher Bildungsprozesse eine bedeutsame Heterogenitätsdimension abbildet, die zugleich einen Handlungsbedarf auf unterschiedlichen Ebenen deutlich macht. Die Perspektive der Schüler bestätigt die Befunde aus dem Kindes- und Jugendalter und verdeutlicht, dass mit Erreichen des Erwachsenenalters die Fragen der Belastungen im Erleben und Verhalten nicht diffundieren, sondern – zumindest für einzelne Schülergruppen – eines spezifischen Unterstützungssettings bedürfen, auch jenseits der etablierten beruflichen 'Subsysteme'.

Zum anderen wird deutlich, dass auf Seiten der Lehrkräfte – quantitativ wie auch qualitativ – die Belastungen ihrer Schülerschaft in erheblich geringerem Maße wahrgenommen werden. Zugleich stehen die Lehrkräfte gerade einer Integration von Schülern mit externalisierenden Verhaltensweisen in ihrem Unterricht eher kritisch gegenüber. Trotz der subjektiven Überzeugungen, den Anforderungen heterogener Klassensituationen unter der Perspektive einer inklusiven Unterrichtsentwicklung gerecht werden zu können, wünschen sie sich weitere Unterstützung in den Bereichen Beratung sowie Diagnostik, aber auch unterrichtlicher Förderung durch Lehrkräfte mit sonderpädagogischer Fachexpertise.

Eine individuelle Handlungskompetenz der Lehrkräfte für den berufsschulischen Alltag – vom Erkennen zum Handeln – könnte sich auf diese Weise mittelfristig entwickeln.

© Frank & Timme   Verlag für wissenschaftliche Literatur

5   Erkennen: Einschätzung und Diagnostik

Aus den referierten Befunden ergeben sich deutliche Hinweise auf weiter zu ent-wickelnde Aufgabenbereiche von Lehrkräften an Beruflichen Schulen – im Hin-blick auf die Wahrnehmung und Einschätzung des Verhaltens und Erlebens jun-ger Menschen. Hierbei ist die sonderpädagogische Fachperspektive zu trennen von der grundlegenden Forderung nach einer pädagogischen Diagnostik, der auch Lehrkräfte ohne sonderpädagogische Qualifikation zur Planung und Eva-luation des eigenen unterrichtlichen Handelns verpflichtet sind (vgl. etwa ZOYKE 2017; VOGT/PETSCH/NICKOLAUS 2019). Diagnostische Möglichkeiten bestehen – bezogen auf Verhaltensauffälligkeiten bzw. sonderpädagogischen Förderbedarf im emotional-sozialen Bereich – unter anderem in Form:

- eines Bewusstseins für diese Phänomene im schulischen Alltag ver-bunden mit einer ersten Problemanalyse;
- der (Weiter-)Entwicklung der Fähigkeiten zu sensibler Beobachtung und Wahrnehmung entsprechender Probleme im Alltag, bei Verfüg-barkeit entsprechender Ressourcen (z.B. einer zeitweise im Unter-richt anwesenden zweiten Person als Beobachter);
- des hierfür notwendigen Rückgriffs auf Grundinformationen zu psy-chischen Störungen und Verhaltensauffälligkeiten, der über entspre-chende Kenntnisvermittlung in der grundständigen Lehrerbildung oder auch im Rahmen von Fortbildungen ermöglicht werden muss;
- des Einsatzes einfacher Screeningverfahren, die sich in verschiedenen sonderpädagogischen Forschungsprojekten aktuell in der Entwick-lung befinden, allerdings dann bisher häufig nicht auf Altersklassen im berufsbildenden Bereich zugeschnitten sind (vgl. etwa VOß/BLU-MENTHAL/MAHLAU/MARTEN/DIEHL/SIKORA/HARTKE 2016);
- der Nutzung von Möglichkeiten des kollegialen Austausches und der Abstimmung im Klassenteam im Hinblick auf wahrgenommene Probleme;
- der Einschaltung sonderpädagogischer Expertise (sowie ggf. weiterer Fachkräfte wie Beratungslehrer, Schulpsychologen oder der Jugendsozi-alarbeit an Schulen) im Hinblick auf eine problembezogene gezielte Di-agnostik, die Erstellung sonderpädagogischer Fördergutachten oder ei-ner vertiefenden Beratung. Hierzu müsste die schulinterne oder schul-externe Verfügbarkeit eines solchen Fachpersonals gewährleistet sein.

Voraussetzung hierfür ist neben den entsprechenden Ressourcen vor allem auch auf Seiten der Lehrkräfte eine Haltung der Offenheit und Kooperation in Verbindung mit einer kritischen Reflexion des eigenen Unterrichts sowie der eigenen Rolle (vgl. etwa REINKE/HEINRICHS 2019). Darin impliziert ist eine grundlegende Bereitschaft zur Veränderung des eigenen Handelns. Dies dürfte nicht durchgängig von allen Lehrkräften ad hoc zu erwarten sein; vielmehr gilt es diese Sichtweise (wieder) zu eröffnen, beispielsweise über Weiterbildungsangebote, aber auch über gelungene Bildungsbiographien von Schülern, die im Einzelfall mit begleitet wurden.

6 Handeln: Zielorientierungen und Konzepte

Auf Basis des Erkennens ergeben sich grundsätzliche Implikationen für das Handeln im Unterrichtsalltag an Beruflichen Schulen, die zugleich in den Raum der Referenzprofessionen wie etwa der Sonderpädagogik hineinreichen (vgl. Kap. 4).

Ein Handlungsfeld ist die Prävention 'geringer' Störungen. Hier ergeben sich zum einen Möglichkeiten über 'Classroom Management', also die Gestaltung des Unterrichts im Hinblick auf die Prävention von Verhaltensauffälligkeiten (vgl. etwa HENNEMANN/HILLENBRAND 2010). Ein solches Vorgehen wird allerdings bei erheblicheren Problematiken schnell an seine Grenzen kommen. Im Modellversuch "Netzwerk Berufliche Schulen Mainfranken" wurde für präventive Zwecke beispielsweise auch ein Kommunikations- und Methodentraining eingesetzt (vgl. KRANERT et. al. 2017).

Möglichkeiten unterrichtlicher Unterstützung stellen ein weiteres Handlungsfeld dar: So wäre eine Beratung zum Umgang mit Verhaltensauffälligkeiten im Unterricht durch Lehrkräfte für Sonderpädagogik möglich. Im Modellversuch "Inklusive Berufliche Bildung" wurde mit Tandemsystemen und Team-Teaching gearbeitet (vgl. STEIN/KRANERT/WAGNER 2016; WEMBER 2013). In diesen Kontext sind zudem Möglichkeiten der Einzel- und Kleingruppenförderung einzuordnen, die auch eine Variante des Team-Teachings darstellen (vgl. WEMBER 2013). Weitere Optionen bietet die grundsätzliche didaktische Arbeit, beispielsweise beim Unterricht in Lernfeldern oder Projekten, in denen auch soziale und emotionale Aspekte eine tragende Rolle spielen und in der Zielsetzung zumindest punktuell priorisiert werden können.

© Frank & Timme Verlag für wissenschaftliche Literatur

Darüber hinausgehende Unterstützungsleistungen ergeben sich insbesondere aufgrund gravierender Verhaltensauffälligkeiten. Hier wird es für Berufliche Schulen mehr als bisher zukünftig wichtig sein, auch intern multiprofessionelle Teams zu bilden, in welche neben Sonderpädagogen auch Sozialpädagogen sowie Schulpsychologen integriert wären – eine Form der "unterstützenden Pädagogik" (KRANERT et. al. 2017; KRANERT/STEIN 2019). Aus diesen Unterstützungsstrukturen heraus kann auch eine gezielte Beratung erfolgen, die nicht nur präventiv, sondern auch (früh-)interventiv ausgerichtet wäre. Wo dies an seine Grenzen kommt, benötigen Berufsschulen externe Vernetzungsstrukturen, etwa mit (sonder-)pädagogischen Unterstützungszentren, Beratungsstellen, der Jugendhilfe oder auch der Kinder- und Jugendpsychiatrie. Dies gäbe Möglichkeiten, professionelle (Krisen-)Intervention zu betreiben sowie auch die Option eines Systemwechsels für Schüler zu haben, etwa – soweit verfügbar – in Berufsschulen zur sonderpädagogischen Förderung.

Zu bedenken sind bei all dem auch Limitationen: Die Daten zu Verhaltensauffälligkeiten wurden – wie oben begründet – mit einem Instrument erhoben, dessen Normierung nur bis 18 Jahre reicht. Ein kleinerer Teil der Stichprobe ragt über diese Normierungsgrenze hinaus. Es besteht Bedarf für adäquate Instrumente und Normierungen für die Gruppe der Schülerinnen und Schüler an beruflichen Schulen. Für weitere Erhebungen – insbesondere zu Einstellungen und Unterstützungsbedarfen der Lehrkräfte – wurden Screening-Instrumente genutzt. Hier bedarf es sicher weiterer Erhebungen und der Schärfung der eingesetzten Verfahren im bisher wenig untersuchten Feld der Beruflichen Bildung.

7   Fazit und Ausblick

Die hier lediglich knapp und überblicksartig skizzierten Forschungsbefunde der Autoren zeigen, dass auch im Kontext Beruflicher Bildungsprozesse die Phänomene Verhaltensauffälligkeiten sowie auch 'psychische Störungen' von erheblicher Bedeutung sind. Einerseits ergeben sich daraus Handlungserfordernisse, die von den grundständigen Lehrkräften – ggf. nach einer Weiterbildung – bewältigt werden können; andererseits ergeben sich auch Konstellationen, welche eine spezifische Fachexpertise, vor allem von sonderpädagogischer Warte aus, erforderlich erscheinen lassen. Dies birgt noch ein immenses Entwicklungspotenzial für alle beteiligten Professionen. Neben der Frage der personellen Ressource sind auch organisatorische wie auch methodisch-didaktische Fragestellungen zu klären. Im Unterschied zum dualen Partner Betrieb, der im Falle einer drohenden Behinderung oder manifesteren Beeinträchtigung durch die Subsysteme der Beruflichen Rehabilitation bzw. Benachteiligtenförderung substituiert oder zumindest punktuell unterstützt wird, bleibt der Partner Berufsschule mit diesen Herausforderungen weitestgehend 'allein'. Dabei steht diese Schulform im Kontext von Heterogenität und Inklusion vor ebenso bedeutsamen wie auch besonderen Herausforderungen (vgl. KRANERT 2017: 160ff.), welche einer systematischen Organisations- und Personalentwicklung in der Praxis sowie eines interdisziplinären Diskurses in der Wissenschaft (Berufs- und Wirtschaftspädagogik und Sonderpädagogik) bedürfen.

Übergreifend und perspektivisch wäre es hierbei wertvoll, sich der eingeforderten pädagogischen Aufgabenstellung zu vergewissern: "Die Berufsschule und die Ausbildungsbetriebe erfüllen [...] einen gemeinsamen Bildungs- und Erziehungsauftrag" (KMK 2015: 2). Das Wesen einer 'Berufserziehung' (vgl. etwa SCHELTEN 2013) wäre erneut zu entfalten und angesichts der 'erschwerenden Bedingungen', welche junge Heranwachsende und Erwachsene aufgrund von Störungen im Verhalten und Erleben mitbringen, zu spezifizieren. Im allgemeinbildenden Schulsystem wird folgerichtig ein stärkeres "Primat der Erziehung" (STEIN/STEIN 2014: 82ff.) als wesentliche Gelingensvariable für Bildungs- und Entwicklungsprozesse im Kontext von Verhaltensstörungen zu diskutieren sein. Aber: Kann eine Erziehung, wie sie beispielsweise KOBI (2004: 319f.) für notwendig erachtet, damit junge Menschen "als eigene Zielfinder und Handlungsbevollmächtigte auftreten können", im berufschulischen Kontext angeboten werden? Wie lassen sich die von ihm postulierten Strukturelemente wie Schutz und Sicherung, Bindung und Kontakt oder Ordnung und Struktur im unterrichtlichen Alltag abbilden? Zumindest wäre der entsprechende Diskurs zukünftig in jedem Falle verstärkt zu führen, um der Zielgruppe eine Teilhabe auch an Beruflicher Bildung zu ermöglichen. Erkennen und Handeln sind notwendig, Erziehung ist jedoch grundlegend, denn "überall dort, wo Menschen in den Ernstsituationen des Lebens neuerlich auf Fremdaufforderungen zur Selbsttätigkeit angewiesen sind, um bildsam zu bleiben oder von neuem zu werden [...], können neue Anfangspunkte für pädagogische Praxis entstehen" (BENNER 2012: 91).

Literaturverzeichnis

ALBRECHT, G./ERNST, H./WESTHOFF, G./ZAURITZ, M. (2014): *Bildungskonzepte für heterogene Gruppen – Anregungen zum Umgang mit Vielfalt und Heterogenität in der beruflichen Bildung*. Bonn: BiBB.

BMBF (Bundesministerium für Bildung und Forschung) (2014): *Berufsbildungsbericht 2014*. Berlin: BMBF.

BENNER, D. (2012): *Allgemeine Pädagogik*. 7. Aufl. Weinheim: Beltz.

BESAND, A. (2014): *Monitor Politische Bildung an beruflichen Schulen. Probleme und Perspektiven*. Schwalbach am Taunus: Wochenschauverlag.

BIERMANN, H. (2008): *Pädagogik der beruflichen Rehabilitation*. Stuttgart: Kohlhammer.

BOJANOWSKI, A./KOCH, M./RATSCHINSKI, G./STEUBER, A. (2013): *Einführung in die Berufliche Förderpädagogik*. Münster: Waxmann.

BOSSE, S./SPÖRER, N. (2014): Erfassung der Einstellung und der Selbstwirksamkeit von Lehramtsstudierenden zum inklusiven Unterricht. In: *Empirische Sonderpädagogik* 6 (4), 279–299.

BUNDESARBEITSGEMEINSCHAFT DER BERUFSBILDUNGSWERKE (2014): *Berufliche Rehabilitation. Schwerpunktthema: Psychiatrie in Berufsbildungswerken*. 28 (2).

DÖPFNER, M./BERNER, W./LEHMKUHL, G. (1997): Verhaltensauffälligkeiten von Schülern im Urteil der Lehrer – Reliabilität und faktorielle Validität der Teacher`s Report Form der Child Behavior Checklist. In: *Zeitschrift für Differentielle und Diagnostische Psychologie* 18 (4), 199–214.

DÖPFNER, M./PLÜCK, J./KINNEN, C. FÜR DIE ARBEITSGRUPPE DEUTSCHE CHILD BEHAVIOR CHECKLIST (2014): *Deutsche Schulalter-Formen der Child Behavior Checklist von Thomas M. Achenbach*. Göttingen: Hogrefe.

DRIEBE, T./GÖTZL, M./JAHN, R. W./BURDA-ZOYKE, A. (2018): Einstellungen zu Inklusion von Lehrkräften an berufsbildenden Schulen. In: *Zeitschrift für Berufs-und Wirtschaftspädagogik* 114 (3), 394–418.

HENKELMANN, T. (2014): Die Zunahme psychischer Krankheitsbilder im Berufsbildungswerk: Wie lässt sich dieser Umstand erklären und bewältigen? In: *Berufliche Rehabilitation* 28 (2), 110–119.

HEYL, V./SEIFRIED, S. (2014): Inklusion? Da ist ja sowieso jeder dafür!? Einstellungsforschung zu Inklusion. In: TRUMPA, S./SEIFRIED, S./FRANZ, E.-K. (Hg.): *Inklusive Bildung. Erkenntnisse und Konzepte aus Fachdidaktik und Sonderpädagogik*. Weinheim: Beltz, 47–60.

HÖLLING, H./ERHART, M./RAVENS-SIEBERER, U./SCHLACK, R. (2007): Verhaltensauffälligkeiten bei Kindern und Jugendlichen. Erste Ergebnisse aus dem Kinder- und Jugendgesundheitssurvey (KiGGS). In: *Bundesgesundheitsblatt – Gesundheitsforschung – Gesundheitsschutz* 5/6, 784–793.

HÖLLING, H./SCHLACK, R./PETERMANN, F./RAVENS-SIEBERER, U./MAUZ, E. (2014): Psychische Auffälligkeiten und psychosoziale Beeinträchtigungen bei Kindern und

Jugendlichen im Alter von 3 bis 17 Jahren in Deutschland – Prävalenz und zeitliche Trends zu 2 Erhebungszeitpunkten (2003–2006 und 2009–2012). In: *Bundesgesundheitsblatt* 57, 807–819.

HOLTMANN, S./KRANERT, H.-W./STEIN, R. (2020): Der Einsatz des Youth Self Report (YSR/11-18) bei Heranwachsenden: Eine faktorenanalytische Betrachtung im Kontext der Beruflichen Bildung. In: *Empirische Sonderpädagogik*. Angenommen, in Vorbereitung.

IHLE, W./ESSER, G. (2002): Epidemiologie psychischer Störungen im Kindes- und Jugendalter: Prävalenz, Verlauf, Komorbidität und Geschlechtsunterschiede. In: *Psychologische Rundschau* 53 (4), 159–169.

KLIPKER, K./BAUMGARTEN, F./GÖBEL, K./LAMPERT, T./HÖLLING, H (2018): Psychische Auffälligkeiten bei Kindern und Jugendlichen in Deutschland – Querschnittergebnisse aus KiGGS Welle 2 und Trends. In: *Journal of Health Monitoring* 3 (3), 37–45.

KMK (Kultusministerkonferenz) (1994): *Empfehlungen zur sonderpädagogischen Förderung in den Schulen der Bundesrepublik* Deutschland. Bonn.

KMK (Kultusministerkonferenz) (2000): *Empfehlungen zum Förderschwerpunkt emotionale und soziale Entwicklung*. Bonn.

KMK (Kultusministerkonferenz) (2011): *Inklusive Bildung von Kindern und Jugendlichen mit Behinderungen in Schulen*. Online verfügbar unter: http://www.kmk.org/fileadmin/veroeffentlichungen_beschluesse/2011/2011_10_20-Inklusive-Bildung.pdf. (zuletzt abgerufen am 30.10.2019).

KMK (Kultusministerkonferenz) (2015): *Rahmenvereinbarung über die Berufsschule. Beschluss der Kultusministerkonferenz vom 12.03.2015*. Online verfügbar unter: http://www.kmk.org/fileadmin/veroeffentlichungen_beschluesse/2015/2015_03_12-RV-Berufsschule.pdf. (zuletzt abgerufen am 31.07.2017).

KMK (Kultusministerkonferenz) (2016): *Sonderpädagogische Förderung in Schulen 2005 bis 2014*. Online verfügbar unter: https://www.kmk.org/fileadmin/Dateien/pdf/Statistik/Dokumentationen/Dok_210_SoPae_2014.pdf (zuletzt abgerufen am 30.10.2019).

KMK (Kultusministerkonferenz) (2018): *Sonderpädagogische Förderung an Schulen*. Online verfügbar unter: https://www.kmk.org/fileadmin/Dateien/pdf/Statistik/Dokumentationen/AW_SoPae_2016.pdf (zuletzt abgerufen am 30.10.2019).

KOBI, E. (2004): *Grundfragen der Heilpädagogik*. Berlin: BHP.

KRANERT H.-W. (2017): Inklusion und Berufliche Schule – Erkenntnisse aus Modellprojekten in Bayern. In: STEIN, R./LINK, P.-C. (Hg.): *Schulische Inklusion und Übergänge*. Berlin: Frank & Timme, 153–168.

KRANERT H.-W. (2020): Berufsschulen zur sonderpädagogischen Förderung. In: HEIMLICH, U./KIEL, E. (Hg.): *Studienbuch Inklusion. Ein Wegweiser für die Lehrerbildung*. Bad Heilbrunn: Klinkhardt, 221–231.

KRANERT H.-W./STEIN R. (2017): Inklusion und Berufliche Bildung – Unterstützung am Lernort Berufliche Schule als sonderpädagogische Aufgabe? In: LAUBENSTEIN,

D./SCHEER, D. (Hg.): *Sonderpädagogik als Wirksamkeitsforschung und Gesellschaftskritik.* Bad Heilbrunn: Klinkhardt, 265–276.

KRANERT H.-W./STEIN R. (2019): Multiprofessionalität in der inklusiven Unterrichtsentwicklung – Mögliche Beiträge der Sonderpädagogik in einem interdisziplinären Team an Berufsschulen In: HEINRICHS, K./REINKE, H. (Hg.): *Heterogenität in der beruflichen Bildung.* Bielefeld: wbv, 211–226.

KRANERT, H.-W./ECK, R./EBERT, H./TUTSCHKU, U. (2017): *Inklusive Schulentwicklung an berufsbildenden Schulen. Ergebnisse aus dem Netzwerk Berufliche Schulen Mainfranken.* Bielefeld: wbv.

MELZER, C./HILLENBRAND, C. (2015): Aufgabenprofile. Welche Aufgaben bewältigen sonderpädagogische Lehrkräfte in verschiedenen schulischen Tätigkeitsfeldern? In: *Zeitschrift für Heilpädagogik* 66 (5), 230–242.

MIESERA, S./GEBHARDT, M. (2018): Inclusive vocational schools in Canada and Germany. A comparison of vocational pre-service teachers' attitudes, self-efficacy and experiences towards inclusive education. In: *European Journal of Special Needs Education* 33 (5), 707–722.

MYSCHKER, N. (2009): *Verhaltensstörungen bei Kindern und Jugendlichen. Erscheinungsformen – Ursachen – Hilfreiche Maßnahmen.* 6. Aufl. Stuttgart: Kohlhammer.

NLTS (National Longitudinal Transition Study) (2006): *School Behavior and Disciplinary Experiences of Youth With Disabilities.* Online verfügbar unter: https://ies.ed.gov/ncser/pdf/NLTS2_discipline_03_21_06.pdf (zuletzt abgerufen am 30.10.2019).

REINKE, H./HEINRICHS, K. (2019): Lernende mit soziale-emotional schwierigen Ausgangslagen an beruflichen Schulen – Herausforderungen für Lehrkräfte an der Schnittstelle von pädagogische Diagnostik, Förderung und Beratung. In: HEINRICHS, K./REINKE, H. (Hg.): *Heterogenität in der beruflichen Bildung.* Bielefeld: Klinkhardt, 63–78.

SCHEER, D./SCHOLZ, M./RANK, A./DONIE, C. (2015): "Alle außer Aaron...!" – Fallbezogene Selbstwirksamkeitserwartungen, Einstellungen und Überzeugungen zukünftiger Lehrkräfte im Kontext Inklusion: In: *Zeitschrift für Heilpädagogik* 66 (8), 388–400.

SCHELTEN, A. (2013): *Einführung in die Berufspädagogik.* Stuttgart: Steiner.

SCHUBARTH, W. (2010): *Gewalt und Mobbing an Schulen.* Stuttgart: Kohlhammer.

SEVERING, E./WEIß, R. (2014): *Individuelle Förderung in heterogenen Gruppen in der Berufsausbildung.* Bielefeld: Bertelsmann/wbv.

STEIN, R. (2019): *Grundwissen Verhaltensstörungen.* 6. Aufl. Baltmannsweiler: Schneider.

STEIN, R./EBERT, H. (2010): Verhaltensauffälligkeiten an beruflichen Schulen zur sonderpädagogischen Förderung. Eine Pilotstudie mit der TRF und dem YSR der Achenbach-Skalen. In: *Empirische Sonderpädagogik* 2 (4), 62–80.

STEIN, R./ELLINGER, S. (2018): Zwischen Separation und Inklusion: zum Forschungsstand im Förderschwerpunkt emotionale und soziale Entwicklung. In: STEIN, R./

MÜLLER, T. (Hg.): *Inklusion im Förderschwerpunkt emotionale und soziale Entwicklung*. 2. Aufl. Stuttgart: Kohlhammer, 80–114.

STEIN, R./KRANERT, H.-W./TULKE, A./EBERT, H. (2015): Auffälligkeiten des Verhaltens und Erlebens in der Beruflichen Bildung – Eine Studie mit den Achenbach-Skalen. In: *Empirische Sonderpädagogik 7* (4), 341–365.

STEIN, R./KRANERT, H.-W./WAGNER, S. (2016): *Inklusion an beruflichen Schulen. Ergebnisse eines Modellversuchs in Bayern*. Biefeleld: wbv.

STEIN, R./ORTHMANN BLESS, D. (Hg.) (2009): *Integration in Arbeit und Beruf bei Behinderungen und Benachteiligungen. Basiswissen Sonderpädagogik*. Baltmannsweiler: Schneider.

STEIN, R./STEIN, A. (2014): *Unterricht bei Verhaltensstörungen*. 2. Aufl. Bad Heilbrunn: Klinkhardt.

TRUMPA, S./JANZ, F./HEYL, V./SEIFRIED, S. (2014): Einstellungen zu Inklusion bei Lehrkräften und Eltern – Eine schulartspezifische Analyse. In: *Zeitschrift für Bildungsforschung 3*, 241–256.

URTON, K./HENNEMANN, T./WILBERT, J. (2015): Die Einstellung zur Integration und die Selbstwirksamkeit von Lehrkräften. In: *Psychologie in Erziehung und Unterricht 62* (2), 147–157.

URTON, K./WILBERT, J./HENNEMANN, T. (2014): Der Zusammenhang zwischen der Einstellung zur Integration und der Selbstwirksamkeit von Schulleitungen und deren Kollegien. In: *Empirische Sonderpädagogik 6* (1), 3–16.

VOß, S./BLUMENTHAL, Y./MAHLAU, K./MARTEN, K./DIEHL, K./SIKORA, S./HARTKE, B. (2016). *Der Response-to-Intervention-Ansatz in der Praxis*. Münster: Waxmann.

VOGT, H./PETSCH, C./NICKOLAUS, R. (2019): Diagnostische Kompetenz angehender Lehrkräfte in der beruflichen Bildung. In: HEINRICHS, K./REINKE, H. (Hg.): *Heterogenität in der beruflichen Bildung*. Bielefeld: wbv, 197–210.

WOLFF, K. (2013): Inklusion und Gewaltprävention. In: *Wirtschaft und Erziehung 2*, 55–63.

WEMBER, F. (2013): Herausforderung Inklusion: Ein präventiv orientiertes Modell schulischen Lernens und vier zentrale Bedingungen inklusiver Unterrichtsentwicklung. In: *Zeitschrift für Heilpädagogik 64* (10), 380–388.

ZOYKE, A. (2017): Individuelle Förderung von Jugendlichen im Übergangsytem. In: NIEDERMAIR, G. (Hg.): *Benachteiligtenförderung*. Linz: Trauner, 165–185.

HANS-WALTER KRANERT UND ANNA LERMER

"Unbegleitete minderjährige Ausländer" in der Beruflichen Bildung – eine Herausforderung für Berufliche Schulen

Für das Jahr 2015 verzeichnete das Kinderhilfswerk der Vereinten Nationen UNICEF (2016: 6ff.) die Zahl von etwa 31 Millionen Kinder weltweit, die außerhalb ihres Geburtslandes leben; hiervon gelten 11 Millionen als Geflüchtete bzw. Asylbewerber. Somit sind die Hälfte aller Geflüchteten weltweit Kinder und Jugendliche unter 18 Jahren. Auch Deutschland ist ein potentielles Zielland für Schutzsuchende, wenn auch die zentralen Aufnahmeländer sich in Afrika und Asien befinden bzw. es sich um die Türkei handelt (vgl. ebd.).

In den zurückliegenden Jahren ist die Zahl der in Deutschland ankommenden Schutzsuchenden aus unterschiedlichen Gründen stark zurückgegangen und bewegt sich aktuell um den Jahreswert von etwa 200.000 Asylanträgen (vgl. BAMF 2019: 5f.). Drei Viertel der Antragssteller sind unter 30 Jahren, etwa die Hälfte ist noch minderjährig (vgl. ebd.: 8); etwa ein Viertel aller Antragsteller stammt aus dem Krisengebiet Syrien (vgl. ebd.: 9).

Trotz des quantitativen Rückgangs ist die Ankunft und die Integration dieser Personengruppe immer noch mit zahlreichen Herausforderungen verbunden: Neben Fragen des Aufenthaltsstatus, der Unterbringung oder des Familiennachzugs begründet vor allem die Frage nach passgenauen Bildungsangeboten nach wie vor großen Handlungsbedarf, was die zahlreichen Initiativen der Kultusministerien der Bundesländer unterstreichen (vgl. im Überblick BAMF 2018: 49ff.). Dies trifft ebenso für das Segment der beruflichen Bildung zu, dem eine Schlüsselrolle bei der gesellschaftlichen Integration insbesondere der Heranwachsenden zugewiesen wird (vgl. BMAS 2017: 44f.). Dabei erfolgt die Entwicklung der geforderten beruflichen Handlungskompetenz in enger Verknüpfung mit dem Erwerb der deutschen Sprache (vgl. BIBB 2017: 469f.); die Verarbeitung des vor und auf der Flucht Erlebten rückt jedoch kaum in den Fokus, wobei allerdings klar ist: psychische Probleme "lösen sich nicht von alleine" (RAHMS-

DORF 2019: 23). Vielmehr sind potentielle Traumata als wesentliche "Integrationshindernisse" (LEOPOLDINA 2018: 18) anzusehen – eine psychosoziale Unterstützung ist erforderlich.

Mit dem nachfolgenden Beitrag erfolgt eine Fokussierung auf eine spezifische Gruppe von Geflüchteten, den sogenannten "unbegleiteten minderjährigen Ausländern" (umA), welche als "besonders vulnerable Gruppe" einzustufen ist (BzGA 2013: 39); diese findet sich vornehmlich in beruflichen Bildungsgängen wieder. Ausgehend von der Annahme einer Traumatisierung eines Teils dieses Personenkreises wird am Beispiel der bayerischen Berufsintegrationsklassen (BiK) der Frage nachgegangen, welche traumapädagogischen Grundkompetenzen für Lehrkräfte an beruflichen Schulen von Bedeutung sind, um ihre anspruchsvolle Bildungsaufgabe auch in dieser Hinsicht professionell ausfüllen zu können.

1   Unbegleitete minderjährige Ausländer

'Flüchtlinge' oder Geflüchtete zählen zur Gruppe der Schutzsuchenden; sie befinden sich "[…] aus der begründeten Furcht vor Verfolgung wegen ihrer Rasse, Religion, Nationalität, Zugehörigkeit zu einer bestimmten sozialen Gruppe oder wegen ihrer politischen Überzeugung […]" (GENFER FLÜCHTLINGSKONVENTION 1951: Art. 1 A 2) auf der Flucht und suchen außerhalb ihres Heimatlandes nach Schutz. Demzufolge sind Hintergründe und Anlässe der Flucht besonders vielfältig. Unbegleitete minderjährige Ausländer (umA) bilden eine Teilgruppe hiervon. Als umA gelten Personen unter 18 Jahren, welche sich ohne ihre Eltern oder anderweitige Sorgeberechtigte auf den Weg der Flucht aus ihrer Heimat gemacht haben (vgl. IMM-BAZLEN/SCHMIEG 2017: 5). Diese minderjährigen Kinder und Jugendlichen begeben sich größtenteils alleine oder auch in Gruppen auf der Suche nach einer sicheren Zukunft auf die Flucht. Es kann auch vorkommen, dass sich ganze Familien oder einzelne Familienangehörige mit den umA auf den Weg machen, diese dann jedoch währenddessen getrennt werden. Sobald die jungen Geflüchteten ohne erwachsene Fürsorgeperson im Ankunftsland eintreffen, gelten sie offiziell als 'unbegleitete minderjährige Ausländer' und werden dort auch als solche registriert (vgl. EUROPÄISCHE UNION 2011: 13).

Die umA haben bei ihrer Ankunft meist eine 'Odyssee' der Flucht hinter sich, welche noch nicht unbedingt zu Ende ist. Nach dem Zwang zur Selbstständigkeit, den psychischen und physischen Kämpfen und der Einsamkeit während des Fluchtprozesses stehen die umA auch im Ankunftsland vor enormen Herausforderungen (vgl. DETEMPLE 2016: 8ff.). Hierzu zählen beispielsweise die Bewältigung der Trennung von der Herkunftsfamilie, die Ungewissheit über den Aufenthaltsstatus oder das Leben in institutionalisierten Wohnformen bzw. Pflegefamilien. Denn für sie gilt das "Primat der Kinder- und Jugendhilfe" (BAMF 2018: 16), d.h. sie werden im Rahmen des Kinderschutzes betreut und untergebracht wie andere gefährdete Minderjährige auch. In der Folge stellen sich ihnen auch die Anforderungen schulischen oder beruflichen Lernens. Die zu etwa 90 % männliche Gruppe steht mit einer Altersstruktur von zumeist 16 bis 18 Jahren kurz vor der Volljährigkeit (vgl. ebd.: 19). Sie stammen vorwiegend aus Afghanistan sowie Eritrea und Somalia (vgl. ebd.: 20).

2   Trauma und Flucht

Der Begriff 'Trauma' – griechisch, 'Wunde' – wird sowohl in der Medizin für körperliche Schädigungen als auch in der Psychologie für seelische Verletzungen verwendet (vgl. BIALEK/KÜHN 2017: 31). Unter dem letztgenannten Fokus wird von einem Trauma gesprochen, wenn zwei wesentliche Anforderungen erfüllt sind: Einerseits wird ein Erlebnis als Gefährdung des eigenen Lebens empfunden; andererseits fehlen in diesem Moment nötige Strategien, um dieses verarbeiten zu können, weshalb der Mensch mit der Bewältigung überfordert ist und sich daraus eine anhaltende Belastung entwickelt. Diese Zustände können bei Geflüchteten insbesondere durch Folter, Gewalt oder kriegerische Auseinandersetzungen entstehen, da hier eine existenzielle Bedrohung wahrgenommen wird (vgl. BAER/FRICK-BAER 2016: 38). "Viele Flüchtlinge haben extreme Gewalt in den Herkunftsländern erlebt: So stammen die meisten von ihnen derzeit aus Ländern wie Syrien, wo sie Krieg, politische Verfolgung und manchmal auch Folter erlebt haben" (MARTIN/ZITO 2016: 25f.). Daraus resultierende psychische Belastungsmomente beeinträchtigen nicht nur die Alltagsbewältigung sowie die soziale Interaktion, sondern können insbesondere im Kindes- und Jugendalter auf zentrale Entwicklungsbereiche wie Psychomotorik oder Persönlichkeitsstrukturen nachhaltig Einfluss nehmen (vgl. ADAM/INAL 2013).

Traumatisierende Erfahrungen lassen sich nicht auf das Erlebte im Herkunftsland eingrenzen; vielmehr ist diese Gruppe mit verschiedenen Stressoren vor, während und nach der Flucht konfrontiert (vgl. LEOPOLDINA 2018: 9ff.). Eine derartige sequentielle Traumatisierung zeichnet sich durch eine Aneinanderreihung diverser traumatischer, nichtüberwindbarer Erlebnisse aus, welche besonders häufig im Zusammenhang mit Erfahrungen von Krieg und Flucht auftreten (vgl. KOHLER-SPIEGEL 2017: 16). Das grundlegende Modell hierzu kann in drei Sequenzen unterteilt werden, wobei die erste Phase den Zeitpunkt bis zur Flucht beschreibt; dieser ist meist von Verfolgung, Krieg und Gewalt geprägt und bildet somit einen ersten Anhaltspunkt für eine Traumatisierung (vgl. ebd.). Die darauffolgende Sequenz bildet die Flucht an sich, welche meist von Angst, Hilflosigkeit und einem Gefühl des Ausgeliefertseins geprägt ist. Betrug, Ausbeutung, körperliche Übergriffe oder Gefängnisaufenthalte begründen dieses emotionale Fluchterleben (vgl. BRENZEL et. al. 2019: 27ff.). Die Betroffenen und insbesondere die umA erleben auf ihrer Flucht Durst, Hunger, Kälte und extreme Unsicherheit wie auch Einsamkeit, welche sie nachhaltig prägen (vgl. KOHLER-SPIEGEL 2017: 17f.). Im Ankunftsland warten wiederum erneut Herausforderungen, welche durchaus als belastend empfunden werden und somit eine dritte und letzte Sequenz bilden können (vgl. ebd.: 18). Für die Gruppe der umA stellt sich im Ankunftsland die zusätzliche Herausforderung, all diese Erfahrungen von Verlust, Verletzung und hoher Eigenverantwortung weitgehend alleine verarbeiten zu müssen (vgl. BzGA 2013: 40). Insgesamt begründen derartige traumatisierende Erfahrungen bei Kindern und Jugendlichen erheblich psychische und/oder körperliche Reaktionen (vgl. WEEBER/GOERGERCIN 2014: 35f.). Im Hinblick auf das Jugendalter sind Entwicklungsaufgaben wie etwa die Identitätsfindung und damit verbundene Krisen ohne die haltgebende Herkunftsfamilie zu bewältigen (vgl. KRANERT/STEIN 2019a).

Aus psychiatrischer Perspektive bildet die posttraumatische Belastungsstörung (PTBS) eine mögliche Folgereaktion auf extreme Erfahrungen, bei denen Risiko- und Schutzfaktoren nicht kompensierend aufeinander einwirken und von der Person zur Bewältigung einschneidender Erlebnisse nicht aktiviert werden können (vgl. MARTIN/ZITO 2016: 30). Die PTBS ist "eine verzögerte oder protrahierte Reaktion auf ein belastendes Ereignis oder eine Situation kürzerer oder längerer Dauer, mit außergewöhnlicher Bedrohung oder katastrophenartigem Ausmaß, die bei fast jedem eine tiefe Verzweiflung hervorrufen würde" (ICD-10 2019: F.43.1). Sie ist gekennzeichnet durch ungewolltes Wiedererleben,

Vermeiden von belastenden Erinnerungen sowie Symptomen autonomer Übererregungen (vgl. TAGAY/SCHLOTTBOHM/LINDNER 2016: 44ff.). Während der überwiegende Anteil der deutschen Bevölkerung im Verlauf des Lebens einmal von traumatischen Ereignissen betroffen ist, entwickeln lediglich 5–10 % eine PTBS (vgl. ebd.: 51). Bei der spezifischen Teilgruppe der Kinder und Jugendlichen mit Fluchterfahrungen sind belastbare Zahlenwerte erst teilweise vorhanden. Erste Erhebungen legen jedoch eine Rate von 20 bis 30 % an traumatisch belasteten asylsuchenden jungen Menschen unter 18 Jahren nahe (vgl. BZGA 2013: 41). Die BUNDESPSYCHOTHERAPEUTENKAMMER (2105: 7) geht bei der Hälfte von Flüchtlingskindern von deutlichen psychischen Belastungen aus. Im Hinblick auf die PTBS ist eine Prävalenz von etwa 19 % anzunehmen und damit eine 15mal höhere Rate als bei deutschen Kindern und Jugendlichen. Eine nochmals erhöhte Rate wird mit etwa 30 % bei der Gruppe der umA festgestellt (vgl. BPTK 2018: 4).

Unabhängig von der eingenommenen Betrachtungsweise ist davon auszugehen, dass die Gruppe der umA vor, während und nach ihrer Flucht mit potenziell traumatisierenden Erfahrungen konfrontiert war und ist. Die daraus resultierenden psychischen Belastungsmomente stellen alle Beteiligten, unter anderem auch das Bildungspersonal, vor große Herausforderungen. Zur Beurteilung der je individuellen Bedeutung der lebensgeschichtlich relevanten Aspekte auf das innere Erleben und damit auf das äußere Handeln bedarf es personalisierter Entschlüsselungs- und Verstehensprozesse, welche über pädagogische Professionalisierung in diesem Feld implementiert werden müssen (vgl. ZIMMERMANN 2015: 240ff.).

3   Trauma und Pädagogik

"Unkonzentriert sein, Lernen verweigern, panisch werden, sich nichts merken können, verstummen, innerlich weggehen, Chaos am Arbeitsplatz, Schwankungen in der Leistung zeigen, Situationen meiden – traumatisierte Kinder und Jugendliche fallen auf oder sind für andere unsichtbar" (JÄCKLE 2016: 154). Diese Signale müssen pädagogische Fachkräfte wahrnehmen, vor dem Hintergrund der individuellen Biografie einordnen und den Jugendlichen entsprechend sensibel begegnen. Abzugrenzen hiervon sind die Aufgabenfelder einer Diagnosestellung sowie auch therapeutische Begleitung. Vielmehr geht es um eine Traumasensibilität in der pädagogischen Arbeit (vgl. GAHLEITNER 2016), um ein Lernen und damit ein Ankommen unter diesen besonderen Bedingungen zum Teil erst zu ermöglichen.

Die Traumapädagogik ist ein an sich junges 'Gewächs' innerhalb der Pädagogik, welches über zahlreiche und differente Ansätze verwurzelt ist, die bis in das 19. Jahrhundert zurückreichen (vgl. ROTHDEUTSCH-GRANZER/WEIß/GAHLEITNER 2015: 174). Trotz der daraus resultierenden fehlenden Einheitlichkeit können jedoch zentrale und gemeinsame Grundhaltungen in der traumapädagogischen Arbeit identifiziert werden (vgl. ebd.: 178ff.): Dies sind die Annahme der individuellen Sinnhaftigkeit des Verhaltens, die gegenseitige Wertschätzung, die Beteiligung der Person verbunden mit Transparenz sowie das freudvolle Interagieren miteinander. Darauf aufbauend ergeben sich für das konkrete pädagogische Handeln einige zentrale Aspekte wie

• Gestaltung eines sicheren Ortes
• Angebot von Bindung und Beziehung
• Selbstreflexion der PädagogInnen
• Unterstützung im Erleben von Selbstwirksamkeit
• individuelles Fallverstehen
• interdisziplinäre Netzwerkarbeit (vgl. ebd.: 178ff.).

Diese Grundannahmen wurden in der jüngeren Vergangenheit für die spezifischen Anforderungen im allgemeinbildenden Schulsystem fruchtbar gemacht (vgl. etwa ZIMMERMANN 2017: 57ff.). So gilt zunächst grundsätzlich, dass die Lern- und Leistungsanforderungen in der Schule für traumatisierte Kinder und Jugendliche einen weiteren Belastungsfaktor bilden können, das Bildungsangebot selbst aber auch regulieren, motivieren, stabilisieren und stärken kann, sofern der Rahmen und die Atmosphäre entsprechend gestaltet werden. Konkret bedeutet dies folgendes:

Zunächst ist die Lehrperson an sich ein grundlegender Faktor, welche durch ihr Verhalten Unterstützung und Stabilität bieten kann. Da im Rahmen einer Traumatisierung häufig das Vertrauen in die Mitmenschen tief erschüttert wurde, muss dieses in kleinen Schritten durch den Aufbau einer stabilen Beziehung wiederhergestellt werden (vgl. FRIEDRICH/SCHERWATH 2012: 81f.). Dabei ist es für Lehrkräfte besonders bedeutsam, feinfühlig und empathisch mit den Kindern und Jugendlichen zu interagieren und dabei auch auf körperliche Nähe und tröstende Verhaltensweisen zurückzugreifen, wenn diese nötig sind. Eine beständige Präsenz verbunden mit Rückhalt und Verlässlichkeit, den eine Bezugsperson bieten kann, benötigen traumatisierte Kinder und Jugendliche beispielsweise auch im schulischen Alltag. Zusätzlich soll eine Lehrkraft durch sprachliche Interaktion sensibel und situationsgerecht mit den Schülerinnen und Schülern kommunizieren und handeln. Dabei kann sie auch Unterstützung bei der Stressregulation bieten, wodurch sich unter Umständen durch positive, längerdauernde Erfahrungen eine höhere Stresstoleranz seitens der Betroffenen entwickeln kann (vgl. ebd.: 83ff.).

Die Lehrkraft bringt den traumatisierten Schülerinnen und Schülern dadurch Verständnis, Wertschätzung und Zuwendung entgegen und macht sich dabei selbst bewusst, dass potenziell aggressives Verhalten nicht auf sie persönlich bezogen werden darf, sondern als subjektiv logische Bewältigungsstrategie gilt. Dazu benötigen diese Kinder und Jugendlichen klare Strukturen und positive Rückmeldungen, welche zur Orientierung beitragen und Sicherheit bieten können. Den Schülerinnen und Schülern müssen soziale und schulische Erfolgserlebnisse ermöglicht werden, welche ihr Selbstvertrauen und ihre Selbstwirksamkeit stärken und ihnen somit eine Art der Bewältigungsstrategie bieten (vgl. DING 2013: 62f.).

Zu den strukturgebenden Momenten zählt insbesondere auch die zeitliche Gestaltung, welche den Schülerinnen und Schülern einen transparenten Rahmen gewährt. Sie sollen sich nicht von zusätzlich Neuem und Ungewissem bedroht fühlen, sondern durch klare Pläne und Arbeitsaufträge eine sichere Lernumgebung erfahren. Jegliche Situationen und Aufgaben müssen im Schulkontext berechen- und vorhersehbar sein. Hierzu können auch Rituale beispielsweise zum Ankommen, als Pausensignal oder auch zum Verabschieden am Ende des Tages eingeführt werden, um für Entspannung, Ruhe und Struktur zu sorgen (vgl. ebd.: 61).

Neben der zeitlichen spielt auch die räumliche Gestaltung bei der Unterrichtung eine tragende Rolle, da beispielsweise bestimmte Ruhezonen, Bewegungsräume und auch reizarme Bereiche sowie Spielorte zur Strukturierung beitragen. Auch Einzeltische sollen zum konzentrierten Arbeiten und Lernen vorhanden sein, damit für alle Beteiligten ein geeigneter Lernort ermöglicht werden kann. Traumatisierte Schülerinnen und Schüler haben oft Probleme mit Nähe und Enge, weshalb ausreichender Platz und auch geeignete Rückzugsmöglichkeiten sowie Gruppentische zum freiwilligen kooperativen Arbeiten vorhanden sein müssen (vgl. ebd.: 62).

Letztlich sind die räumlichen und zeitlichen, aber besonders auch die personellen Gegebenheiten für eine zielführende Beschulung grundlegend. Diese Schülerinnen und Schüler benötigen eine Umgebung, welche ihnen Halt und Sicherheit bietet und sie nicht überfordert, sondern in ihrem Handeln und in ihrer Persönlichkeit stärkt. Dazu ist auch die Beziehung zur Lehrperson als tragendes System von Bedeutung, da hierdurch in kleinen Schritten nach und nach Verlässlichkeit und Vertrauen aufgebaut werden kann und die Kinder und Jugendlichen somit auch ihre eigene, oft verletzte Selbstwirksamkeit erfahren und ausbauen können.

Es zeigt sich somit insgesamt, dass das Themenfeld Trauma und Schule bereits auf theoretischer Ebene breit diskutiert ist und darauf aufbauend zahlreiche Handreichungen für die Praxis entwickelt wurden (vgl. beispielsweise BECK-RATH-WILKING/BIBERACHER/DITTMAR/WOLF-SCHMID 2013: 283ff.; COLE/O' BRIEN/ GADD/RISTUCCIA/WALLACE/GREGORY 2005; COLE/EISNER/GREGORY/RISTUCCIA 2013; SCHMIEGLITZ 2014: 149ff.; WEEBER/GÖGERCIN 2014: 63ff.; ZIMMERMANN 2017). Dennoch beklagt beispielsweise KREIS (2015), dass selbst Lehrkräfte für Sonderpädagogik über keine ausreichenden Handlungskompetenzen angesichts der spezifischen Situation dieser Schülerschaft verfügen. In analoger Weise trifft dies auf Kinder und Jugendliche mit Fluchterfahrung, insbesondere auf die umA und ihre spezifische Situation zu. Zwar finden sich auch hier Ratgeber für Fachkräfte und Ehrenamtliche (vgl. etwa BAFF 2017; BPTK 2016), jedoch sieht die Deutsche UNESCO-Kommission in ihrer Pressemitteilung vom 20.06.2019 Lehrkräfte immer noch als zu wenig vorbereitet, um "für die Kinder eine wichtige Stütze zu sein". Daraus ergibt sich einerseits die Notwendigkeit zur Konzeption und Durchführung einer breit angelegten Weiterbildungsinitiative für alle Lehrkräfte, welche im Schwerpunkt in derartigen Klassen unterrichten. Neben den darin zu vermittelnden Grundelementen einer traumsensiblen Pädagogik gilt es insbesondere für Lehrkräfte für Sonderpädagogik eine spezifische traumapädagogische Kompetenz bereits im universitären Studium Grund zu legen (vgl. etwa ZIMMERMANN 2016: 165ff.). Unabhängig davon gilt es in der Praxis vor dem Hintergrund jedes Einzelfalls zu prüfen, inwieweit das erforderliche, oben skizzierte Setting im Kontext der allgemeinen Schule abgebildet werden kann oder ein Wechsel in spezifischere Fördersettings – zumindest auf Zeit – angezeigt ist.

4 Geflüchtete und Berufliche Bildung

Die umfassende Zwangsmigration von Menschen in unser Gesellschaftssystem ist gerade im Kontext von Beruf und Arbeit von besonderer Relevanz (vgl. etwa BACH/BRÜCKER/HAAN/ROMITI/VAN DEUVERDEN/WEBER 2017), da sich dieses vornehmlich als Arbeitsgesellschaft konstituiert (vgl. GRÖSCHKE 2011: 41ff.); in der Folge wird Erwerbsarbeit eine zentrale Integrationsfunktion zugewiesen (vgl. SÖHN/MARQUARDSEN 2017: 44f.). Aufgrund des berufsförmig organisierten Arbeitsmarktes (vgl. SEIFRIED/BECK/ERTELT/FREY 2019) ist als wesentliche Schlüsselstelle hierfür die vorgelagerte Teilhabe an beruflichen Bildungsprozessen zu sehen. Dies wurde im Zusammenhang der hier diskutierten spezifischen Zielgruppe bereits frühzeitig erkannt und strategisch angegangen. Handlungsleitend waren hierbei folgende zentrale Aspekte:

- Erlernen der deutschen Sprache, vornehmlich in einem berufsbezogenen Kontext (vgl. EULER/SEVERING 2017: 11ff.; LANG 2018)
- frühzeitige Berufsorientierung und Kennenlernen der Spezifika des deutschen Arbeitsmarktes (vgl. BMBF 2019: 119ff.)
- Erfassung vorhandener (beruflicher) Kompetenzen und ggf. Anerkennung vorheriger Berufserfahrungen und -abschlüsse (vgl. DÖRING/MÜLLER/NEUMANN 2015; DÖRING 2019)
- betriebliche bzw. möglichst betriebsnahe Berufsausbildung unter Heranziehung bereits vorhandener Stützmaßnahmen (vgl. BERTELSMANN STIFTUNG 2016: 19ff.; ENGGRUBER/RÜTZEL 2016; SÖHN/MARQUARDSEN 2017: 29ff.)
- Sensibilisierung von Wirtschaft und Verwaltung hinsichtlich potentieller Ausbildungs- und Beschäftigungsmöglichkeiten (vgl. VOGEL/SCHEIERMANN 2019; Netzwerk Unternehmen integrieren Flüchtlinge https://www.unternehmen-integrieren-fluechtlinge.de/; https://wir-zusammen.de/)
- spezifische Qualifizierung des berufsberatenden Personals (vgl. BÜSCHEL/DAUMANN/DIETZ/DONY/KNAPP/STRIEN 2015; DAUMANN/DIETZ/KNAPP/STRIEN 2015; KNAPP/BÄHR/DIETZ/DONY/FAUSEL/MÜLLER/STRIEN 2017)

Aufgrund umfassender und spezifischer Förderprogramme (vgl. im Überblick GIB NRW 2019) sowie veränderter rechtlicher Rahmenbedingungen (vgl.

SCHREYER/BAUER/KOHN 2015), welche ebenso die Unterstützung mit den vorhandenen Förderinstrumenten des Sozialgesetzbuches III ermöglichen, ist ein erleichterter Zugang dieser Personengruppe zu Angeboten der Beruflichen Bildung zu konstatieren. Dennoch gestaltet sich die konkrete Umsetzung aufgrund der großen Heterogenität der Personengruppe im Hinblick auf die Ausgangsvoraussetzungen wie beispielsweise Alphabetisierung, Schulbiographie, erworbene Schulabschlüsse oder vorhandene berufliche Erfahrungen (vgl. BIBB 2017: 468ff.) als herausfordernde Aufgabe, insbesondere für die daran beteiligten pädagogischen Fachkräfte.

Von besonderer Bedeutung sind hierbei aber auch die psychischen Belastungsmomente, welche ja insbesondere bei der Gruppe der umA anzunehmen sind, wie oben dargestellt. Die sich hieraus ergebenden potentiellen Folgen für die Bewältigung der Integration in Beruf und Arbeit werden inzwischen immerhin erkannt und zumindest benannt. So weist beispielsweise der DEUTSCHE INDUSTRIE- UND HANDELSKAMMERTAG (2016: 47) in seinem Leitfaden für Unternehmen darauf hin, dass "traumatische Erlebnisse auch im Arbeitskontext wieder aufbrechen" können. Als Konsequenz hieraus wird eine Sensibilisierung der Ausbilder und Lehrkräfte für entsprechende Fragestellungen empfohlen und es werden – z.T. lediglich pragmatische – Hilfestellungen für den Alltag gegeben. EULER und SEVERING (2016) weisen in ihrer Analyse explizit auf die belastenden Lebensumstände und die damit verbundene länger dauernde Integrationsphase in Beruf und Arbeit hin. Konsequenzen hinsichtlich der erforderlichen Weiterbildung des pädagogischen Personals werden jedoch nicht gezogen, obwohl diese "flüchtlingsspezifischen Bedarfe" (SÖHN/MARQUARDSEN 2017: 6) bei der Gestaltung von Bildungsangeboten berücksichtigt werden müssten.

Im Kontext der Berufsvorbereitung wie auch der dualen Berufsausbildung kommt dabei den Berufsschulen eine besondere Bedeutung zu. Analog dem allgemeinbildenden Schulsystem bringen sie potenziell ein "erhebliches Potenzial" insbesondere für die Personengruppe der umA mit, um "Stabilität zu bieten und Chancen zu eröffnen" (ebd.: 46). Entsprechende Angebote, vor allem in der Berufsvorbereitung in Verbindung mit Angeboten zum Spracherwerb, wurden in Folge der ersten größeren Flüchtlingswelle in verschiedenen Bundesländern konzipiert und zeitnah realisiert (vgl. im Überblick BRAUN/LEX 2016: 44ff.; SETTELMEYER/MÜNCHHAUSEN/SCHNEIDER 2019). Diese stellen nach Einschätzung von BRAUN und LEX (2016: 44) "aktuell das quantitativ wichtigste Angebot zur (vor-)

beruflichen Förderung von [...] Flüchtlingen dar, die nicht mehr der allgemeinen Schulpflicht unterliegen". Befunde zur Ausgestaltung und Wirksamkeit finden sich jedoch kaum; fokussiert werden in den wenigen Studien Fragen der Sprach- und Bildungsbiographie (vgl. BAUMANN/RIEDL 2016) oder etwa das Belastungserleben von Lehrkräften und Jugendlichen (vgl. KÄRNER/FELDMANN/ HEINRICHS/NEUBAUER/SEMBILL 2017). Zwar werden auch für dieses pädagogische Handlungsfeld eventuelle psychische Belastungen der Schülerschaft als besondere Herausforderung für die Lehrkräfte hervorgehoben (vgl. ebd.), jedoch finden sich in den entsprechenden Handreichungen allenfalls Hinweise zum kompetenten Umgang hiermit (vgl. etwa ISB 2014: 8f.). Exemplarisch wird daher im Folgenden das berufsschulische Angebot für die Zielgruppe im Bundesland Bayern vorgestellt und im Anschluss auf eine traumapädagogische Perspektive hin kritisch analysiert.

Berufsintegrationsklassen in Bayern
Im Bundesland Bayern werden für geflüchtete Kinder und Jugendliche je nach Lebensalter diverse Bildungsmöglichkeiten in unterschiedlichen Schularten angeboten. Nach Abschluss der allgemeinbildenden Schule bzw. mit Erreichen des 16. Lebensjahres sind die Jugendlichen berufsschulpflichtig. Um den spezifischen Fragestellungen von jungen Geflüchteten auch im beruflichen Bereich Rechnung zu tragen wurden daher flächendeckend Berufsintegrationsklassen (BiK) eingerichtet. Diese Klassen haben den Auftrag, gemeinsam mit den (berufs-)schulpflichtigen Geflüchteten innerhalb von zwei Jahren die nötigen Grundlagen für eine gelingende Berufsausbildung zu entwickeln. Dabei soll ihnen ein selbstständiges und wirtschaftlich unabhängiges Leben ermöglicht werden. Die schulische Bildung in den BiK soll die sprachliche Förderung sowie die fachliche und allgemeine Wissensbildung abdecken und zusätzlich dabei Betriebspraktika begleiten. Durch das Besuchen und erfolgreiche Absolvieren der BiK ist es den Jugendlichen des Weiteren möglich, einen Mittelschulabschluss oder auch einen Qualifizierten Mittelschulabschluss zu erwerben (vgl. STIFTUNG BILDUNGSPAKT BAYERN 2016: 2f.).

Die BiK bilden in der Regel eine Kooperation aus den Fachkräften einer beruflichen Schule und einem externen Partner, welcher sowohl in einigen Elementen des Unterrichts als auch in der sozialpädagogischen Betreuung unterstützen soll. Dabei sollen die Klassen eine Schülerzahl von 20 nicht übersteigen, da die Geflüchteten in ihrer Unterrichtung und Förderung besondere Bedürfnisse und Ansprüche haben, welchen die Lehrkräfte gerecht werden müssen (vgl. BAYERISCHES STAATSMINISTERIUM FÜR UNTERRICHT UND KULTUS 2018a: 2). Hierzu wird den Lehrkräften eine Handreichung vergleichbar einem Lehrplan zur Verfügung gestellt, welcher fünf Lernbereiche umfasst. Hierbei handelt es sich zunächst um den Spracherwerb Deutsch, wobei dieser auf dem Basislehrplan Deutsch beruht. Die weiteren Lernbereiche lassen sich in die Felder Bildungssystem und Berufswelt, Mathematik, ethisches Handeln und Kommunikation und als letzten Zweig in Sozialkunde unterteilen. Zusätzlich hinzu kommt der Bereich Alphabetisierung, um den Jugendlichen gegebenenfalls das lateinische Alphabet zu vermitteln. Dieses grob dargestellte Spektrum verlangt von den Lehrkräften eine hohe pädagogische Kompetenz und Verantwortung in der Umsetzung und Verwirklichung der Fächer (vgl. STAATSINSTITUT FÜR SCHULQUALITÄT UND BILDUNGSFORSCHUNG 2017: 1ff.). Die Lehrkräfte müssen hierbei darauf achten, die Lernbereiche miteinander zu verknüpfen, den Unterricht an den Kompetenzen und der Heterogenität der Lernenden zu orientieren und deren individuelle Ressourcen zu nutzen sowie Kompetenzen zu vertiefen. Obwohl der Lehrplan für die BiK kein konkretes methodisches Vorgehen beschreibt, ist es dennoch von Bedeutung, die Geflüchteten zu selbstständigem, eigenverantwortlichem und selbstregulierendem Lernen und Arbeiten zu ermutigen und dies in der Unterrichtsplanung zu beachten (vgl. ebd.: 5). Am Ende jedes Halbjahres erhalten die Jugendlichen ein Zeugnis, welches bereits von Beginn an die Bewertung der einzelnen Lernbereiche anhand einer sechsstufigen Notenskala vorsieht. Zudem ist ein Beiblatt zur 'Leistungsausprägung' beigefügt, welches beispielsweise Beobachtungen im Unterricht und individuelle Einschätzungen seitens der Lehrkraft enthalten kann (vgl. BAYERISCHES STAATSMINISTERIUM FÜR UNTERRICHT UND KULTUS 2018b: 1f.).

Die vorliegenden Handreichungen sollen den Lehrkräften eine Unterstützung und eine geeignete Hilfestellung für den Unterricht wie auch für das pädagogische Handeln bieten; in den Ausführungen beziehen sie sich vordringlich auf Fragen der fachlichen Förderung und ihrer Umsetzung im Unterrichtsgeschehen. Da es sich bei den Lehrkräften der BiK in der Regel um Berufs- oder Wirtschaftspädagogen handelt, ist jedoch davon auszugehen, dass spezifische sonder- und/oder traumapädagogische Grundkompetenzen nicht vorhanden sind. Die vom Ministerium vorgegebene Handreichung legt allerdings jegliches pädagogische Handeln in die Eigenverantwortung der Lehrkräfte, ohne dabei

© Frank & Timme   Verlag für wissenschaftliche Literatur

explizit Unterstützungsmomente in Bezug auf die spezifischen Bedürfnisse psychisch belasteter Jugendlicher aufzuzeigen, was jedoch angesichts der Ausgangssituation (siehe oben) vonnöten wäre. Letztlich werden damit Anforderungen und Ansprüche an Lehrkräfte gestellt, welche stark sonderpädagogisch geprägt sind; die möglichen Begrenzungen hierbei wurden bereits zuvor skizziert.

5 Berufsintegrationsklassen unter traumapädagogischer Perspektive

Auch in den BiK finden sich zahlreichen umA, die in ihrer Biographie in besonderem Maß auf potenziell traumatische Ereignisse und damit in der Folge auf psychische Belastungen verweisen können. Entsprechend wäre die Ausgestaltung der pädagogischen Arbeit in den BiK auch an traumapädagogischen Grundsätzen auszurichten, was in der Folge ansatzweise versucht wird.

Analyse der BiK unter traumapädagogischer Perspektive
Einen bedeutenden Faktor stellt die zeitliche Gestaltung des berufsintegrativen Förderprogramms für die umA dar. Dabei ist zu beachten, dass ein ausreichender zeitlicher Rahmen für das Ankommen, die Sicherheit und den Vertrauens- und Bindungsaufbau eine grundlegende Basis bildet. Der Aufbau der BiK ist jedoch zeitlich stark begrenzt und bietet aufgrund des Umfangs an zu vermittelndem fachlichen Wissen wenig Spielraum für spezifische pädagogische Maßnahmen. Sowohl den umA als auch den Lehrkräften müsste daher die nötige Zeit gewährt werden, um sich kennenzulernen, aufeinander einzugehen und somit eine stabile Beziehung aufzubauen.

Neben den zeitlichen spielen auch räumliche Umstände eine erhebliche Rolle bei der Beschulung traumatisierter Jugendlicher. Ihnen soll genügend Rückzugsraum gewährt werden, welcher psychisch und physisch im Schulalltag ermöglicht werden muss. Dazu zählt beispielsweise ein Einzelarbeitsplatz, eine ruhige Ecke im Klassenraum oder sogar ein zusätzlicher Aufenthaltsraum, um Rückzugsmöglichkeiten anbieten zu können. Allein die architektonischen Gegebenheiten lassen die Einrichtung eines solchen Platzes häufig nicht zu. Dennoch kann die Lehrkraft oder auch die gesamte schulische Institution in den

Klassenräumen einen Bereich gestalten, welcher als Ruheort für die umA eingerichtet wird.

Auch die Leistungsorientierung innerhalb der BiK kann für traumatisierte Menschen besondere (erneute) Belastungsmomente bedeuten. Auch die BiK folgen mit einer Zeugniserstellung mit Notenvergabe Leistungsprinzipien als Grundlage der Berufsvorbereitung. Diese Form übt jedoch viel Druck auf die Schülerinnen und Schüler aus und kann demnach äußerst negative Auswirkungen auf deren Selbstwirksamkeit und somit auf eine erfolgreiche Integration haben. Traumatisierte umA benötigen zunächst Zeit und Stabilität, um ohne Druck und ausgeprägtes Leistungsbestreben in einer stabilen Umgebung sicher anzukommen. Dabei soll in erster Linie auf die individuellen Ressourcen und Stärken der umA eingegangen werden, um ihre psychische Belastung zu reduzieren und sie im schulischen Rahmen zu stabilisieren, bevor das Leistungsprinzip stärker verfolgt werden kann.

Im Rahmen des genannten Leistungs- und Zeitdrucks sowie aufgrund der Klassengröße der BiK ist es des Weiteren kaum möglich, eine nötige Differenzierung und Individualisierung vorzunehmen und die umA dahingehend zu fördern und zu stärken. Der Leitfaden der BiK sieht neben der knapp bemessenen Zeit auch im Lehrplan und in der Leistungsbewertung kaum Spielraum für individuelle Unterstützung und Förderung vor. Dabei ist es gerade für traumatisierte Menschen von größter Bedeutung, als Individuum betrachtet zu werden und eine entsprechend differenzierte Hilfestellung zu erhalten. Besonders individuelle Förder- und Ressourcenpläne könnten den umA helfen, sich im System Berufsschule zurechtzufinden und nach und nach an Leistungsbewertungen teilzunehmen.

Zusätzlich zu den genannten strukturellen Bedingungen stellen auch die entsprechenden Kompetenzen der Lehrkräfte einen bedeutenden Faktor dar. Außer Frage steht die besondere Leistung der einzelnen Lehrkräfte an Berufsschulen bei der häufig kurzfristigen Etablierung entsprechender BiK an Berufsschulen. Dennoch ist zu konstatieren, dass diese Lehrkräfte in der Regel keine sonder- oder traumapädagogische Qualifikation haben und aufgrund der Kurzfristigkeit auch keine entsprechenden Weiterbildungsangebote im sensiblen Umgang mit traumatisierten umA konzipiert werden konnten. Die Lehrkräfte sind somit in der Regel auf sich alleine gestellt und müssen sich selbstständig in den traumasensiblen Ansatz einarbeiten.

© Frank & Timme   Verlag für wissenschaftliche Literatur

6 Ansatzpunkte zur Umsetzung traumapädagogischer Leitideen in der BiK

Für die Lehrkräfte der BiK ist es von Bedeutung, spezifische Gegebenheiten im Vorhinein interpretieren zu können, Eskalationen zu vermeiden, den umA empathisch zu begegnen und somit präventiv eine entspannte Lernatmosphäre zu schaffen. Dies kann bereits durch einige minimale Änderungen im Tagesablauf geschehen, welche den umA Struktur und Sicherheit bieten. Dabei gilt es zwei Ebenen zu betrachten: einerseits kann die Lehrkraft selbst anhand ihres Verhaltens und Umgangs mit den umA ein stabiles Umfeld schaffen; andererseits kann auch die Unterrichtsgestaltung an spezifische Rahmenbedingungen angepasst werden.

6.1 Mögliche Regulationen auf Ebene der Lehrkraft

Hierbei spielt die Persönlichkeit der Lehrkraft und ihr Entgegenbringen einer verständnisvollen und offenen Haltung eine erhebliche Rolle. Für die umA ist es zunächst wichtig auf eine Lehrkraft zu treffen, welche ihnen mit einem ausreichenden Maß an Kultursensibilität entgegentritt. Um den umA von Anfang an ein sicheres Gefühl vermitteln zu können, ist es nötig sowohl Interesse für die individuelle Herkunft zu zeigen als auch diese als Anker der umA zu akzeptieren und bei Gelegenheit in den Unterricht miteinzubauen. Hier sollte die Lehrkraft zunächst ihre nonverbale Kommunikation anhand von Mimik und Gestik kulturell anpassen, um von Beginn an Konflikte zu vermeiden. Dennoch ist es auch Aufgabe der Lehrkraft, die umA in die hiesigen Lebensformen und gesellschaftlichen Kontexte einzuführen und diese dahingehend kultursensibel im Unterricht zu behandeln, um sie auf ihr Leben in Deutschland vorzubereiten.

Neben Kultursensibilität soll die Lehrkraft den umA zudem eine traumasensible Empathie in Form von Wertschätzung und Anerkennung entgegenbringen, um sie in ihrem Verhalten zu akzeptieren und somit Vertrauen aufzubauen. Der Lehrkraft sollte insofern bewusst sein, dass diverse Verhaltensweisen möglicherweise im Rahmen einer PTBS auftreten können und somit subjektiv keine negativen 'Absichten' dahinter liegen. Verzweiflung, Angst, Traurigkeit und Ungewissheit können einen potenziellen Ursprung für aggressives, zurückgezogenes oder auch überangepasstes Verhalten bilden. Deshalb ist es sinnvoll, dass

die Lehrkraft diese Aspekte beachtet und den Umgang mit den umA dementsprechend aufbaut, um einen Raum für deren Traumatisierung und deren Folgen bieten zu können. Aufgabe der Lehrkraft ist es somit, eine Kombination aus
Kultur- und Traumasensibilität auszubilden, um das Verhalten der umA angemessen einschätzen und entsprechend darauf reagieren zu können.

Um diese sensible Haltung den umA gegenüber einnehmen zu können, mag
es für die Lehrkraft förderlich sein, einen Perspektivwechsel zu vollziehen und
dadurch die Sichtweise der umA kennenzulernen. Ein Wechsel der Betrachtungsweise kann helfen, eine entsprechend verständnisvolle Einstellung zu gewinnen, welche wiederum den Vertrauensaufbau und die Integration erleichtern kann. Dieser Perspektivwechsel kann zudem dazu genutzt werden, den
umA Sicherheit zu vermitteln, indem die Lehrkraft selbst Sicherheit ausstrahlt
und somit ein schützendes Umfeld schafft. Gewiss werden auf die Lehrkräfte
Situationen zukommen, welche ihre Kompetenzen übersteigen und somit zu
Unsicherheit führen dürften. Dennoch können diese Gegebenheiten unter Umständen präventiv verhindert werden, indem die Lehrkraft ihr Gefühl von Sicherheit an die umA weitergibt, ihre Präsenz zeigt und das Miteinander entsprechend gestaltet.

Daneben ist es von Bedeutung, den umA einen Raum aus Schutz und Unterstützung zu bieten, dabei jedoch nur Versprechungen und Abmachungen zu
geben, welche auch eingehalten werden können. Eine engagierte Lehrkraft zeigt
zweifelsohne Interesse am Leben der umA, was in diesem Fall umso bedeutender ist, da die spezifischen außerschulischen Gegebenheiten einen großen Einfluss auf ihre tägliche Verfassung haben. Dennoch muss die Lehrkraft ihre eig-
nen Grenzen kennen, diese entsprechend einhalten und mit den umA kommunizieren, um nicht einen erneuten Vertrauensbruch zu riskieren.

6.2 Potenzielle unterrichtliche Rahmengestaltung

Neben der Regulation auf Lehrkraftebene können auch diverse Rahmenbedingungen im Berufsschulalltag unterstützend auf traumatisierte umA einwirken.
Zunächst spielt hierbei die körperliche Versorgung eine tragende Rolle, da die
umA Hunger- und Durstgefühle mit ihren traumatisierenden Erlebnissen in
Verbindung bringen könnten. Wie bereits erwähnt, kann als Teil der PTBS ein
Wiedererleben bei den umA ausgelöst werden, sobald sie mit Triggern konfrontiert werden. Um dies zu vermeiden, ist die Maßnahme 'Glas Wasser auf dem

Schreibtisch und Zugang zu einer Kleinigkeit Essen zu haben' eine banal erscheinende, aber wirksame Unterstützung für den Schulalltag. Als weitere unterstützende Rahmenbedingung kann eine klare Struktur im täglichen Ablauf genannt werden, um den umA Orientierung und Halt zu bieten. Zu dieser transparenten Strukturierung zählt beispielsweise ein sinnvoller Stundenplan als verständlicher Tagesablauf, feste Rituale, welche einen Rahmen bilden können und auch mögliche rhythmisierende Übungen aus den Bereichen Bewegung oder Entspannung, welche in den Unterricht integriert werden und unterstützende Wirkung entfalten. Mögliche Abweichungen im Ablauf sollen demnach zuvor offen kommuniziert werden, um weitere Konflikte zu vermeiden. Falls es dennoch zu Konfliktsituationen kommt, ist es wiederum Aufgabe der Lehrkraft weiterhin Sicherheit zu vermitteln und den umA unterstützend zur Seite zu stehen.

Um den Schülerinnen und Schülern diese Struktur bieten zu können, ist ein transparentes und verständliches Regelwerk nötig, welches für alle Beteiligten in gleichem Maße gilt. Dazu gehören einerseits Vorgaben für das gemeinsame Miteinander, andererseits auch unzweifelhafte Konsequenzen für Zuwiderhandlungen. Diese Regeln gilt es im Klassenverband ausführlich zu besprechen und unter Zuhilfenahme von Piktogrammen und beispielhaften Übersetzungen zu erarbeiten, um sie für jeden umA verständlich zu machen.

Hierbei muss des Weiteren die Brisanz nonverbaler Sprache genannt werden, da diese meist im Umgang mit traumatisierten umA besonders zu Beginn eine tragende Rolle spielt. Sowohl Mimik als auch Gestik sollten intensiv und wohl überlegt in die alltägliche Kommunikation einfließen, um auch weitgehend ohne verbale Sprache eine Verbindung aufbauen zu können. Hierbei muss jedoch erneut auf Kultur- und Traumasensibilität geachtet werden, da beispielsweise einige Gesten in verschiedenen Ländern massive Unterschiede in der Bedeutung aufweisen. Zudem kann eine Geste wie Berührung der Schulter als Trostgeste einen Trigger darstellen und damit ein Wiedererleben eines Traumas bei dem Betroffenen auslösen.

In diesem Zusammenhang ist es für die Lehrkraft von Bedeutung, Trigger zu erkennen, zu analysieren und in Zukunft zu versuchen diese zu vermeiden. Die einzelnen individuellen Trigger der umA kann die Lehrkraft sicherlich nicht von Beginn an kennen und zuordnen, doch im Laufe der Zusammenarbeit können anhand kritischer Situationen durch die Aufmerksamkeit der Lehrkraft diverse Auslöser identifiziert werden. Diese Trigger sollte die Lehrkraft als solche registrieren und in Zukunft wenn möglich vermeiden, um den umA die Belastung des Wiedererlebens zumindest im Schulalltag ersparen zu können.

All diese genannten Aspekte zur Umsetzung traumapädagogischer Rahmenbedingungen in Berufsschulen benötigen die uneingeschränkte Zusammenarbeit innerhalb der schulischen Organisation, die Kooperation mit externen Unterstützungsangeboten (beispielsweise sonderpädagogischen Fachdiensten), aber auch mit Wohneinrichtungen bzw. den Betreuungskräften der umA, um effektiv wirken zu können. Diese Faktoren bilden in der Summe grundlegende Bausteine, welche sowohl den Lehrkräften als auch den umA Sicherheit, Orientierung und Stabilisierung bieten und somit zu einem erfolgreichen beruflichen Bildungsprozess beitragen können.

7   Fazit

"Psychische Probleme aber 'lösen sich nicht von alleine'" (RAHMSDORF 2019: 23). Dies trifft insbesondere auf die Situation von umA zu, welche sich potentiell häufiger in derartigen belastenden Lebenssituationen wiederfinden. Beim Einstieg in berufliche Bildung bedürfen sie daher neben den aufgeführten zielführenden Strategien (siehe oben) einer traumasensiblen pädagogischen Begleitung. Hierfür wären umfassendere Veränderungen in der strukturellen, organisatorischen und auch personellen Konzipierung eben solcher Angebote wünschenswert. Als möglicher Einstieg in einen umfassenden Veränderungsprozess könnten eventuell nachfolgend aufgeführte Leitfragen dienen (vgl. MÖHRLEIN/HOFFART 2014: 100):

- Ist der Schulalltag transparent und klar für die umA strukturiert? Kann mein Stundenplan und meine Leistungserwartungen den umA Struktur und Sicherheit bieten?
- Habe ich Rituale im Schulalltag, welche die umA unterstützen können? Gewährleiste ich zu jeder Zeit körperliche Versorgung (Wasser, Obst o.ä.; evtl. Sofa/Ruheplatz)?
- Habe ich ausreichend Möglichkeiten zur nonverbalen Kommunikation? Sind meine Regeln für alle umA eindeutig dargestellt?
- Verfüge ich über Kenntnisse zu den kulturellen Hintergründen meiner Schülerinnen und Schüler? Kann ich diese im Unterrichtsgeschehen nutzen?

    © Frank & Timme   Verlag für wissenschaftliche Literatur

- Sind mir sensible Themen bewusst? Wie gehe ich damit im Unterricht um? Kann ich die Perspektive der umA einnehmen? Wie geht es mir dabei?
- Ist es für mich möglich, Trigger als solche zu identifizieren und in Zukunft im Unterricht zu vermeiden?
- Wie kann ich die umA bei Eskalationen stabilisieren? Was hat letztes Mal geholfen?
- Gewähre ich ausreichend psychischen und physischen Freiraum?
- Verfüge ich bzw. meine Schule über ein hilfreiches Netzwerk, welches zu Rate gezogen werden kann?
- Verspüre ich selbst Sicherheit im Umgang mit den umA? Kann ich diese auch übermitteln?

Diese Leitfragen bilden eine Anregung zu einer ersten reflexiven Auseinandersetzung mit dem Unterricht sowie mit dem eigenen pädagogischen Handeln; daraus können Lehrkräfte Anregungen für einen traumasensiblen Unterricht mit umA gewinnen, wobei in der Umsetzung sowohl die Bedürfnisse der umA als auch die eigenen Wünsche und Grenzen zu berücksichtigen sind. Anhand dieses Orientierungsrahmens könnte ein Einstieg in eine umfassendere Umsetzung traumapädagogischer Aspekte in Berufsschulklassen – insbesondere für umA – gelingen, bei welcher zuvorderst die Weiterbildung der Lehrkräfte in diesem Bereich zu fokussieren und zugleich ein prozessbegleitendes, multiprofessionelles Handeln unter dem hier sehr bedeutsamen Einbezug sonderpädagogischer Expertise zu etablieren wäre (vgl. KRANERT/STEIN 2019b). Dabei wären auch potenzielle Grenzen eines adaptiven Unterrichtssettings an Berufsschulen wie auch mögliche Überforderungssituationen von Berufs- und Wirtschaftspädagogen aus professionstheoretischer Sicht in den Blick zu nehmen und kritisch zu reflektieren.

Literaturverzeichnis

ADAM, H./INAL, S. (2013): *Pädagogische Arbeit mit Migranten- und Flüchtlingskindern. Unterrichtsmodule und psychologische Grundlagen.* Weinheim: Beltz.

BACH, S./BRÜCKER, H./HAAN, P./ROMITI, A./VAN DEUVERDEN, K./WEBER, E. (2017): Investitionen in die Integration der Flüchtlinge lohnen sich. In: *DIW-Wochenbericht* 84 (3), 47–58.

BAER, U./FRICK-BAER, G. (2016): *Flucht und Trauma. Wie wir traumatisierten Flüchtlingen wirksam helfen können.* Gütersloh: Gütersloher Verlagshaus.

BAUMANN, B./RIEDL, A. (2016): *Neu zugewanderte Jugendliche und junge Erwachsene an Berufsschulen. Ergebnisse einer Befragung zu Sprach- und Bildungsbiografien.* Frankfurt: Peter Lang.

BAYERISCHES STAATSMINISTERIUM FÜR UNTERRICHT UND KULTUS (Hg.) (2018a): *Förderrichtlinien BIK.* Online verfügbar unter: https://www.isb.bayern.de/download/20719/foerderrichtlinien_bik.pdf (zuletzt abgerufen am 25.7.2018).

BAYERISCHES STAATSMINISTERIUM FÜR UNTERRICHT UND KULTUS (Hg.) (2018b): *Zeugnisveröffentlichung BIK.* Online verfügbar unter: https://www.isb.bayern.de/download/20717/zeugnisveroeffentlichung_bik.pdf (zuletzt abgerufen am 30.10.2019).

BECKRATH-WILKING, U./BIBERACHER, M./DITTMAR, V./WOLF-SCHMID, R. (2013): *Traumafachberatung, Traumatherapie & Traumapädagogik.* Paderborn: Junfermann.

BERTELSMANN STIFTUNG (2016): *Berufsausbildung in einer Einwanderungsgesellschaft. Position beziehen.* Bielefeld: Bertelsmann Stiftung.

BIALEK, J./KÜHN, M. (2017): *Fremd und kein Zuhause. Traumapädagogische Arbeit mit Flüchtlingskindern.* Göttingen: Vandenhoek & Rumprecht.

BIBERACHER, M./DITTMAR, V./WOLF-SCHMID, R./BECKRATH-WILKING, U. (2013): *Traumafachberatung, Traumatherapie & Traumapädagogik.* Paderborn: Junfermann.

BRAUN, F./LEX, T. (2016): *Zur beruflichen Qualifizierung von jungen Flüchtlingen. Ein Überblick.* München: DJI.

BRENZEL, H./BRÜCKER, H./FENDEL, T./GUICHARD, L./JASCHKE, P./KEITA, S./KO-SYAKOVA,Y./OLBRICH, L./TRÜBSWETTER, P./VALLIZADEH, E. (2019): *Flüchtlingsmonitoring: Endbericht.* Nürnberg: IAB.

BUNDESAMT FÜR MIGRATION UND FLÜCHTLINGE (BAMF) (2018): *Unbegleitete Minderjährige in Deutschland.* Nürnberg: BAMF.

BUNDESAMT FÜR MIGRATION UND FLÜCHTLINGE (2019): *Aktuelle Zahlen.* Online verfügbar unter: http://www.bamf.de/SharedDocs/Anlagen/DE/Downloads/Infothek/Statistik/Asyl/aktuelle-zahlen-zu-asyl-august-2019.pdf?__blob=publicationFile (zuletzt abgerufen am 30.10.2019).

BUNDESINSTITUT FÜR BERUFSBILDUNG (2017): *Datenreport zum Berufsbildungsbericht 2017: Informationen und Analysen zur Entwicklung der beruflichen Bildung.* Bonn: BiBB.

BUNDESMINISTERIUM FÜR ARBEIT UND SOZIALES (2017): *Erfolgsfaktoren für die Integration von Flüchtlingen. Forschungsbericht 484.* Berlin: BMAS.

BUNDESMINISTERIUM FÜR BILDUNG UND FORSCHUNG (BMBF) (2019): *Berufsbildungsbericht 2019.* Bonn: BMBF.

BUNDESPSYCHOTHERAPEUTENKAMMER (2015): *BPtK-Standpunkt: Psychische Erkrankungen bei Flüchtlingen.* Online verfügbar unter: http://www.bptk.de/uploads/media/20150916_BPtK-Standpunkt_psychische_Erkrankungen_bei_Fluechtlingen.pdf (zuletzt abgerufen am 30.10.2019).

BUNDESPSYCHOTHERAPEUTENKAMMER (2016): *Ratgeber für Flüchtlingshelfer.* Online verfügbar unter: https://www.bptk.de/wp-content/uploads/2019/01/20160513_BPtK_Ratgeber-Fluechtlingshelfer_2016_deutsch.pdf (zuletzt abgerufen am 30.10.2019).

BUNDESPSYCHOTHERAPEUTENKAMMER (2018): *BPtK-Standpunkt: Psychische Erkrankungen bei Flüchtlingen in Deutschland.* Online verfügbar unter: https://www.bptk.de/wp-content/uploads/2019/01/20180125_bptk_update_2018_psychische_erkrankungen_bei_fluechtlingen_in_deutschland.pdf (zuletzt abgerufen am 30.10.2019).

BUNDESWEITE ARBEITSGEMEINSCHAFT DER PSYCHOSOZIALEN ZENTREN FÜR FLÜCHTLINGE UND FOLTEROPFER (2017): *Traumasensibler und empowernder Umgang mit Geflüchteten. Ein Praxisleitfaden.* Berlin: BAfF.

BUNDESZENTRALE FÜR GESUNDHEITLICHE AUFKLÄRUNG (2013): *Förderung der gesunden psychischen Entwicklung von Kindern und Jugendlichen mit Migrationshintergrund.* Köln: BZgA.

BÜSCHEL, U./DAUMANN, V./DIETZ, M./DONY, E./KNAPP, B./STRIEN, K. (2015): *Abschlussbericht Modellprojekt Early Intervention: Frühzeitige Arbeitsmarktintegration von Asylbewerbern und Asylbewerberinnen. Ergebnisse der qualitativen Begleitforschung durch das IAB.* IAB-Forschungsbericht 10.

COLE, S. F./EISNER, A./GREGORY, M./RISTUCCIA, J. (2013): *Helping traumatized children learn: Creating and advocating for trauma-sensitive schools.* Massachusetts: Advocates for Children.

COLE, S. F./O' BRIEN, J. G./GADD, G. M./RISTUCCIA, J./WALLACE D. L./GREGORY, M. (2005): *Helping traumatized children learn: Supporting school environments for children traumatized by family violence.* Massachusetts: Advocates for Children.

DAUMANN, V./DIETZ, M./KNAPP, B./STRIEN, K. (2015): *Early Intervention: Modellprojekt zur frühzeitigen Arbeitsmarktintegration von Asylbewerberinnen und Asylbewerbern. Ergebnisse der qualitativen Begleitforschung.* IAB-Forschungsbericht 3.

DETEMPLE, K. (2016): *Zwischen Autonomiebestreben und Hilfebedarf. Unbegleitete minderjährige Flüchtlinge in der Jugendhilfe.* Baltmannsweiler: Schneider.

DEUTSCHER INDUSTRIE- UND HANDELSKAMMERTAG E. V. (2016): *Integration von Flüchtlingen in Ausbildung und Beschäftigung. Leitfaden für Unternehmen.* Berlin: DIHK.

Hans-Walter Kranert und Anna Lermer

DING, U. (2013): Trauma und Schule. Was lässt Peter wieder lernen? In: BAUSUM, J./BESSER, L.U./KÜHN, M./WEIß, W. (Hg.): *Traumapädagogik. Grundlagen, Arbeitsfelder und Methoden für die pädagogische Praxis*. Weinheim/Basel: Beltz Juventa, 56–67.

DÖRING, O. (2019): Erkennung und Anerkennung informell und non-formal erworbener Kompetenzen: Einstieg in eine breite Nutzung fragmentierter Beschäftigungsfähigkeit? In: SEIFRIED, J./BECK, K./ERTELT, B.-J./FREY, A. (Hg.): *Beruf, Beruflichkeit, Employability*. Bielefeld: wbv, 137–160.

DÖRING, O./MÜLLER, B./NEUMANN, F. (2015): *Potenziale erkennen – Kompetenzen sichtbar machen*. Gütersloh: Bertelsmann Stiftung.

ENGGRUBER, R./RÜTZEL, J. (2014): *Berufsausbildung junger Menschen mit Migrationshintergrund: eine repräsentative Befragung von Betrieben*. Gütersloh: Bertelsmann Stiftung.

EULER, D./SEVERING, E. (2016): *Berufsausbildung in einer Einwanderungsgesellschaft. Hintergründe kennen*. Bielefeld: Bertelsmann Stiftung.

EULER, D./SEVERING, E. (2017): *Berufsausbildung in einer Einwanderungsgesellschaft. Umsetzungsstrategien für die Berufsausbildung in einer Einwanderungsgesellschaft*. Bielefeld: Bertelsmann Stiftung.

EUROPÄISCHE UNION (2011): *Richtlinie 2011/95/EU des europäischen Parlaments und des Rates*. Online verfügbar unter: https://www.easo.europa.eu/sites/default/files/public/Qualification-DE.pdf (zuletzt abgerufen am 30.10.2019).

FREHE, P./KREMER H.-H. (2017): *Internationale Förderklassen (IFK) an Berufskollegs. Herausforderungen und Praxisbeispiele der Bildungsgangarbeit vor Ort. Handreichung für Lehrende*. Paderborn.

FRIEDRICH, S./SCHERWATH, C. (2012): *Soziale und pädagogische Arbeit bei Traumatisierung*. München: Ernst Reinhardt.

GAHLEITNER, S. (2016): Milieutherapeutische und -pädagogische Konzepte. In: WEIß, W./KESSLER, T./GAHLEITNER, S. (Hg.): *Handbuch Traumapädagogik*. Weinheim: Beltz, 56–66.

GENFER FLÜCHTLINGSKONVENTION (1951): *GFK Vertragstexte*. Online verfügbar unter: https://www.fluechtlingskonvention.de/text/ (zuletzt abgerufen am 30.10.2019).

GESELLSCHAFT FÜR INNOVATIVE BESCHÄFTIGUNGSFÖRDERUNG NRW (GIB NRW) (2019): *Junge Geflüchtete. Übersicht über zentrale Angebote zur Integration in den Ausbildungs- und Arbeitsmarkt*. Verfügbar unter: http://www.gib.nrw.de/service/downloaddatenbank/junge-gefluechtete (zuletzt abgerufen am 30.10.2019).

GRÖSCHKE, D. (2011): *Arbeit, Behinderung, Teilhabe. Anthropologische, ethische und gesellschaftliche Bezüge*. Bad Heilbrunn: Julius Klinkhardt.

HANTKE, L./GÖRGES, H. J. (2012): *Handbuch Traumakompetenz: Basiswissen für Therapie*. Paderborn: Junfermann.

ICD-10 (2019): *F43.-Reaktionen auf schwere Belastungen und Anpassungsstörungen*. Online verfügbar unter: http://www.icd-code.de/suche/icd/code/F43.-.html?sp=STrauma (zuletzt abgerufen am 30.10.2019).

IMM-BAZLEN, U./SCHMIEG, A.-K. (2017): *Begleitung von Flüchtlingen mit traumatischen Erfahrungen.* Heidelberg: Springer.

JÄCKLE, M. (2016): Schulische BildungsPraxis für vulnerable Kinder und Jugendliche. In: WEIß, W./KESSLER, T./GAHLEITNER, S. (Hg.): *Handbuch Traumapädagogik.* Weinheim: Beltz, 154–164.

KÄRNER, T./FELDMANN, A./HEINRICHS, K./NEUBAUER, J./SEMBILL, D. (2017): Flüchtlingsbeschulung an beruflichen Schulen aus der Perspektive von Lernenden und Lehrenden: Eine qualitative Analyse zu Herausforderungen und Bewältigungsmöglichkeiten. In: NIEDERMAIR, G. (Hg.): *Berufliche Benachteiligtenförderung.* Linz: Trauner, 293–311.

KNAPP, B./BÄHR, H./DIETZ, M./DONY, E./FAUSEL, G./MÜLLER, M./STRIEN, K. (2017): *Beratung und Vermittlung von Flüchtlingen.* IAB-Forschungsbericht 5. Nürnberg: IAB.

KOHLER-SPIEGEL, H. (2017): *Traumatisierte Kinder in der Schule. Verstehen – auffangen – stabilisieren.* Ostfildern: Patmos.

KRANERT H.-W./STEIN R. (2019a): Der Übergang ins Berufsleben von Heranwachsenden mit psychischen Belastungen – Forschungsstand und weitere Entwicklungslinien. In: *Wissenschaftliche Jahreszeitschrift – Emotionale und soziale Entwicklung (ESE) – in der Pädagogik der Erziehungshilfe und bei Verhaltensstörungen* 1 (1), 210–223.

KRANERT, H.-W./STEIN, R. (2019b): Multiprofessionalität in der inklusiven Unterrichtsentwicklung – Mögliche Beiträge der Sonderpädagogik in einem interdisziplinären Team an Berufsschulen In: HEINRICHS, K./REINKE, H. (Hg.): *Heterogenität in der beruflichen Bildung.* Bielefeld: wbv, 211–226.

KREIS, V. (2015): Traumatische Lücke in der Lehrerausbildung. In: *Spuren* 58 (1), 12–23.

LANG, J. (2018): *Employment effects of language training for unemployed immigrants.* IAB Discussion paper 21. Nürnberg: IAB.

LEOPOLDINA NATIONALE AKADEMIE DER WISSENSCHAFTEN (2018): *Traumatisierte Flüchtlinge–schnelle Hilfe ist jetzt nötig.* Online verfügbar unter: https://www. leopoldina. org/uploads/tx_leopublication/2018_Stellungnahme_traumatisierte_Fluechtlinge. pdf (zuletzt abgerufen am 30.10.2019).

MARTIN, E./ZITO, D. (2016): *Umgang mit traumatisierten Flüchtlingen. Ein Leitfaden für Fachkräfte und Ehrenamtliche.* Weinheim: Beltz Juventa.

MÖHRLEIN, G./HOFFART, E.-M. (2014): Traumapädagogische Konzepte in der Schule. In: GAHLEITNER, S. B./HENSEL, T./BAIERL, M./KÜHN, M./SCHMID, M. (Hg.): *Traumapädagogik in psychosozialen Handlungsfeldern. Ein Handbuch für Jugendhilfe, Schule und Klinik.* Göttingen: Vandenhoeck & Ruprecht, 91–102.

RAHMSDORF, I. (2019): Endlich mal reden. In: *Süddeutsche Zeitung* 126 1./2. Juni, 23.

ROTHDEUTSCH-GRANZER, C./WEIß, W./GAHLEITNER, S. B. (2015): Traumapädagogik – eine junge Fachrichtung mit traditionsreichen Wurzeln und hoffnungsvollen Perspektiven. In: GAHLEITNER, S./FRANK, C./LEITNER, A. (Hg.): *Ein Trauma ist mehr als ein Trauma.* Weinheim: Beltz, 171–186.

SCHMIEGLITZ, S. (2014): *Unbegleitete minderjährige Flüchtlinge in Deutschland. Rechtliche Vorgaben und deren Umsetzung.* Freiburg: Lambertus.

SCHREYER, F./BAUER, A./KOHN, K. H. P. (2015): *Betriebliche Ausbildung von Geduldeten: Für den Arbeitsmarkt ein Gewinn, für die jungen Fluchtmigranten eine Chance.* IAB-Kurzbericht 1. Nürnberg: IAB.

SEIFRIED, J./BECK, K./ERTELT, B.-J./FREY, A. (2019): Beruf, Beruflichkeit, Employability – zur Einführung. In: SEIFRIED, J./BECK, K./ERTELT, B.-J./FREY, A. (Hg.): *Beruf, Beruflichkeit, Employability.* Bielefeld: wbv, 9–16.

SETTELMEYER, A./MÜNCHHAUSEN, G./SCHNEIDER, K. (2019): *Integriertes Lernen von Sprache und Fach in der Berufsorientierung und Berufsvorbereitung von Geflüchteten.* Bonn: BiBB.

SÖHN, J./MARQUARDSEN, K. (2017): *Erfolgsfaktoren für die Integration von Flüchtlingen.* Forschungsbericht 484 des Bundesministeriums für Arbeit und Soziales. Berlin: BMAS.

STAATSINSTITUT FÜR SCHULQUALITÄT UND BILDUNGSFORSCHUNG MÜNCHEN (2014): *Handreichung Berufsschulpflichtige Asylbewerber und Flüchtlinge. Beschulung von berufsschulpflichtigen Asylbewerbern und Flüchtlingen an bayerischen Berufsschulen.* München: ISB.

STAATSINSTITUT FÜR SCHULQUALITÄT UND BILDUNGSFORSCHUNG (2017): *Lehrplan BIK.* Online verfügbar unter: https://www.isb.bayern.de/download/19734/lp_berufsintegrationsklassen_07_2017.pdf (zuletzt abgerufen am 30.10.2019).

STIFTUNG BILDUNGSPAKT BAYERN (2016): *Modellprojekt "Perspektive Beruf für Asylbewerber und Flüchtlinge".* Online verfügbar unter: https://bildungspakt-bayern.de/wp-content/uploads/2016/06/2016_06_27_Konzept_Perspektive_Beruf_f.pdf (zuletzt abgerufen am 30.10.2019).

TAGAY, S./SCHLOTTBOHM, E./LINDNER, M. (2016): *Posttraumatische Belastungsstörung: Diagnostik, Therapie und Prävention.* Stuttgart: Kohlhammer.

UNICEF (2016): *Uprooted. The growing crisis for refugee and migrant children.* New York: UNICEF.

UNO-FLÜCHTLINGSHILFE (o.J.): *Fluchtursachen. Niemand flieht freiwillig.* Online verfügbar unter: https://www.uno-fluechtlingshilfe.de/fluechtlinge/fluchtursachen/ (zuletzt abgerufen am 30.10.2019).

VOGEL, C./SCHEIERMANN, G. (2019): *Vielfalt in der beruflichen Bildung – betriebliche Ausbildung von Geflüchteten erfolgreich gestalten.* Bonn: BiBB.

WEEBER, V. M./GÖGERCIN, S. (2014): *Traumatisierte minderjährige Flüchtlinge in der Jugendhilfe. Ein interkulturell-und ressourcenorientiertes Handlungsmodell.* Herbolzheim: centaurus.

ZIMMERMANN, D. (2015): *Migration und Trauma. Pädagogisches Verstehen und Handeln in der Arbeit mit jungen Flüchtlingen.* Gießen: Psychosozial-Verlag.

ZIMMERMANN, D. (2016): *Traumapädagogik in der Schule: pädagogische Beziehungen mit schwer belasteten Kindern und Jugendlichen.* Gießen: Psychosozial-Verlag.

ZIMMERMANN, D. (2017): *Traumatisierte Kinder und Jugendliche im Unterricht. Ein Praxisleitfaden für Lehrerinnen und Lehrer.* Weinheim: Beltz.

© Frank & Timme   Verlag für wissenschaftliche Literatur

UNTERSTÜTZUNG DER PRAXIS INKLUSIVER BERUFSBILDUNG

RAMONA ECK UND HARALD EBERT

Netzwerk Berufliche Schulen Mainfranken. Sechs berufliche Schulen kooperieren für eine inklusive berufliche Bildung

Das Netzwerk Berufliche Schulen Mainfranken ist eine Lerngemeinschaft aus fünf Regel- und einer Förderberufsschule unter Einbezug der regionalen Akteure beruflicher Bildung. Die Initiative zum Zusammenschluss im Netzwerk trotz unterschiedlichster Ausrichtungen entstammte der Region und entstand aus den übergreifenden Herausforderungen, vor welche sich alle berufsbildenden Schulen durch das Paradigma der Inklusion gestellt sahen und immer noch sehen. Das Netzwerk wurde von der Robert Bosch Stiftung von 2013 – 2017 als SchulLabor gefördert, welches als Entwicklungsplattform dazu diente, inklusive Unterrichts- und Handlungskonzepte zu erarbeiten, in den beteiligten Schulen zu implementieren und zu evaluieren. Übergreifendes Ziel der regionalen Lerngemeinschaft war und ist dabei die Verbesserung der beruflichen Teilhabechancen von Menschen mit Unterstützungsbedarf. Die Ergebnisse des SchulLabors wurden durch eine abschließende Fachtagung und eine Handreichung präsentiert, um sowohl überregionale Impulse zu setzen als auch einen Transfer auf andere Fachbereiche zu ermöglichen.

Die beteiligten Schulen sind bereits seit Jahren auf unterschiedlichen Ebenen im Austausch. Die Integration einzelner Schüler*innen, Kooperationsklassen sowie Intensivangebote für Schüler*innengruppen im Prüfungskontext sind schon seit mehr als zehn Jahren solide Maßnahmen zur Etablierung inklusiver Strukturen. Außerdem werden sonderpädagogische Ressourcen in Form von festen Sprechstunden und Beratung, von förderdiagnostischer Expertise und koordinierenden Tätigkeiten in den einzelnen Berufsschulen durch den Mobilen Sonderpädagogischen Dienst Beruf und Arbeit (MSD) sichergestellt. Dieser intendiert als Dienstleister, den Verbleib junger Menschen im Bildungssystem durch eine ergebnis- und umfangsoffene Einzelfallhilfe zu unterstützen. Aufgrund von kurzzeitigen Unterstützungsbedarfen einzelner Schüler*innen wird die sonderpädagogische Ressource zeitlich flexibel an wechselnden Schulorten genutzt.

Da die vorherigen Kooperationsformen zwischen den Regelberufsschulen und der Berufsschule zur sonderpädagogischen Förderung aber eher einzelfall-, fachbereichs- oder schulstandortbezogen ausgerichtet waren, bestand hier Handlungsbedarf im Sinne einer ganzheitlichen Kooperation und Netzwerkarbeit hin zu inklusiven Strukturen. Durch den im Rahmen des Netzwerkes Berufliche Schulen Mainfranken in Bewegung gesetzten Bottom-up-Prozess, der aus der Identifikation regionaler Fragen und deren Beantwortung für die Region resultierte, wurden sowohl inter- als auch intraschulische Konzeptionen angestoßen. Im Zentrum steht die Beantwortung der Fragen, wie angesichts der Heterogenität der Schüler*innen gemeinsames Lernen an beruflichen Schulen gelingen und Heterogenität als Normalfall im schulischen Bewusstsein verankert werden kann. Dabei geht es darum, die sonderpädagogische Expertise auch in den Regelschulen sowie auf dem allgemeinen Arbeitsmarkt in Betrieben, bei Kostenträgern und berufsständischen Kammern zu verankern respektive ein Bewusstsein für deren Notwendigkeit zu schaffen. Folglich ist die zuverlässige Präsenz der sonderpädagogischen Ressource fester Bestandteil in der Kooperation zwischen den Regelberufsschulen und der Berufsschule zur sonderpädagogischen Förderung. Die sonderpädagogische Expertise sowie die vorhandenen Kompetenzen im Bereich der Berufs- und Wirtschaftspädagogik der beteiligten Schulen ergänzen sich bei der Frage nach der Teilhabe am Arbeitsleben und wirken befruchtend für die Schulen im wechselseitigen Dialog.

Um die beruflichen Teilhabechancen von Menschen mit Unterstützungsbedarfen zu verbessern, wurden in der Projektlaufzeit des SchulLabors inklusive Handlungskonzepte entwickelt, implementiert und evaluiert sowie schulorganisatorische Entwicklungen angeregt. Dabei wurde eine gemeinsame Basis für eine weitere wirksame Zusammenarbeit geschaffen, um eine inklusive Schulentwicklung unter Einbezug sonderpädagogischer Expertise zu forcieren.

1 Netzwerkstruktur – sechs Berufsschulen mit acht Standorten

Im Netzwerk sind alle Schulen gleichverantwortlich miteinander verbunden. So können sowohl sonderpädagogische Expertise als auch berufspädagogische Kompetenz sowie vielseitig vorhandene Erfahrungen der Schulen mit einer heterogenen Schüler*innenschaft im wechselseitigen Austausch miteinander stehen und situationsspezifisch und zielführend zur Anwendung kommen.

Sechs Berufsschulen mit acht Standorten in der Region Mainfranken koope-rieren im Netzwerk Berufliche Schulen Mainfranken. Sie illustrieren in ihrer Ausrichtung die verschiedenen Möglichkeiten der schulisch-beruflichen Bil-dung. Beteiligt sind Berufsfachschulen, Berufsschulen im dualen System, eine Berufsschule zur sonderpädagogischen Förderung, Techniker- und Meister-schulen sowie Wirtschafts-, Berufsober- und Fachoberschulen. Insgesamt un-terrichten dort ca. 600 Lehrkräfte etwa 12.000 Schüler*innen. Folgende Schulen sind am Netzwerk beteiligt:

- Franz-Oberthür-Schule Würzburg, Städtisches Berufsbildungszent-rum I
- Josef-Greising-Schule Würzburg, Gewerbliches Berufsbildungszent-rum II
- Klara-Oppenheimer-Schule Würzburg, Städtisches Berufsbildungs-zentrum für kaufmännische, hauswirtschaftliche und soziale Berufe
- Staatliche Berufsschule Main-Spessart, Lohr und Karlstadt
- Staatliches Berufliches Schulzentrum Kitzingen-Ochsenfurt
- Staatlich anerkannte private Don Bosco Berufsschule Würzburg, Schule zur sonderpädagogischen Förderung

Unterstützende Kooperationspartner sind:

- Julius-Maximilians-Universität Würzburg, Fakultät für Humanwis-senschaften, Institut für Sonderpädagogik, Lehrstuhl für Sonderpäda-gogik V
- Sonderpädagogische Beratungsstelle für Erziehungshilfe (SBfE) der Universität Würzburg
- Handwerkskammer Unterfranken
- Industrie- und Handelskammer Würzburg-Schweinfurt
- Bundesagentur für Arbeit, Agentur für Arbeit Würzburg
- Akademie des Deutschen Schulpreises (Robert Bosch Stiftung)

2   Handlungskonzepte für eine inklusive Schulentwicklung

Im Projektzeitraum des SchulLabors mit Förderung durch die Robert Bosch Stiftung wurden inklusive Handlungskonzepte entwickelt, implementiert und von der Universität Würzburg, Institut für Sonderpädagogik, Lehrstuhl V, evaluiert sowie schulorganisatorische Entwicklungen angeregt (vgl. dazu KRANERT/ ECK/EBERT/TUTSCHKU 2017).

Folgende Handlungskonzepte sind entstanden und werden in den Schulen umgesetzt:

1. Verständliche Sprache

Ein besonderer Bedarf zeigte sich im Bereich der einfachen oder verständlichen Sprache. Das Handlungskonzept findet schulübergreifend Anwendung, Fortbildungen für Lehrkräfte wurden und werden schulintern und vom "Netzwerk verständliche Sprache" angeboten und zudem setzen sich die Kammern für eine sprachsensible Prüfungsgestaltung ein. Weiter ergeben sich Handlungsaufforderungen für das Unterrichtsprinzip "Berufssprache Deutsch".

2. Offene Lernzeit

Die Entwicklung schulhausinterner Möglichkeiten der äußeren Differenzierung wird durch das Handlungskonzept der Offenen Lernzeit unterstützt und die möglichen didaktischen Optionen erweitert.

3. Kommunikations- und Methodentrainings

Durch das Handlungskonzept des Kommunikations- und Methodentrainings haben die pädagogische Dimension und damit der Erwerb sozialer Kompetenzen in der beruflichen Bildung eine neue Gewichtung erfahren. Aus den erworbenen Schlüsselkompetenzen können unmittelbar Zugewinne für die (duale) berufliche Bildung generiert werden. In diesem Zusammenhang wäre eine nähere Bestimmung des spezifischen Erziehungsauftrages an beruflichen Schulen von besonderer Bedeutung.

4. Unterstützenden Pädagogik

An zwei Schulen (mit vier Schulstandorten) konnte ein multiprofessionelles Team aus Sozialpädagogin/Sozialpädagoge, Schulpsychologin/Schulpsychologe und Sonderpädagogin/Sonderpädagoge eingerichtet werden. Perspektivisch ist ein solches Team der "Unterstützenden Pädagogik" an jeder Berufsschule notwendig.

3 Perspektive

Im Netzwerk wurde das Handlungskonzept der "Unterstützenden Pädagogik" entworfen, welches als spezielle personelle Voraussetzung an den Berufsschulen in Form eines "Sozialteams" aus den Disziplinen der Schulpsychologie, Sozial-pädagogik und Sonderpädagogik gesehen wird. Dieses wird bereits an zwei Schulen (und an vier Schulstandorten) umgesetzt. Im Sinne der interdisziplinä-ren Zusammenarbeit in multiprofessionellen Teams wäre es zu wünschen, ein solches Team der "Unterstützenden Pädagogik" an jeder Schule etablieren zu können. Hier wäre der Einsatz von Berufsschullehrkräften mit sonderpädago-gischer Zusatzqualifizierung denkbar, die aktuell an den Universitäten Würz-burg und München qualifiziert werden. Das Handlungskonzept basiert auf der Zusammenarbeit von

- Sozialpädagogik (über die Jugendsozialarbeit an Schulen),
- Schulpsychologie (über die Regelberufsschule) und
- Sonderpädagogik (über den MSD).

Die Mitglieder im Team der Unterstützenden Pädagogik übernehmen eine Lot-senfunktion. Schulleitung, Schüler*innen und Lehrkräfte finden zunächst für alle besonderen Lebenslagen gesichert eine Ansprechperson. Die Aufgabenver-teilung erfolgt entsprechend den Kompetenzen und/oder entsprechend der Be-ziehungsebene. In regelmäßigen Teamsitzungen und Einzelfallbesprechungen können ein Austausch und die Analyse einzelner Fälle stattfinden.

Bei fallbezogen klarer Zuständigkeit unterstützen die Vertreter*innen der unterschiedlichen Disziplinen unmittelbar. Bei notwendiger Klärung des Un-terstützungssettings findet ein Austausch im Rahmen der regelmäßigen Team-sitzungen und Einzelfallbesprechungen statt. Nach einzelfallbezogener Analyse aus Sicht der unterschiedlichen Professionen erfolgt dann entsprechend der vor-handenen Kompetenzen und Ressourcen eine Aufgabenübertragung oder Auf-gabenverteilung. Im Falle der Zuständigkeit des MSD werden für Maßnahmen der Förderung und Unterstützung (Einzelintegration und Kooperationsklassen auf Zeit) entsprechende Ressourcen zuverlässig benötigt. Bestehende persönli-che Kontakte finden Berücksichtigung. Die professionelle individualisierte bzw. einzelfallspezifische Beratung und Unterstützung richtet sich an die Schullei-tung, an den/die Schüler*in, aber auch an Lehrkräfte. Durch den regelmäßigen

Austausch im Team werden sowohl die gemeinsame Arbeit als auch das Handeln der einzelnen Partner evaluiert. Die verschiedenen Disziplinen verfügen über je eigene fachliche und systematische Zuständigkeiten. Einzelfallspezifisch finden Schüler*innen wie Lehrkräfte eine kompetente Beratung und Unterstützung (vgl. dazu ECK/KRANERT/EBERT 2017: 46ff.; KRANERT/ECK/EBERT/TUTSCHKU 2017: 96).

Als zielführend hat sich gerade im Bereich der beruflichen Bildung das Netzwerkmodell erwiesen, da die unterschiedlichen Berufsschulen eine Vielzahl unterschiedlicher Berufsfelder abbilden. Inklusive Schwerpunktschulen würden dagegen den Bedarf an (dualer) beruflicher Bildung nur für einige wenige Berufe abdecken. Für das Konzept der Tandemschulen mit jeweils einer Berufsschule zur sonderpädagogischen Förderung würden zudem nicht genügend sonderpädagogische Einrichtungen zur Verfügung stehen. Im regionalen Netzwerk können diese aber als Kompetenzzentren der unterstützenden Pädagogik wirksam werden. In solche Netzwerke müssen zudem alle weiteren Akteure der beruflichen Bildung, wie die Kammern, die Agentur für Arbeit, Betriebe, Fachdienste und andere Bildungsträger, aktiv miteinbezogen werden, damit Teilhabe am Arbeitsleben nachhaltig sowohl personenorientiert als auch arbeitsmarktadäquat organisiert wird. So kann eine inklusive berufliche Bildung nur gelingen, wenn sich alle Bildungspartner in regionalen Netzwerken zusammenschließen und institutionsübergreifend Inklusion als Ziel verfolgen.

Perspektivisch ist geplant, das Netzwerk weiter zu stabilisieren sowie vorhandene Hilfestrukturen weiter auszubauen. Benötigt werden dafür entsprechende Ressourcen und die Möglichkeit, auch systemübergreifend mit dem MSD tätig zu werden. Als unterstützende Maßnahmen wirken hierfür die sonderpädagogische Zusatz-Qualifizierung der Lehrkräfte an beruflichen Schulen sowie das Schulprofil Inklusion für berufliche Schulen. Nach der Bewerbung der sechs Schulen im Netzwerk haben bereits die Don Bosco Berufsschule sowie die staatlichen Berufsschulen das Schulprofil Inklusion im Schuljahr 2017/2018 erhalten. Den drei kommunalen Berufsschulen des Netzwerkes wurde das Profil im SJ 2018/2019 übertragen.

Zudem sind weitere Modellprojekte, wie bspw. die Einrichtung eines gebundenen Ganztages im Übergangssystem, geplant und werden derzeit mit dem Kultusministerium abgestimmt. Dabei zielen alle Handlungskonzepte und Modellprojekte auf eine Verbesserung der Teilhabe von Schüler*innen in schwierigen Lebenslagen.

Durch die Kooperation, Regionalität und durch ein gemeinsames Verständnis eines Bildungsauftrages, der alle Schüler*innen – ob mit oder ohne Unterstützungsbedarf – umfasst, profitieren alle sechs beteiligten Schulen enorm von der Netzwerkarbeit.

Literaturverzeichnis

KRANERT, H.-W./ECK, R./EBERT, H./TUTSCHKU, U. (2017): *Inklusive Schulentwicklung an berufsbildenden Schulen. Ergebnisse aus dem Netzwerk Berufliche Schulen Mainfranken.* Bielefeld: Bertelsmann.

ECK, R./KRANERT, H.-W./EBERT, H. (2017): *SchulLabor: Netzwerk Berufliche Schulen Mainfranken. Abschlussbericht.* Würzburg: Don Bosco Berufsschule.

Ramona Eck und Harald Ebert

Inklusion durch fachliche Qualifizierung – nachhaltige Teilhabe durch Qualifizierungsbausteine

Für Menschen, die eine reguläre Ausbildung (noch) nicht absolvieren können, eine begonnene Ausbildung nicht abschließen können oder eine vorhandene Beschäftigung im Sinne des lebenslangen Lernens sichern möchten, müssen neue Möglichkeiten zur fachlichen Qualifizierung eröffnet werden. Mit dem Ziel der Teilhabe möglichst aller Menschen am Arbeitsleben sind alternative Qualifizierungskonzepte in der beruflichen Bildung nötig. Bislang liegen vor allem Erfahrungen mit Qualifizierungsbausteinen über die gesetzlich geregelte Berufsausbildungsvorbereitung (§ 68–70 BBiG) vor. Neue Perspektiven eröffnet aber auch eine Übertragung auf die Lebenslage 'Ausbildungsabbruch' und auf das lebenslange Lernen.

Junge Menschen, die als noch nicht ausbildungsreif gelten, können auch ohne Ausbildungsvertrag in der Berufsschule unterrichtet werden. Ziel der *Berufsausbildungsvorbereitung* ist es, praxis- und bedarfsorientiert sowie ausbildungsnah Kompetenzen und Qualifikationen zu vermitteln und für die Aufnahme einer Berufsausbildung zu motivieren (vgl. Seyfried 2003: 1). Dadurch soll den Schüler*innen der Einstieg bzw. Wiedereinstieg in das Berufsleben erleichtert respektive erst ermöglicht werden.

In den letzten Jahren erfuhr die Berufsausbildungsvorbereitung hinsichtlich der Vermittlung von Ausbildungsinhalten in anrechnungsfähigem Maße jedoch vermehrt Kritik (vgl. Ekert/Rotthowe/Weiterer 2012: 28). Dem Übergangssystem zwischen Schule und Beruf wird dabei der Charakter einer unproduktiven "Warteschleife" unterstellt (vgl. Braun/Geier 2013). Um eine transparentere Gestaltung und eine stärkere inhaltliche Ausrichtung auf die Berufsausbildung zu gewährleisten, kann die Berufsausbildungsvorbereitung seit 2003 in Qualifizierungsbausteine strukturiert werden (vgl. Berufsausbildungsvorbereitungs-Bescheinigungsverordnung (BAVBBVO); § 69 BBiG). Als in sich abgeschlossene Einheiten werden Qualifizierungsbausteine aus Inhalten anerkannter Ausbildungsberufe entwickelt (vgl. § 69 Abs.1 BBiG) und haben einen verbindlichen Bezug zu Ausbildungsrahmenplänen sowie zu betrieblichen Abläufen oder Elementen, die verschiedene Berufsbilder integrieren. Weil geregelte Ausbildungsberufe den Referenzrahmen für Qualifizierungsbausteine bilden, entsprechen die Vorgaben zur Konzeption dem Konkretisierungsgrad von Ausbildungsordnungen für die Berufsausbildung, können jedoch an Teilnehmende, Betriebe und Region individuell angepasst werden (vgl. SEYFRIED 2003: 22). Da sich Qualifizierungsbausteine auf ein Berufsfeld beziehen, sollen sie den Berufswahlprozess und die Berufsorientierung unterstützen (vgl. BORSDORF/GRÜTTNER 2003: 8) sowie erste berufliche Handlungskompetenzen vermitteln. Die gesamten Bemühungen zielen auf eine qualitative Verbesserung der Ausbildungsvorbereitung durch eine stärkere individuelle Differenzierung und Anrechenbarkeit (vgl. SEYFRIED 2003: 22), denn Qualifizierungsbausteine können von den zuständigen Kammern zertifiziert werden. So stellen die zertifizierten Qualifizierungsbausteine anerkannte und aussagekräftige Nachweise für Teilbereiche der beruflichen Handlungskompetenz unterhalb des Berufsabschlusses dar, welche die nachfolgende Aufnahme einer Berufsausbildung oder den Einstieg in das Erwerbsleben erleichtern. Gerade für Jugendliche mit Beeinträchtigungen, die aufgrund ihrer schwierigen Lebenslage vermehrt Brüche in ihrer Bildungsbiographie erfahren, kann dies Chancen schaffen (vgl. GROßKURTH/LEX/ LICHTWARDT/MÜLLER/TILMANN 2001: 89). Zielgruppe sind dabei "lernbeeinträchtigte oder sozial benachteiligte Personen, deren Entwicklungsstand eine erfolgreiche Ausbildung in einem anerkannten Ausbildungsberuf noch nicht erwarten lässt" (§ 68 Abs. 1 BBiG).

Die Qualifizierung anhand von Bausteinen wird in der Praxis auf drei verschiedene Arten umgesetzt: berufsschulisch, betrieblich oder dual. Die duale Qualifizierung bietet dabei neben der Nähe zur betrieblichen Realität – einhergehend mit möglichen Klebeeffekten in den Betrieben – den Vorteil der Beteiligung der Berufsschule als wichtigem Akteur der beruflichen Bildung. Dabei stellt die Beteiligung der Berufsschule nicht nur einen qualitativ hochwertigen Unterricht sicher. Als öffentlich-rechtlicher Partner nimmt die Berufsschule auch eine Schutzfunktion ein, damit die innerbetriebliche Qualifizierung kein bloßes Anlernen für eine bestimmte Tätigkeit verfolgt, die in anderen Betrieben nicht verwertbar ist. Entscheidend wirkt hierbei ebenso, dass weiterbildende und -qualifizierende Maßnahmen im Sinne des lebenslangen Lernens mitgedacht werden. Neben der Akquirierung von geeigneten Betrieben kann die Berufsschule als Regulativ bezüglich der Wirtschaft wirken und eine entsprechende Entlohnung in den qualifizierenden Betrieben sicherstellen sowie zur möglichen Übernahme in Ausbildung oder Festanstellung anregen. So sind die (Berufs-)Schulen als wichtige Akteure im Übergangsmanagement zu sehen. Die Vernetzung schulpädagogischer und berufspädagogischer Kriterien sowie die Ergänzung um förder- und heilpädagogische Ansätze durch Berufsschulen zur sonderpädagogischen Förderung zielen auf einen nachhaltigen Brückenbau für Jugendliche im Bildungssystem und inhärieren ein ausgewogenes Verhältnis zwischen einer personen- wie auch systemorientierten Perspektive. Folglich kann der Berufsschule zusätzlich zum institutionellen Bildungs- und Erziehungsauftrag die Aufgabe der Ombudschaft zugeschrieben werden. So beinhaltet das ideelle Ziel der beruflichen Bildung auch "in Schule und Ausbildung eine Lernumgebung zu schaffen, in der die Jugendlichen und jungen Erwachsenen auch mit ihren lebensweltlichen Kontexten wahrgenommen werden und [in der] eine Sensibilität für persönliche Belastungen besteht" (GROßKURTH et al. 2015: 91).

Diesen Aufgaben stellt sich die Don Bosco Berufsschule zur sonderpädagogischen Förderung Würzburg mit dem angebundenen Beratungszentrum in Trägerschaft der Caritas Schulen gGmbH. Mit dem Leitbild einer Schule für besondere Lebenslagen will sie das gleiche Recht von Menschen mit Benachteiligungen auf Bildung und Arbeit im Sinne der UN-BRK verwirklichen (Art. 24/Art. 27 UN-BRK). Auf die Herausforderung einer enorm heterogenen Schülerschaft reagiert die Don Bosco Berufsschule mit individualisierten Unterrichtskonzepten und sonderpädagogischer Expertise wie berufspädagogischen Kompetenzen. Neben der Unterrichtung der Auszubildenden in Vollberufen wie auch in theoriereduzierten Fachpraktiker*innen-Berufen wird auch die Vermittlung von Teilqualifikationen in unterschiedlichen Bildungsmaßnahmen umgesetzt. Die Maßnahmen unterscheiden sich in ihrer Konzeption aufgrund der Anpassung an die jeweilige Zielgruppe. In der berufsvorbereitenden Qualifizierungsmaßnahme (BQM) in Kooperation mit der mig GmbH, einer Integrationsgesellschaft und Tochter der Mainfränkischen Werkstätten, werden junge Menschen mit Lernschwierigkeiten bereits seit zwölf Jahren unterrichtet und qualifiziert. Damit soll der Übergang in eine Ausbildung vorbereitet werden. Durch die Strukturierung in Qualifizierungsbausteine können diese aber auch zur direkten Vermittlung in ein sozialversicherungspflichtiges Beschäftigungsverhältnis auf dem ersten Arbeitsmarkt eingesetzt werden.

Berufsvorbereitende Qualifizierungsmaßnahme BQM

Die BQM ist eine Berufsvorbereitende Bildungsmaßnahme (BvB) der Bundesagentur für Arbeit. Als Zielgruppe sind unter 25-Jährige definiert, die als noch nicht ausbildungsgeeignet gelten. Dies umfasst "lernbeeinträchtigte und sozial benachteiligte Jugendliche sowie [...] ausbildungsgeeignete Jugendliche, die keine Stelle gefunden haben und ihre berufliche Handlungsfähigkeit erweitern können" (BA 2004). Eine verstärkte Modularisierung soll helfen, folgende Ziele zu erreichen:

- die Verbesserung der Integrationsaussichten der Teilnehmer*innen durch zertifizierte und verwertbare Teilqualifikationen;
- die verstärkte Einbindung von nicht ausbildenden Betrieben in Qualifizierungsprozesse;
- die Steigerung der Leistungsmotivation von Jugendlichen und die Reduzierung der Abbrüche durch zeitliche Überschaubarkeit und kurze Qualifizierungsphasen (vgl. BA 2004).

Nach dem Förderkonzept der BUNDESAGENTUR FÜR ARBEIT gliedert sich die Maßnahme in eine Grundstufe, eine Förderstufe und eine Übergangsqualifizierung. Während in der Grundstufe noch meist verstärkt sozialpädagogische und ergänzende Maßnahmen überwiegen, werden in der Förderstufe und Übergangsqualifizierung hauptsächlich die Qualifizierungsbausteine vermittelt (vgl. BIBB 2010: 31).

An der Don Bosco Berufsschule wird die BQM in Kooperation mit der gemeinnützige Modell Integrationsgesellschaft mbH (mig GmbH), einer Tochter der Mainfränkischen Werkstätten, bereits seit 12 Jahren umgesetzt. Neben der Vorbereitung des Übergangs in eine Ausbildung bei entsprechenden kognitiven und praktischen Voraussetzungen wird zudem die Vermittlung in ein sozialversicherungspflichtiges Beschäftigungsverhältnis auf dem ersten Arbeitsmarkt intendiert. Somit beinhaltet die Maßnahme ebenso eine Clearing-Funktion, um über den weiteren Bildungs- und Berufsweg der Teilnehmenden zu beraten.

Durch die Abstimmung des Berufsschulunterrichts an der Don Bosco Berufsschule mit Praktika in örtlichen Betrieben wird eine enge Verzahnung von Fachtheorie und -praxis erreicht. Schließlich begünstigt das induktive und praxisorientierte Lerndesign gerade bei Menschen mit Lernschwierigkeiten die kognitive Aneignung der Qualifizierungsinhalte (vgl. EL-MAFAALANI 2011: 42). Durch die kontinuierliche und intensive Anleitung der praktischen Tätigkeit durch eine Fachkraft werden zudem schnelle Erfolgsrückmeldungen und die Möglichkeit, Gelerntes praktisch anzuwenden, generiert (vgl. LAUR-ERNST 2002: 83).

Die Teilnehmenden der BQM können Qualifizierungsbausteine in den berufsfeldspezifischen Bereichen "Hauswirtschaft/Reinigung", "Gesundheit" und "Agrarwirtschaft" erwerben. Außerdem ist es möglich, die Teilqualifikationen als Bausteine berufsfeldübergreifend zu kombinieren und Qualifikationen zum Wohnbereichs- und Stationshelfer, Facility Manager und in der Gebäudedienstleistung zu erwerben. Pro Baustein wird jeweils ca. acht Wochen lang ein Qualifizierungsbild erarbeitet und mit einer Prüfung abgeschlossen. Dies begünstigt die Fokussierung des Lernens auf einen bestimmten, abgegrenzten Themenbereich. Die Kompetenznachweise steigern zudem nicht nur die Motivation und Lernbereitschaft der Jugendlichen (vgl. KÄPPLINGER 2007: 12ff.; SEYFRIED 2003: 6), sie bilden außerdem einen Orientierungsrahmen für alle Beteiligten der Berufsvorbereitung (vgl. SEYFRIED 2003: 22). Dadurch soll Abbrüchen von Maßnahmen, aber auch sogenannten "Maßnahmenkarrieren" vorgebeugt werden. Dies wird außerdem unterstützt durch eine kontinuierliche sozialpädagogische Begleitung während der gesamten Maßnahme.

Strukturell gliedert sich die Maßnahme entsprechend dem Förderkonzept der BUNDESAGENTUR FÜR ARBEIT in drei Phasen (vgl. BIBB 2010: 31). Die ersten beiden Phasen konzentrieren sich auf die berufliche Orientierung, um eine Entscheidung für ein bestimmtes Berufsfeld zu evozieren. Dies wird durch das Kennenlernen aller Fachbereiche während der Eignungsanalyse (Phase I) begünstigt. Dabei finden neben einer sonderpädagogischen Eignungsdiagnostik sozialpädagogische Einheiten statt. Die multiprofessionelle Arbeitsweise wird durch die Vernetzung der verschiedenen Berufsgruppen in einem Team von Fachlehrkräften, Anleitenden, Sonderpädagog*innen und Sozialpädagog*innen sichergestellt. Die daran anknüpfende Grundstufe (Phase II), die bis zu sechs Monate und mindestens vier Wochen dauern kann, dient darauf aufbauend der vertieften Orientierung. In Kleingruppen lernen die Teilnehmenden jedes Berufsfeld genauer kennen, um dann auf Basis der gemachten Erfahrungen eine reflektierte Entscheidung für einen Fachbereich zu treffen, in welchem die Qualifizierungsbausteine absolviert werden. Beim Absolvieren dieser Grund-Module werden bereits grundlegende fachliche Inhalte in Theorie und Praxis vermittelt. Nach ersten Erprobungspraktika, die in Dauer und Anzahl je nach Teilnehmenden individuell differieren, ist die Übernahme in ein Langzeitpraktikum intendiert. Aufgrund der Flexibilität in der Auswahl des Berufsfelds und weil auch ein Wechsel möglich ist, beträgt die Zeitspanne der Grundstufe zwischen vier Wochen und sechs Monaten. Ist eine Entscheidung getroffen, so werden begleitend zum Langzeitpraktikum die entsprechenden Qualifizierungsbausteine in der sogenannten "Übergangsqualifizierung" vermittelt, geprüft und zertifiziert. Hierbei wird die Fachtheorie wechselseitig mit der praktischen Tätigkeit jedes/r Teilnehmenden abgestimmt. Die praktische Qualifizierung findet an drei Tagen im Praktikumsbetrieb statt. Eine Parallelisierung von theoretischem und praktischem Lernen wird anhand einer strukturierten wöchentlichen Unterweisung im Betrieb durch einen Anleitenden in enger Absprache mit den Fachlehrkräften erzeugt. Die qualifizierte Unterweisung erfährt von den Praktikumsbetrieben enormen Zuspruch, da so kontinuierlich und vor Ort Rückmeldung über das Verhalten der Praktikantinnen und Praktikanten gegeben werden kann und zudem keine zusätzlichen personellen Ressourcen für die Einarbeitung aufgewendet werden müssen. Zudem begünstigt die enge Kooperation mit den Betrieben den Aufbau eines Netzwerkes von potenziell ausbildenden respektive Arbeit gebenden Betrieben.

Wenn jedoch keine direkte Übernahme in einen Praktikumsbetrieb erfolgt, bieten die zertifizierten Qualifizierungsbausteine, welche die Teilnehmenden am Ende der Maßnahme in Form eines Qualifizierungspasses bescheinigt bekommen, einen Nachweis erworbener beruflicher Handlungskompetenzen. Die Zertifizierung durch die Kammern unterstützt dabei die Verwertbarkeit auf dem Arbeitsmarkt.

Die Teilnehmenden der BQM werden zielgerichtet für Tätigkeiten qualifiziert und strukturiert auf konkrete Beschäftigungsangebote vorbereitet, wodurch auch vor der Erreichung eines anerkannten Berufsabschlusses eine Integration in den Arbeitsmarkt erfolgen kann.

Insgesamt konnten in den Jahren 2003 bis 2012 von 150 Jugendlichen 44 eine sozialversicherungspflichtige Beschäftigung aufnehmen, 47 wechselten in eine Ausbildung, 14 nahmen eine angepasste Beschäftigung in einer Werkstatt für behinderte Menschen auf und 6 wechselten in ein Jahrespraktikum bzw. in ein Freiwilliges Soziales Jahr. Nach einer konzeptionellen Anpassung gelang es, in den Schuljahren 2012/13 – 2015/16 von 51 jungen Menschen 21 in eine sozialversicherungspflichtige Beschäftigung zu entlassen, 9 nahmen eine Ausbildung in einem Vollberuf auf und 11 konnten eine Ausbildung zum/r Fachpraktiker/in beginnen. Die BQM hat pro Jahr etwa 15 Teilnehmende, davon absolviert rund ein Drittel im Anschluss eine berufliche Ausbildung.

Perspektive

Durch die maximale Abstimmung mit dem Arbeitsmarkt sollen die erworbenen Kompetenzen auf diesem verwertbar sein und den Zugang zur Beschäftigung eröffnen. Die enge Verzahnung von Theorie und Praxis sowie die Handlungsorientierung durch die Beteiligung von Betrieben wirken zudem gerade für Schüler*innen mit Lernschwierigkeiten förderlich. Dieser Ansatz folgt dem dualen Prinzip, welches besagt, "dass Lernprozesse in der Ausbildung eine spiralförmige Alternation von Theorie und Praxis, Reflexion und Aktion, Denken und Tun, Systematik und Kasuistik erfordern" (EULER/SEVERING 2006: 96).

Eine Perspektive stellt der Einsatz von Qualifizierungsbausteinen auch für junge Menschen dar, die aus unterschiedlichen Gründen eine *begonnene Ausbildung nicht abschließen* können oder als *voll erwerbsgemindert* gelten bzw. in einer Werkstatt für behinderte Menschen (WfbM) beschäftigt sind. Im Sinne eines dualen Berufsbildungsbereiches können Bildungsmodelle in Zusammenarbeit von Berufsschule und WfbM entstehen. Seit dem Schuljahr 2017/2018 wird ein solches Modellprojekt an der Don Bosco Berufsschule mit den Mainfränkischen Werkstätten erprobt (vgl. ECK/EBERT/WENZEL 2017). Schule als dualer Partner sichert dabei den theoretischen Anteil der Qualifizierung. Die Qualifizierung ist in der Berufsschule in Analogie zu den Fachklassen einzuordnen. Der praktische Teil der Qualifizierung findet in der WfbM statt. Die Berufsorientierung und die Berufsvorbereitung bleiben in der Berufsschulstufe der Schulen mit dem Förderschwerpunkt geistige Entwicklung oder in entsprechenden inklusiven Settings verortet. Die berufsqualifizierenden Maßnahmen im Berufsbildungsbereich der Werkstatt in Kooperation mit der Berufsschule werden analog zur Qualifizierung im Rahmen von Ausbildungen gesehen. Zu entwickeln ist ein flexibles System der Übergänge aus der Berufsvorbereitung in die duale Qualifizierung.

Eine weitere Perspektive bieten Qualifizierungsbausteine als Element des lebenslangen Lernens, wenn der Zugang zu oder der Verbleib in einer Beschäftigung am ersten Arbeitsmarkt durch den Erwerb *weiterführender Qualifikationen* bzw. *Nachqualifikationen* gesichert werden kann.

Literaturverzeichnis

BECKER, C./EKERT, S. (2006): *Begleitforschung des Sonderprogramms des Bundes zur Einstiegsqualifizierung Jugendlicher – EQJ-Programm. 3. Zwischenbericht*. Berlin: GIB.

BORSDORF, E./GRÜTTNER, A. (2003): *Entwicklung und Einsatz von Qualifizierungsbausteinen in der Berufsausbildungsvorbereitung. Berichte und Materialien*. Band 10. Offenbach: INBAS.

BRAUN, F./GEIER, B. (2013): Bildungsgänge des Übergangssystems – Wartesaal des Berufsbildungssystems oder Orte der Chancenverbesserung? In: *Die Deutsche Schule* 105 (1), 52–65.

BUNDESAGENTUR FÜR ARBEIT (BA) (2004): *Berufsvorbereitende Bildungsmaßnahmen (BvB) der Bundesagentur für Arbeit (BA) – Neues Fachkonzept (12. Januar 2004)*. Online verfügbar unter: http://www.good-practice.de/fachkonzept_bvb4_web.pdf (zuletzt abgerufen am 26.06.2018).

BUNDESINSTITUT FÜR BERUFSBILDUNG (BIBB) (2010): *JOBSTARTER CONNECT. Ausbildungsbausteine in der Praxis*. Bielefeld: Bertelsmann.

ECK, R./EBERT, H./WENZEL, M. (2017): Duale Qualifizierung in WfbM und Berufsschule. Eine Kooperation zwischen den Mainfränkischen Werkstätten GmbH und der Don Bosco Berufsschule Würzburg. In: *impulse* 4, 17–21.

EKERT, S./ROTTHOWE, L./WEITERER, B. (2012): Ausbildungsbausteine – Kompetenz- und Outcomeorientierung in Bildungsangeboten des Übergangsbereichs. In: *BWP* 41 (2), 28–31.

EL-MAFAALANI, A. (2011): "Ungleiches ungleich behandeln! Inklusion bedeutet Umdenken". In: *Berufsbildung in Wissenschaft und Praxis* 40 (2), 39–42.

GROSSKURTH, H./LEX, T./LICHTWARDT, N./MÜLLER, S./TILMANN, F. (2015): *Prekäre Übergangsverläufe: Entstehungsbedingungen risikobehafteter Übergänge. Bericht einer qualitativen Studie im Rahmen des Münchner Schulabsolventenlängsschnitts*. München: Landeshauptstadt München.

KÄPPLINGER, B. (2007): *Abschlüsse und Zertifikate in der Weiterbildung*. Bielefeld: Bertelsmann.

LAUR-ERNST, U. (2002): "Das Berufskonzept: Umstritten, widersprüchlich, aber zukunftsfähig – auch für Jugendliche mit schlechten Startchancen". In: STARK, W./FITZNER, TH./SCHUBERT, CH. (Hg.): *Jugendberufshilfe und Benachteiligtenförderung*. Stuttgart: Klett, 73–85.

SEYFRIED, B. (2003): Berufsausbildungsvorbereitung und Qualifizierungsbausteine. In: *BWP Sonderausgabe*, 21–23.

HARALD EBERT, ANNIKA HÖRENBERG UND ROSI JOßBERGER

Verständliche Sprache in der beruflichen Bildung – Theorie und Praxis

Der Beitrag stellt verständliche Sprache als Handlungskonzept in der beruflichen Bildung vor. Im theoretischen Teil wird das Konzept zunächst definiert und abgegrenzt. Im nächsten Abschnitt wird die Notwendigkeit von verständlicher Sprache durch Studien zur Lesekompetenz belegt und deren Vorzüge für Unterricht und Prüfungssituationen dargestellt. Die beiden folgenden Abschnitte widmen sich der Praxis: Zunächst wird das Netzwerk verständliche Sprache als Möglichkeit zur Umsetzung verständlicher Sprache vorgestellt. Im Anschluss werden Empfehlungen zum Verfassen verständlicher Texte aufgeführt und erläutert. Der Beitrag schließt mit dem Verweis auf Leseförderung als komplementäre Strategie zur verständlichen Sprache.

1 Theorie: Verständliche Sprache – Konzept und Notwendigkeit

1.1 Was heißt verständliche Sprache?

Wann muss ein PKW mit Anhänger außerorts auf Straßen mit nur einem Fahrstreifen für jede Richtung vom Vorausfahrenden einen so großen Abstand halten, dass ein Überholer einscheren kann?

An diesem Beispielsatz wird auch für geübte Leserinnen und Leser deutlich, dass eine unnötig komplizierte Sprache den Zugriff auf den Inhalt verlangsamen, wenn nicht sogar ganz verstellen kann. Verständliche Sprache hat zum Ziel, genau dies zu verhindern: Texte sollen schnell und gut verständlich sein – auch für Menschen aus einem bildungsfernen sozialen Umfeld, Menschen mit einer anderen Muttersprache als Deutsch, Junge und Ältere, Menschen mit Hörbeeinträchtigungen, Lese-Rechtschreib-Störung oder dem Förderschwerpunkt Lernen. Besonders bei technischen, juristischen oder medizinischen Texten kommt verständliche Sprache auch geübten, aber fachfremden Lesenden zugute.

Verständliche Sprache zeichnet sich durch eine Reduktion der sprachlichen Komplexität auf Wort-, Satz- und Textebene aus. Empfehlungen zu den einzelnen Ebenen und zur optischen Gestaltung von Texten werden unter Punkt 4 vorgestellt. Trotz der Reduktion auf der sprachlichen Seite müssen die Inhalte eines Textes bei der Übertragung in verständliche Sprache erhalten bleiben und dürfen weder verkürzt noch verfälscht werden: "Die Sprache wird vereinfacht, die Inhalte bleiben gleich schwer" (SCHARFF/SIGGES 2015: 31).

Zentral für das Konzept der verständlichen Sprache ist zum einen das Ziel, Inhalte zu erhalten und zum anderen die Flexibilität in der Anwendung von Vereinfachungsstrategien. Damit einhergeht, dass verständliche Sprache sich an verschiedene Zielgruppen richtet, die aus unterschiedlichen Gründen sprachliche Schwierigkeiten haben (s.o.). Alternative Begriffe für dieses Konzept sind "einfache Sprache", "Textanpassung" (KRANERT 2017), "Textoptimierung" (WAGNER/SCHLENKER-SCHULTE 2015) oder "sprachsensible Gestaltung" (BUSCHFELD/JURKSCHAT 2017).

Davon zu unterscheiden ist die Leichte Sprache. Diese entstand in der Behindertenselbsthilfe und richtet sich primär an Menschen mit geistiger Behinderung (vgl. BOCK 2014: 18f.). Leichte Sprache geht in der Vereinfachung deutlich weiter als einfache Sprache, MAAß (2016: 7) spricht von der "maximalen Reduktionsstufe". Leichte Sprache eröffnet deshalb keinen Spielraum bei der Umsetzung der Regeln (vgl. ebd.). Hinzu kommt, dass Texte in Leichter Sprache vor der Veröffentlichung einer Prüfung durch die Zielgruppe unterzogen werden (vgl. NETZWERK LEICHTE SPRACHE). Durch die Eigenheiten der Leichten Sprache (jeder Satz steht in einer neuen Zeile, Fremdwörter werden erklärt, Beispiele eingefügt) sind Übersetzungen in Leichte Sprache deutlich länger als der Ausgangstext. Deshalb kommt es teilweise zur Reduktion der Inhalte auf die wesentlichen Punkte (vgl. MAAß 2016: 4).

1.2   Warum ist verständliche Sprache notwendig?

Eine große Anzahl an Menschen in Deutschland verfügt nur über geringe Lesekompetenzen. Die Studie PIAAC (Programme for the International Assessment of Adult Competencies) aus dem Jahr 2012 erhob in 24 OECD-Ländern die Lesefähigkeiten, die alltagsmathematischen Fähigkeiten und die technologiebasierten Problemlösekompetenzen von Menschen zwischen 16 und 65 Jahren. Im Bereich Lesefähigkeit erreichen nur knapp 11 % der deutschen Testpersonen die beiden höchsten Kompetenzstufen IV und V. Leseleistungen auf der Kompetenzstufe I oder sogar noch darunter erbrachten dagegen 17,5 % der deutschen Textpersonen (vgl. RAMMSTEDT 2013: 42). Menschen auf diesem Leseniveau können nur kurze Texte mit einfachem Wortschatz und klarer Struktur lesen (vgl. ebd.: 43). Die Lesekompetenz in Deutschland liegt damit signifikant unter dem OECD- Durchschnitt, was vor allem an großen Abweichungen nach unten im niedrigen Kompetenzbereich liegt (vgl. ebd.: 13).

EFING (2006) beschäftigt sich speziell mit der Lesekompetenz von Berufsschülerinnen und -schülern. Er führte mit 415 Jugendlichen einen "Problemtypentest" durch, um Stärken und Schwächen beim Leseverstehen genauer benennen zu können. Die Schülerinnen und Schüler waren in der Lage, einem Text direkt erfragte Einzelinformationen zu entnehmen, vor allem, wenn diese am Anfang oder Ende eines Absatzes oder des Texts platziert waren. Des Weiteren konnten unbekannte Fachbegriffe erschlossen werden, wenn Antwortmöglichkeiten vorgegeben waren sowie Bilder und Grafiken zum Textverständnis genutzt werden (vgl. ebd.: 37f.). Schwächen wiesen die Befragten jedoch auf, wenn es darum ging, den Text in Sinnabschnitte zu gliedern und diesen Überschriften zuzuordnen. Die Verknüpfung von im Text verstreuten Einzelinformationen bereitete ebenfalls Schwierigkeiten (vgl. ebd.: 42). Generell konstatiert EFING (2006: 44) eine geringe Motivation und Bereitschaft, sich mit längeren Texten auseinanderzusetzen. Er kommt deshalb zu dem Schluss, man könne "viele Berufsschüler nicht mit der eigenständigen [...] Rezeption eines anspruchsvollen Textes unangeleitet alleine lassen" (ebd.).

Herkömmliche Unterrichtsmaterialien, aber auch viele Texte im Alltag überfordern also viele Lesende. Verständliche Sprache schafft hier Abhilfe. Durch den Abbau sprachlicher Hürden können sich auch sprachlich schwache Lernende Fachwissen aneignen – das primäre Ziel der schulischen beruflichen Bildung. Bei einer Fragebogenerhebung zur Wirkung von verständlicher Sprache im Unterricht gaben Lehrkräfte an, dass sich die Schulleistungen einiger Schülerinnen und Schüler verbesserten. Außerdem hatten sie den Eindruck, es gebe weniger Nachfragen und dadurch ein höheres Arbeitstempo. Materialien in verständlicher Sprache führten außerdem zu einem tieferen Verständnis und einem höheren Vertrauen in die eigene Leistungsfähigkeit (vgl. KRANERT 2017: 44f.).

Besonders relevant wird die sprachliche Form in Prüfungssituationen. Anders als im Unterricht können sprachliche Schwierigkeiten hier nicht über den Dialog mit der Lehrkraft oder mit Mitschülerinnen und Mitschülern aufgelöst werden. Prüfungen in verständlicher Sprache erhöhen die Prüfungsgerechtig-keit, weil sie schwache Lesende nicht benachteiligen. Verständliche Aufgaben erhöhen somit die Validität von Prüfungen: Es wird wirklich das fachliche Wis-sen getestet und nicht die Sprach- bzw. Lesekompetenz. Das Forschungsinstitut für Berufsbildung im Handwerk an der Universität Köln hat in Kooperation mit der Arbeitsgemeinschaft der bayerischen Handwerkskammern einen Leitfaden zur sprachsensiblen Prüfungsgestaltung herausgegeben (vgl. BUSCHFELD/JURK-SCHAT 2017). Damit können vorhandene Prüfungsaufgaben überarbeitet oder neue Aufgaben gestaltet werden (vgl. ebd. 26).

2   Praxis I: Das Netzwerk verständliche Sprache als Modell zur Umsetzung verständlicher Sprache in der Region Würzburg

Das Netzwerk verständliche Sprache ist ein dreijähriges Projekt, das von der Aktion Mensch und der Caritasstiftung finanziert wird. Während der Projekt-laufzeit soll verständliche Sprache in drei Bereichen in Würzburg und Umge-bung verankert werden: in der beruflichen Bildung, in der kommunalen Ver-waltung sowie in der Zivilgesellschaft. Hierzu kooperiert das Netzwerk mit der Handwerkskammer für Unterfranken, der Stadt Würzburg und der Robert Kümmert Akademie, einer Einrichtung der Erwachsenenbildung.

Im Bereich berufliche Bildung bietet das Netzwerk Fortbildungen für Lehr-kräfte an, sogenannte "Textwerkstätten". An fünf zusammengehörigen Termi-nen werden die Teilnehmenden über ein halbes Jahr hinweg für sprachliche Hürden sensibilisiert und erwerben konkretes Handwerkszeug, mit dem sie ei-gene Texte sprachlich entlasten können. In Kleingruppenarbeit entstehen Bei-spieltexte wie Arbeitsblätter, Fachtexte oder Lernzielkontrollen, die in der Praxis eingesetzt werden können. Die Teilnehmenden kommen von unterschiedlichen beruflichen Schulen aus Würzburg und Umgebung, was einen kollegialen Aus-tausch über Schulen und Fächergrenzen hinweg ermöglicht. Die Kooperation mit der Handwerkskammer als wichtige Partnerin in der beruflichen Bildung zeichnet sich durch Schulungen und gemeinsame Informationsveranstaltungen zu verständlicher Sprache aus.

Neben Fortbildungen ist die fachliche Auseinandersetzung mit verständli-cher Sprache ein weiteres Arbeitsfeld des Netzwerks. Ein erster Fachtag fand im Mai 2018 unter dem Titel "Inklusive Bildung braucht verständliche Sprache" statt. Im Juni 2019 veranstaltete das Netzwerk zum Projektabschluss einen zweiten Fachtag zu verständlicher Sprache in Gesellschaft, Politik und Bildung. In Form von Artikeln und Beiträgen an Tagungen wird verständliche Sprache als Thema im Fachdiskurs platziert.

Hinzu kommen Aktionen, die sich eher an ein breites Publikum wenden. So wurde im Januar 2019 zum ersten Mal ein "Preis für verständliche Sprache" vergeben, den die Stadt Würzburg unter Federführung des Sozialreferats zusammen mit dem Netzwerk ausschrieb.

3 Praxis II: Ausgewählte Empfehlungen zum verständlichen Schreiben

Da es für verständliche Sprache kein festes Regelwerk gibt, verwendet das Netzwerk verständliche Sprache den Begriff "Empfehlungen". Es handelt sich dabei um Richtlinien, die je nach Text, Kontext und Adressatenschaft mehr oder weniger strikt angewendet werden können. Im Folgenden werden für die Wort-, die Satz-, die Text- und die Gestaltungsebene ausgewählte Empfehlungen vorgestellt und erläutert.

3.1 Wortebene

verwenden	
gebräuchliche und kurze Wörter	unter Zuhilfenahme von → mit Geldinstitut → Bank
gleiche Wörter für gleiche Dinge	Sessel, Sitzmöbel, Möbelstück → nur ein Begriff
(einfache) Verben statt anderer Wortarten	bei Nichtteilnahme → wenn Sie nicht teilnehmen einer Prüfung unterziehen → prüfen
vermeiden	
bildliche Sprache und Redewendungen	rote Zahlen schreiben → Verlust machen einen Haken haben → einen Nachteil haben

Tab. 1

Bei der Frage nach der Wortwahl in Texten in verständlicher Sprache sollte nach dem Prinzip der "sprachliche[n] Differenz bei inhaltlicher Äquivalenz" (SCHLENKER-SCHULTE/WAGNER 2006: 199) vorgegangen werden. So erfüllt das deutlich kürzere "mit" die gleiche Funktion wie die Formulierung "unter Zuhilfenahme von". Mit dem Prinzip der inhaltlichen Äquivalenz lassen sich viele Begriffe der Bildungssprache durch bekanntere und einfachere Wörter ersetzen. Anders ist die Lage bei Fachbegriffen. Diese müssen in der beruflichen Bildung erhalten bleiben, da sie Teil des Fachwissens sind und daher nicht als funktional äquivalent zu alltagssprachlichen Umschreibungen gelten.

Schwache Lesende zeichnen sich oft durch einen kleinen Wortschatz aus. Deshalb macht es Texte leichter verständlich, wenn für ein Konzept bzw. einen Gegenstand durchgängig nur ein Begriff verwendet wird. Die Empfehlung entspricht nicht der üblichen Schreibsozialisation, in deren Tradition Texte durch den Gebrauch von Synonymen abwechslungsreich gestaltet werden. Es geht in der beruflichen Bildung jedoch hauptsächlich um Gebrauchstexte, bei denen weniger die ästhetische Qualität als die Funktionalität und Verständlichkeit im Vordergrund steht.

Die Problematik von Redewendungen und sprachlichen Bildern ist, dass man sie nur versteht, wenn man sie als Ganzes kennt. Aus den Einzelelementen lässt sich die Gesamtbedeutung dagegen nicht erschließen.

3.2   Satzebene

verwenden	
kurze Sätze: nicht zu viele Informationen pro Satz	Die Zahl der Asylbewerber nahm aber weiter zu und erreichte nach Öffnung des "Eisernen Vorhangs" und nach Ausbruch des Bürgerkriegs in Jugoslawien Anfang der 1990er Jahre ihren vorläufigen Höhepunkt. → Die Zahl der Asylbewerber nahm aber weiter zu. Anfang der 1990er Jahre erreichte sie ihren vorläufigen Höhepunkt. Dies hatte zwei Gründe: der "Eiserne Vorhang" war offen und in Jugoslawien begann ein Bürgerkrieg.
eindeutige Zeichensetzung	*Situationsbeschreibung = Punkt* *Frage = Fragezeichen* *Aufforderung = Ausrufezeichen*
eindeutige Bezüge zwischen Sätzen	Der Reporter trifft den Bürgermeister. Er berichtet über das Projekt. → Der Bürgermeister berichtet…
vermeiden	
Passiv und andere unpersönliche Konstruktionen	Es wird Zwieback hergestellt. → Ein Bäcker stellt Zwieback her. Eine Hauswand ist innen und außen zu verputzen. → Sie sollen eine Hauswand innen und außen verputzen.

Tab. 2

    © Frank & Timme   Verlag für wissenschaftliche Literatur

Ist ein Satz kurz, heißt das nicht zwangsläufig, dass er auch eine überschaubare Menge an Informationen enthält. Durch sprachliche Verdichtungen kann auch ein Satz mit geringer Wortanzahl inhaltlich sehr dicht sein. Deshalb garantiert nur die Kombination aus Kürze und überschaubarer Informationsmenge eine gute Satzverständlichkeit.

Eine eindeutige Zeichensetzung hilft Lesenden, die Funktion von Sätzen schneller zu erfassen. Sind Arbeitsanweisungen bzw. Fragestellungen durch ein Ausrufe- oder Fragezeichen markiert, können sie im Aufgabentext einfacher ausgemacht werden.

Passivkonstruktionen sind typisch für Fachtexte (vgl. SCHLENKER-SCHULTE/ WAGNER 2006: 193). Soweit die Person, die eine Handlung ausführt, bekannt ist, sollte sie aber genannt bzw. die Lesenden direkt angesprochen werden.

3.3 Textebene

verwenden	
Überschriften	*Grobaufbau erkennbar machen, Orientierung geben*
sinnvoller Textaufbau	*Wichtiges zuerst, chronologische Reihenfolge, Situation vor Aufgabe*
vermeiden	
überflüssige Informationen	*Was ist für die Aufgabenstellung wirklich relevant?*

Tab. 3

Aussagekräftige Überschriften über Teilabschnitten eines Textes ermöglichen es, die Grobstruktur schnell zu erfassen und gesuchte Informationen besser zu finden. Eine klare Trennung von Situationsbeschreibung und Arbeitsanweisung erleichtert ebenfalls die Bearbeitung.

Durch das Prinzip der Handlungsorientierung, das in der beruflichen Bildung verfolgt wird, entstehen oft sehr lange und detailreiche Situationsbeschreibungen. Hier sollte klar unterschieden werden, welche Angaben für die Lösung der Aufgabe nötig sind und welche eher der Ausschmückung der Situation dienen. Das Anliegen mag hier sein, die Handlungssituation realitätsnah nachzuzeichnen. Unnötig ausführliche Situationsbeschreibungen machen es sprachlich schwachen Lernenden jedoch sehr schwer, die wirklich wichtigen Informationen aus dem Text zu entnehmen (vgl. auch WAGNER/SCHLENKER-SCHULTE 2015: 26f.).

3.4 Gestaltungsebene

verwenden	
gut lesbare Schriftarten und -größen	*serifenlose Schriften, z.b. Arial, Calibri*
linksbündiger Text	
Gliederungssignale	*Nummerierung, Einrückungen, Aufzählungen*
Hervorhebungen	*durch Fettdruck*
"luftige" Seitengestaltung	*in Bezug auf Zeilenabstand, Absätze und die Textmenge pro Seite*

Tab. 4

Werden Texte im Blocksatz gesetzt, sind zwar die Kanten rechts und links "glatt", die Abstände zwischen den einzelnen Worten sind jedoch unterschiedlich breit, was das Lesen erschwert. Aus diesem Grund ist linksbündiger Text besser geeignet.

Das Hervorheben wichtiger Inhalte durch Fettdruck ist optisch auffällig, ohne das Schriftbild stark zu verändern. Kursivsetzungen sind dagegen deutlich unauffälliger. Unterstreichungen zur Markierung sollten vermieden werden, da dadurch die Unterlängen bei Buchstaben wie p, g und q abgeschnitten werden. Dies erschwert insbesondere Menschen mit Lese-Rechtschreib-Störung die Buchstabenerkennung.

Eine "luftige" Seitengestaltung ist vor allem für den ersten Eindruck wichtig. Wird ein Text als "Bleiwüste" wahrgenommen, sinkt die Lesemotivation. Ein übersichtlich gestalteter Text mit Weißraum lädt dagegen eher zum Lesen ein.

4 Fazit und Ausblick

Verständliche Sprache stellt ein effektives Mittel dar, um Lesenden den Zugang zu Fachtexten zu erleichtern bzw. zu ermöglichen. So werden kommunikative Hürden abgebaut und Teilhabe wird ermöglicht. LEISEN (2012) bezeichnet diese Anpassung von Texten an die Lesenden als defensiven Umgang mit Texten. Die zweite Möglichkeit zum Umgang mit Sachtexten ist der offensive, also das Heranführen von Lernenden an komplexe Texte durch die Vermittlung von Lesetechniken und Lesestrategien. Verständliche Sprache und Leseförderung sind kein Widerspruch, sondern komplementäre Vorgehensweisen, die gleichzeitig verfolgt werden müssen, um Teilhabe in der beruflichen Bildung zu ermöglichen.

Literaturverzeichnis

BOCK, B. M. (2014): Leichte Sprache. Abgrenzung, Beschreibung und Problemstellungen aus Sicht der Linguistik. In: Jekat, S. J./Jüngst, H. E./Schubert, K./Villiger, C. (Hg.): *Sprache barrierefrei gestalten: Perspektiven aus der Angewandten Linguistik.* Berlin: Frank/Timme, 17–51.

BUSCHFELD, D./JURKSCHAT, J. (2017): *Sprachsensible Gestaltung von Prüfungsaufgaben. Ein Leitfaden für Prüferinnen und Prüfer im Handwerk.* Köln: Forschungsinstitut für Berufsbildung im Handwerk an der Universität zu Köln/DHI.

EFING, C. (2006): "Viele sind nicht in der Lage, diese schwarzen Symbole da lebendig zu machen." – Befunde empirischer Erhebungen zur Sprachkompetenz hessischer Berufsschüler. In: EFING, C./JANICH, N. (Hg.): *Förderung der berufsbezogenen Sprachkompetenz. Befunde und Perspektiven.* Paderborn: Eusl, 33–68.

KRANERT, H.-W. (2017): Evaluation Handlungskonzept Textanpassung. In: KRANERT, H.-W./ECK, R./EBERT, H./TUTSCHKU, U. (Hg.): *Inklusive Schulentwicklung an berufsbildenden Schulen. Ergebnisse aus dem Netzwerk Berufliche Schulen Mainfranken.* Bielefeld: Bertelsmann, 37–48.

KRANERT, H.-W./ECK, R./EBERT, H./TUTSCHKU, U. (2017): *Inklusive Schulentwicklung an berufsbildenden Schulen. Ergebnisse aus dem Netzwerk Berufliche Schulen Mainfranken.* Bielefeld: Bertelsmann.

LEISEN, J. (2012): *Der Umgang mit Sachtexten im Fachunterricht.* Online verfügbar unter: http://www.josefleisen.de/downloads/lesen/01%20Umgang%20mit%20Sachtexten%20-%20Leseforum%202012.pdf (zuletzt abgerufen am 27.06.2018).

MAAß, C. (2016): FAQs: *Wie können Sie kritische Fragen zur Leichten Sprache beantworten?* Online verfügbar unter: https://www.uni-hildesheim.de/media/fb3/uebersetzungswissenschaft/Leichte_Sprache_Seite/Leichte_Sprache_Allgemein/FAQs_Leichte_Sprache.pdf (zuletzt abgerufen am 27.06.2018).

NETZWERK LEICHTE SPRACHE: *Leichte Sprache – Das Prüfen.* Online verfügbar unter: https://www.leichte-sprache.org/das-pruefen/ (zuletzt abgerufen am 23.05.2018).

RAMMSTEDT, B. (2013): *Grundlegende Kompetenzen Erwachsener im internationalen Vergleich. Ergebnisse der PIAAC 2012.* Münster u.a.: Waxmann.

SCHARFF, S./SIGGES, S. (2015): *Verstanden? Verstanden! Texte an die Lesenden anpassen.* In: *Pädagogik Leben* 1, 30–31.

SCHLENKER-SCHULTE, C./WAGNER, S. (2006): Prüfungsaufgaben im Spannungsfeld von Fachkompetenz und Sprachkompetenz. In: EFING, C./JANICH, N. (Hg.): *Förderung der berufsbezogenen Sprachkompetenz. Befunde und Perspektiven.* Paderborn: Eusl, 189–213.

WAGNER, S./SCHLENKER-SCHULTE, C. (2015): *Textoptimierung für Prüfungsaufgaben. Handreichungen zur Erstellung leicht verständlicher Prüfungsaufgaben.* Halle (Saale): IFTO.

ANDREAS ELBERT

Sonderpädagogische Zusatzqualifizierung für Lehrkräfte an beruflichen Schulen

Seit dem Wintersemester 2016/2017 besteht an der Julius-Maximilians-Universität Würzburg für Lehrkräfte an beruflichen Schulen die Möglichkeit, im Rahmen sogenannter spezieller weiterbildender Studien eine "Sonderpädagogische Zusatzqualifizierung" zu erwerben.

1   Hintergrund

Die Gestaltung beruflicher Bildungsprozesse war in der Vergangenheit wiederholt von Neuerungen geprägt, die sich aus neuen Leitideen sowie berufspädagogischen Theorien beruflicher Bildung ergaben. Jüngstes Beispiel für eine Neuorientierung ist die vom Lernfeldkonzept geprägte Berufsbildungspraxis. Dass diese sich eher langsam vollzieht, überrascht RAUNER (2017: 224) nicht, "[…] da die Einführung einer nach beruflichen Handlungs- und Lernfeldern strukturierten beruflichen Bildung eine grundlegende Neuorientierung der Berufspädagogik in Theorie und Praxis bedeutet". Ein weiteres Novum und vermutlich auch hier von grundlegender Art stellt das Thema "Inklusive Berufsbildung" dar, welches sich durch das Inkrafttreten der Behindertenrechtskonvention der Vereinten Nationen, in Deutschland im Jahre 2009, ergab. SEYD (2015: 36), der es in diesem thematischen Zusammenhang ablehnt, "[…] eingefahrene Strukturen gleichsam über Nacht durch unerprobte neue Strukturen zu ersetzen", fordert vielmehr, die Umsetzung auf "[…] eine für eine systematische, wissenschaftliche Erprobung günstige Anzahl an Versuchs- und Kontrollgruppen an einer überschaubaren Anzahl an Institutionen" (ebd.) zu begrenzen.

So geschehen mit dem Schulversuch "IBB – Inklusive Berufliche Bildung in Bayern", bei dem in den Schuljahren 2012/13 bis 2015/16 von der Stiftung Bildungspakt Bayern in Kooperation mit dem Bayerischen Staatsministerium für Bildung und Kultus, Wissenschaft und Kunst erstmals systematisch untersucht

wurde, welche organisatorischen, personellen und unterrichtsbezogenen Maßnahmen sowie spezifischen didaktisch-methodischen Vorgehensweisen notwendig und sinnvoll sind, um Schülerinnen und Schülern in den sonderpädagogischen Förderschwerpunkten Lernen sowie emotional-soziale Entwicklung
eine erfolgreiche Teilhabe am Unterrichtsangebot der Regelschule zu ermöglichen. Hierzu wurden an neun Standorten in Bayern Kooperationen zwischen je
einer allgemeinen Berufsschule und einer Berufsschule zur sonderpädagogischen Förderung geschlossen.

Der Lehrstuhl für Sonderpädagogik V der Julius-Maximilians-Universität
Würzburg übernahm hierfür von 2013 bis 2015 die wissenschaftliche Begleitung. Als ein wegweisendes Ergebnis für die künftige Gestaltung eines stärker
inklusiven beruflichen Schulsystems in Bayern wurde aus den Forschungser-
gebnissen der systematische Kompetenztransfer zwischen allen beteiligten
Professionen im Rahmen von Weiterbildungsmaßnahmen herausgearbeitet.
Daneben wurde ein Weiterentwicklungsbedarf im Hinblick auf die erforderliche Expertise sowohl für die Gruppe der Sonderpädagogen als auch für die
Gruppe der Berufsschullehrkräfte festgestellt. Während erstere insbesondere
die nach "außen" gerichteten Kompetenzen wie Beratungs- und Diagnose-
kompetenz weiterentwickeln sollten, hält man für die Gruppe der Berufsschullehrkräfte die Erlangung sonderpädagogischer Basiskompetenzen für
hilfreich (vgl. STEIN/KRANERT/WAGNER 2016: 47). Diese könnten "[…] insbesondere eine Annäherung an sonderpädagogische Sichtweisen und ein möglichst
frühzeitiges Erkennen sich anbahnender oder bereits bestehender Problematiken im Kontext unterschiedlicher Beeinträchtigungen und Behinderungen
ermöglichen sowie die Kenntnis verfügbarer Hilfesysteme und helfender Konzepte" (ebd.).

Vor dem Hintergrund dieser Erkenntnisse entwickelte der Lehrstuhl für
Sonderpädagogik V in enger Kooperation mit dem Bayerischen Staatsministerium für Bildung und Wissenschaft sowie der Stiftung Bildungspakt Bayern die
im Weiteren vorgestellte Konzeption.

2 Kompetenzmodelle als theoretische Grundlage

Die Forderung von HENNEMANN et al. (2017: 533), Programme der Lehrerfort-
und -weiterbildung sollten theoretisch auf empirisch fundierten und elaborier-
ten Kompetenzmodellen basieren, darf auf das hier vorgestellte, an der Universität Würzburg verortete Weiterbildungsangebot der speziellen weiterbildenden
Studien übertragen werden. Für ihre konzeptuelle und evaluatorische Arbeit im
Rahmen eines Qualifizierungsprogramms zur Umsetzung von Inklusion in
Nordrhein-Westfalen beziehen sich HENNEMANN et al. insbesondere auf ein spezifisches Kompetenzmodell von DONNELLY und WATKINS (2011: 534) für die
Lehrerbildung zur Umsetzung von Inklusion. Danach benötigen Lehrkräfte für
den Unterricht in inklusiven Settings Kompetenzen in diesen drei Bereichen:

- Fachwissen (knowledge)
- Fachspezifische Fertigkeiten bzw. konkrete Handlungskompetenz
  (skills)
- Einstellungen und Überzeugungen (attitudes, beliefs)

Betrachtet man im Überblick die Module dieser speziellen weiterbildenden Studien "Sonderpädagogische Zusatzqualifizierung für Lehrkräfte an beruflichen
Schulen" und ordnet diesen obige Kompetenzbereiche zu, wird deutlich, dass
der Bereich "Fachwissen (knowledge)" den größten Anteil (10 Nennungen) besitzt, gefolgt von den "Fachspezifischen Fertigkeiten" bzw. der "konkreten Handlungskompetenz (skills)" (vier Nennungen) und den "Einstellungen und Überzeugungen (attitudes, beliefs)" (drei Nennungen) (siehe Tab. 1).

Schwerpunkt des Kompetenzbereichs	Module und Inhalte
knowledge; attitudes, beliefs	Modul 1: Einführung in die Pädagogik bei Verhaltensstörungen
knowledge; attitudes, beliefs	Modul 2: Einführung in die Pädagogik bei Lernbeeinträchtigungen
knowledge; attitudes, beliefs	Modul 3: Inklusion bei Verhaltensstörungen und Lernbeeinträchtigungen
knowledge	Modul 4: Verhaltensauffälligkeiten: Phänomene und Erklärungsansätze
knowledge	Modul 5: Analyse von Lehr- und Lernprozessen an beruflichen Schulen
knowledge	Modul 6: Konzepte und Aspekte des individualisierten Unterrichts
knowledge	Modul 7: Sonderpädagogische Förderung im Teilhabefeld Beruf und Arbeit
skills	Modul 8: Didaktische Aspekte im Kontext von Verhaltensstörungen
knowledge; skills	Modul 9: Planung und Evaluation von Förderprozessen
knowledge; skills	Modul 10: Sonderpädagogische Beratung im Teilhabefeld Beruf und Arbeit
skills	Modul 11: Sonderpädagogisches Handeln im Teilhabefeld Beruf und Arbeit
knowledge	Modul 12: Wissenschaftliche Hausarbeit

Tab. 1: Zuordnung der Kompetenzbereiche zu den Modulen/Inhalten der "Sonderpädagogischen Zusatzqualifizierung".

3 Inhalte und Zielsetzung

Die Qualifizierungsinhalte, mit denen die Lehrkräfte der beruflichen Schulen eine sonderpädagogische Basisqualifizierung erreichen sollen, beziehen sich auf die beiden sonderpädagogischen Förderschwerpunkte emotional-soziale Entwicklung ("Verhalten") sowie Lernen. Fokussiert wird die Professionsförderung hinsichtlich des Wissens sowie die Reflexion und der Aufbau von angemessenen

Überzeugungen im Umgang mit sonderpädagogisch relevanten Problemen, um letztlich entsprechende Förderbedarfe beurteilen sowie dem entsprechende Unterstützungsmaßnahmen abrufen zu können.

Die Maßnahme ersetzt explizit nicht die deutlich vertiefte Kompetenz und die Funktion von genuin qualifizierten Lehrkräften für Sonderpädagogik bzw. Studienrätinnen im Förderschuldienst.

Teilnehmende Lehrkräfte

- setzen sich grundlegend mit ausgewählten sonder- und heilpädagogischen Fragestellungen auseinander und reflektieren vor diesem Hintergrund die eigene Unterrichtspraxis,
- erlangen Kenntnis von Bedingungsfeldern und Erklärungsansätzen für verschiedene Formen von Verhaltensauffälligkeiten und Lernbeeinträchtigungen sowie den damit verbundenen sonderpädagogischen Handlungserfordernissen,
- lernen, Lehr- und Lernprozesse an beruflichen Schulen unter Berücksichtigung von Auffälligkeiten des Verhaltens, Erlebens und Lernens reflektiert zu analysieren und als Grundlage für eine individuelle Förderplanung einzusetzen,
- entwickeln das eigene methodisch-didaktische Repertoire unter Berücksichtigung sonderpädagogischer Fragestellungen weiter,
- erkennen anhand von empirisch fundierten Gelingensbedingungen und Konzepten eines inklusiven Unterrichts an beruflichen Schulen, wie Unterricht gestaltet werden kann, um ein gemeinsames Lernen von Lernenden mit und ohne sonderpädagogischem Förderbedarf zu ermöglichen,
- erschließen sich theoriegeleitet und praxisorientiert Formen sonderpädagogischer Unterstützung, Beratung und Begleitung junger Menschen in beruflichen Handlungsfeldern.

Als profilbildend wird das projektorientierte Lernen der Studierenden gesehen, welches eine fortdauernde kritische Auseinandersetzung mit der eigenen Unterrichtspraxis auf Basis der Sonderpädagogik als Wissenschaft anregt, um die aktuelle bildungspolitische Entwicklungslinie der Inklusion auch im beruflichen Schulsystem wissenschaftlich-fachlich fundiert unterstützen zu können.

4 Organisatorischer Rahmen und Curriculum

Die weiterbildenden Studien sind folgendermaßen organisiert bzw. umfassen folgende Eckpunkte:

- es handelt sich um ein berufsbegleitendes Angebot,
- mit einem Präsenztag pro Woche an der Universität Würzburg,
- für den die Lehrkräfte durch die berufliche Schule freigestellt werden;
- zu erreichen sind 60 ECTS innerhalb 34 Semesterwochenstunden,
- die sich über vier Semester erstrecken;
- der Einstieg ist jeweils zum Wintersemester möglich;
- studiert wird in Gruppen von etwa 10 Lehrkräften für berufliche Schulen;
- der erfolgreiche Abschluss wird mittels Universitätszertifikat bestätigt.

Das Curriculum enthält eine inhaltliche Struktur, die vom Konzept des Blended Learning mit Präsenz- und e-learning-Anteilen ausgeht. Es nutzt Ressourcen der Universität Würzburg, des dortigen Instituts für Sonderpädagogik und der beteiligten Lehrstühle sowie spezifische Veranstaltungen für die Fortbildungsgruppe.

Das Konzept umfasst Inhalte aus den beiden sonderpädagogischen Fachrichtungen – Pädagogik bei Verhaltensstörungen wie auch Pädagogik bei Lernbeeinträchtigungen. Dabei ist das Volumen für den Kontext Verhaltensstörungen leicht erhöht, da es hierbei aufgrund der vorliegenden Forschungsdaten aus beruflichen Schulen um Praxisprobleme mit größerem Herausforderungsgrad geht.

Im Rahmen eines Blended-Learning-Konzeptes soll eine Entlastung der Ressourcen der Lehrkräfte und des Schulsystems erfolgen, indem die Konstruktion so erfolgt, dass – trotz eines wegen der angestrebten Fachlichkeit erforderlichen dezidierten Curriculums – lediglich ein Präsenztag an der Universität Würzburg vorgesehen ist, der zudem über Winter- und Sommersemester hinweg als gleicher Wochentag erscheint, um den Spezifika des Schulsystems entgegenzukommen.

Die zu erbringenden Leistungsnachweise in den einzelnen Modulen variieren. Neben Klausur und Referat kann dies auch über eine mündliche Gruppenprüfung oder das Erstellen eines Portfolios erfolgen.

Zusammenfassend könnte die beschriebene sonderpädagogische Zusatzqualifizierung folgendermaßen abgebildet werden:

Abb. 1: Organisation und Inhalte der "Sonderpädagogischen Zusatzqualifizierung" im Überblick

5 Ausblick

MOSER und DEMMER-DIECKMANN (2013: 155) stellen in Bezug auf die Professionalisierung und Ausbildung von Lehrkräften für inklusive Schulen fest, dass die UN-Behindertenrechtskonvention von 2006 einen deutlichen Auftrag zur Qualifizierung formuliert und es für eine gelingende Umsetzung der Konvention notwendig ist, "alle beteiligten Lehramtsprofessionen in der Ausbildung und in der Weiterqualifizierung entsprechend zu unterstützen". Diesem Auftrag kam man am Institut für Sonderpädagogik an der Universität Würzburg nach, indem die sogenannten weiterbildenden Studien "Sonderpädagogische Zusatzqualifizierung für Lehrkräfte an beruflichen Schulen" mit einer hierfür eigens erstellten Studienordnung geschaffen wurden.

Um die Güte dieses Weiterbildungsangebots zu ermitteln, ist es von Beginn an in einen evaluatorischen Prozess eingebettet. So werden einerseits semesterweise mittels Fragebogen von den teilnehmenden Lehrkräften Rückmeldungen im Hinblick auf folgende Aspekte erbeten:

- Inhalte und ihre Komplexität
- Vermittlungsweise
- Bedeutung für die eigene Praxis
- Motivation für die Weiterbildung
- Gesamtbewertung der Weiterbildung

Des Weiteren werden ebenfalls mit dem Instrument Fragebogen und dabei mittels eines prä-post-Vergleichs sowohl "Wissen und Fertigkeiten" als auch "Selbstwirksamkeit und Einstellungen" untersucht. Der Fragenkomplex zum Bereich "Wissen und Fertigkeiten" zielt auf die Aspekte:

- Inklusion und Berufsrolle
- Unterrichten
- Erziehen
- Beraten
- Innovieren

Inwieweit sich Unterschiede bezüglich "Selbstwirksamkeit und Einstellungen" der teilnehmenden Lehrkräfte ergeben, versucht man über Fallvignetten zu eruieren. Sich aus diesen Evaluationsarbeiten ergebende Befunde werden zu einem späteren Zeitpunkt vollständig auswertbar sein und hernach für eine wünschenswerte Diskussion veröffentlicht werden.

Literaturverzeichnis

FREY, A. (2017): Inklusive Berufliche Bildung in Bayern – Vielfalt als Chance. In: KRANERT, H.-W./ECK, R./EBERT, H./TUTSCHKU, U. (Hg.): *Inklusive Schulentwicklung an berufsbildenden Schulen. Ergebnisse aus dem Netzwerk Berufliche Schulen Mainfranken.* Bielefeld: Bertelsmann, 127–132.

HENNEMANN, T./CASALE, G./FITTING-DAHLMANN, K./HÖVEL, D. C./HAGEN, T./ LEIDIG, T./MELZER, C./GROSCHE, M./HILLENBRAND, C./VIERBUCHEN, M.-C./ WILBERT, J. (2017): "Schulen auf dem Weg zur Inklusion" – Konzept, Evaluation und erste Befunde eines landesweiten Qualifizierungsprogramms zur Umsetzung von Inklusion in Nordrhein-Westfalen. In: *Zeitschrift für Heilpädagogik* 68 (11), 532–544.

MOSER, V./DEMMER-DIECKMANN, I. (2013): *Die inklusive Schule – Standards für die Umsetzung.* Stuttgart: Kohlhammer.

RAUNER, F. (2017): *Grundlagen beruflicher Bildung. Mitgestalten der Arbeitswelt.* Bielefeld: wbv.

SEYD, W. (2015): *Wege zur inklusiven Berufsbildung. Zustand und Perspektiven.* Hamburg: Feldhaus.

STEIN, R./KRANERT, H.-W./WAGNER, S. (2016): *Inklusion an beruflichen Schulen. Ergebnisse eines Modellversuchs in Bayern.* Bielefeld: wbv.

Autorenverzeichnis

Harald Ebert, Dr. phil., Don Bosco Berufsschule zur sonderpädagogischen Förderung Würzburg, Schottenanger 10, 97082 Würzburg (schulleitung@dbs-wuerzburg.de)

Ramona Eck, Don Bosco Berufsschule zur sonderpädagogischen Förderung Würzburg, Projektstelle Inklusion und Berufliche Bildung, Schottenanger 10, 97082 Würzburg

Andreas Elbert, Julius-Maximilians-Universität Würzburg, Institut für Sonderpädagogik, Lehrstuhl für Pädagogik bei Verhaltensstörungen, Wittelsbacherplatz 1, 97074 Würzburg (andreas.elbert@uni-wuerzburg.de)

Stephan Gingelmaier, JProf., Dr. phil., PH Ludwigsburg, Institut für sonderpädagogische Schwerpunkte, Förderschwerpunkt soziale und emotionale Entwicklung, Reuteallee 46, 71634 Ludwigsburg (gingelmaier@ph-ludwigsburg.de)

Annika Hörenberg, Don Bosco Berufsschule zur sonderpädagogischen Förderung Würzburg, Netzwerk Verständliche Sprache, Schottenanger 10, 97082 Würzburg

Hannah Illichmann, Erstes Staatsexamen Lehramt Sonderpädagogik, PH Ludwigsburg, Institut für sonderpädagogische Schwerpunkte, Förderschwerpunkt soziale und emotionale Entwicklung, Reuteallee 46, 71634 Ludwigsburg (hannah.illichmann@gmail.com)

Rosi Joßberger, Beratungszentrum Don Bosco, Schottenanger 10, 97082 Würzburg (msd@dbs-wuerzburg.de)

Arnold Köpcke-Duttler, Prof. Dr., OIKOS Akademie Marktbreit, Seinsheimstraße 48, 97199 Ochsenfurt (raprof.koepcke-duttler@t-online.de)

Hans-Walter Kranert, Julius-Maximilians-Universität Würzburg, Institut für Sonderpädagogik, Lehrstuhl für Pädagogik bei Verhaltensstörungen, Wittelsbacherplatz 1, 97074 Würzburg (hans.kranert@uni-wuerzburg.de)

Anna Lermer, Julius-Maximilians-Universität Würzburg, Institut für Sonderpädagogik, Lehrstuhl für Pädagogik bei Verhaltensstörungen, Wittelsbacherplatz 1, 97074 Würzburg

Nicola-Hans Schwarzer, Dr. phil., PH Ludwigsburg, Institut für sonderpädagogische Schwerpunkte, Förderschwerpunkt soziale und emotionale Entwicklung, Reuteallee 46, 71634 Ludwigsburg (nick.schwarzer@googlemail.com)

Roland Stein, Prof. Dr. phil. habil., Julius-Maximilians-Universität Würzburg, Institut für Sonderpädagogik, Lehrstuhl für Pädagogik bei Verhaltensstörungen, Wittelsbacherplatz 1, 97074 Würzburg (roland.stein@uni-wuerburg.de)

Kirsten Vollmer, BiBB – Bundesinstitut für Berufsbildung, Robert-Schuman-Platz 3, 53175 Bonn (vollmer @bibb.de)

PÄDAGOGIK

Τ Frank & Timme

PÄDAGOGIK

T Frank & Timme